ランゴバルドの歴史

ランゴバルドの歴史

パウルス・ディアコヌス著／日向太郎訳

知泉書館

はじめに

　本書は，8世紀末にイタリアで成立した，パウルス・ディアコヌス著『ランゴバルドの歴史 Historia Langobardorum』の邦訳である。原文はラテン語である。

　邦訳にあたっては，以下の刊本を主に利用した。

(1) *Pauli Historia Langobardorum*, ed. L. Bethmann et G. Waitz, in *Monumenta Germaniae Historica (=MGH). Scriptores Rerum Langobardicarum et Italicarum. saec. VI-IX*, Hannover 1878, pp. 12-187.

(2) Paolo Diacono, *Storia dei Longobardi*, introduzione di Bruno Luiselli, traduzione e note di Antonio Zanella, Rizzoli, Milano 1991 (Biblioteca Universale Rizzoli).

(3) Paolo Diacono, *Storia dei Longobardi*, a cura di Lidia Capo, Mondadori, Milano 1992 (Fondazione Lorenzo Valla).

　(1) を底本とし，随時 (2) と (3) を参照した。本文解釈にかんしては，(2) と (3) のイタリア語対訳や注釈に負うところが大きい。なお，本文の注や解題においては，(1) は Waitz，(2) は Luiselli e Zanella，(3) は Capo として引用している。

　この他，以下の書を随時参照した。

(4) *Paul the Deacon, History of The Lombards*, translated by William Dudley Foulke, edited by Edward Peters, University of Pennsylvania Press, Philadelphia 2003 (1907[1]).

［Foulke として引用］

（5）Paulus Diaconus, *Geschichte der Langobarden. Historia Langobardorum*, herausgegeben von Wolfgang F. Schwarz, Wissenschaftliche Buchgesellschaft, Darmstadt 2009.

［Schwarz として引用］

（6）Stefano Gasparri, *I duchi longobardi*, Istituto Storico Italiano per il medio evo, Roma 1978.

［Gasparri として引用］

　（4）は英訳，（5）は独語対訳の原文および注釈，解題つき，（6）はランゴバルドの王や公の人物記述である。その他の文献は，本文や解題の注に直接引用した。

　固有名詞の表記にかんしては，原則的にラテン語原文に基づき，これになるべく近付けるように留意した。ただし，長音を表す音引きは略した。また，慣用にしたがって表記した例も少なくない。たとえば，民族名としてはランゴバルド，フランク，地理的名称としては，ガリア，ブリタニア，エジプト，ライン川，人名としてはアリペルト，キルデベルト，ギスルフ，グリムアルド，クロタール，テウデペルトなどである。都市名などについても，現代の一般的な呼称ではなく，原文の呼称に近付けた。注や解題ではこの限りではないが，少なくとも訳文中はこの原則を採った。パウルスがティキヌム，フォルム・ユリイと書いているのに，これをパヴィーア，チヴィダーレと記すことには強い抵抗感があったからである。そうである以上，スポレートはスポレティウム，ベネヴェントはベネウェントゥム，ミラノはメディオラヌム，トレントはトリデントゥムなどと記すことにした。ただし，トリノやアスティなどについては，前者をタウリネンシス・キウィタス（もしくはタウリネンシウム・キウィタス），後者をアステンシス・キウィタスとはせず，慣用にしたがい，トリノ，アスティとする。本文初出の地名は亀甲カッコで現在の呼称を補い，その後出現するものについては省略した。固有名詞一覧（五十音順）を巻末に示したので，随時これを参照されたい。

　なお，訳語についても一言。本文で，ローマ人という場合，たいてい

は東ローマ帝国（ビザンティン）の人を意味する。また，ランゴバルドのイタリア半島侵攻後も，現在で言うところのラツィオ，ウンブリア（の一部），エミリア・ロマーニャ地域は（概ね時代とともに縮小したが）東ローマ帝国の支配下にあったので，これらの地域に居住する人を意味することもある。古代ローマ人や都市ローマの住民を表す場合もあるが（固有名詞一覧を参照），それは文脈から容易に判断できるだろう。

viii 地 図

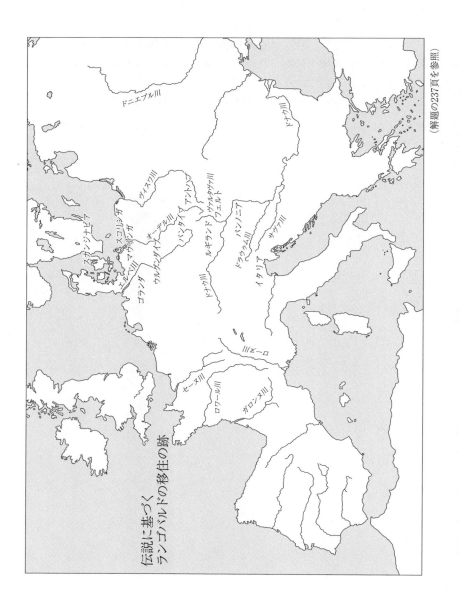

地図 ix

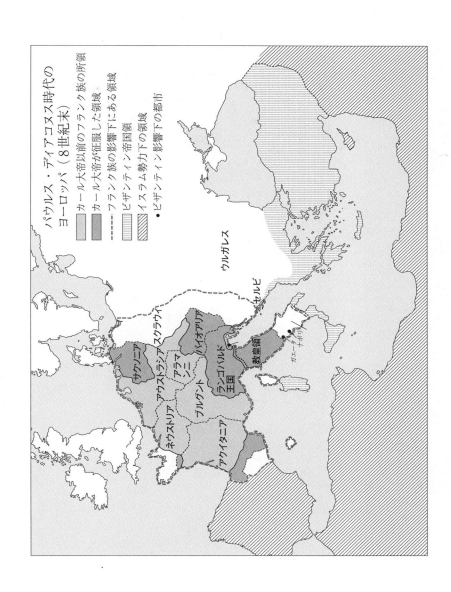

x 地 図

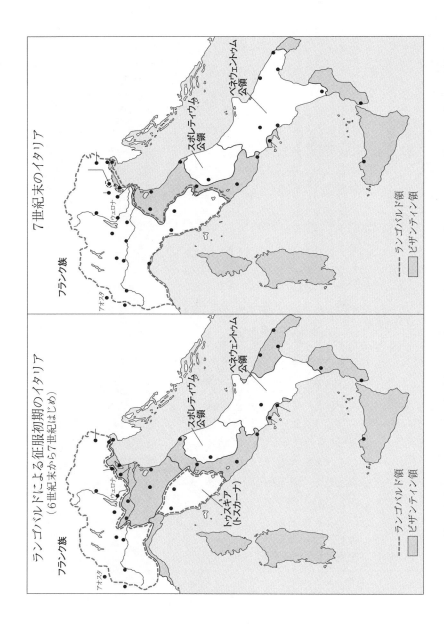

地 図

(訂 正 図)

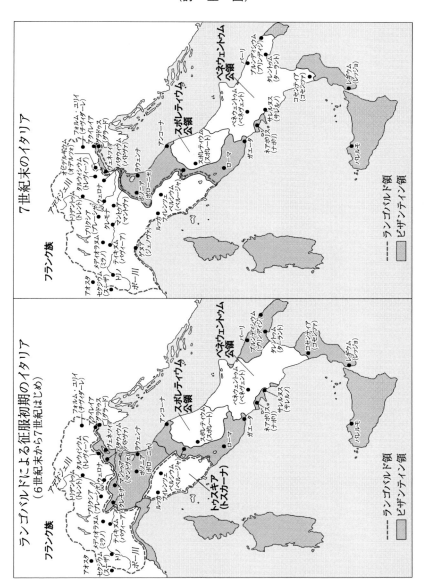

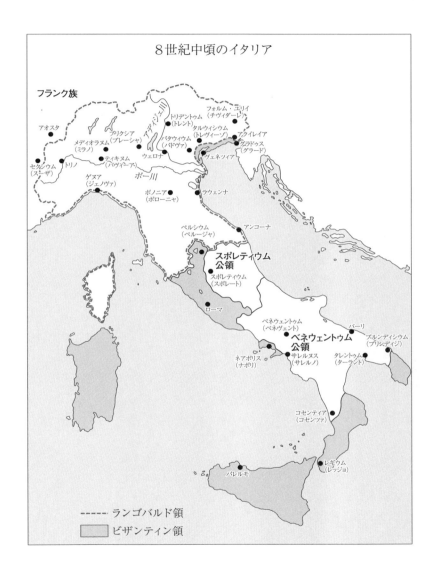

目 次

はじめに……………………………………………………………… v
地図…………………………………………………………………… viii

第 I 巻

1. ゲルマニアについて，この地が多くの民族を育み，そしてそれ故多くの部族がゲルマニアから移住することになったこと。……… 4
2. スカンジナビア島について，及びこの島をウィンニリ，すなわちランゴバルドが後にしたこと。………………………………… 5
3. イボルとアイオが，母親ガンバラと共にウィンニリの最初の指導者となったこと。……………………………………………… 5
4. ゲルマニアに眠る七人の男について。………………………… 5
5. スクリトビニ族について。……………………………………… 6
6. ブリタニアの両側にある二つの海の臍について。…………… 7
7. ウィンニリがスコリンガにやって来たこと，ウァンダルの首領アンブリとアッシがウィンニリに貢納を支払うよう命じたこと。… 9
8. ゴダンとフレアについてのおかしな話。……………………… 10
9. なぜ，ウィンニリはランゴバルドと呼ばれるようになったか。ヴォタン（＝ヴォダン）はローマ人のあいだでメルクリウスと呼ばれる神であること。……………………………………………… 11
10. いかにランゴバルドはウァンダルに勝ったか。ランゴバルドを苦しめた飢餓について。……………………………………………… 11

目　次

11. マウリンガへ移ることを望んだランゴバルドが，アッシピッティに阻まれること。………………………………………………11
12. 二人の勇敢なる戦士の一騎打ち。かたや，ランゴバルドの戦士，かたやアッシピッティの戦士。…………………………12
13. ランゴバルドがマウリンガへ移り，のちにより遠く離れた所へ進むこと。………………………………………………………13
14. イボルとアイオの二人の戦士が没した後，ランゴバルドがアゲルムンドを初代の王として擁したこと。…………………13
15. 七つ子を一度に出産した娼婦について。そのうちの一人がラミッシオであった。ラミッシオとアマゾネス族の女との一騎打ちについて。…………………………………………………………14
16. ウルガレス族がランゴバルドの陣営に夜襲をかけ，アゲルムンド王を殺し，王の娘を捕虜として連れ去ったこと。………15
17. ラミッシオが王になったこと，またいかにしてウルガレスを破ったかについて。……………………………………………16
18. ラミッシオの死後，レトゥが王位を継承し，その後には息子のヒルデホクが，さらにその後にはゴデホクが統治したこと。………16
19. トゥルリンギ族（＝トゥルキリンギ族）の王オドアケルとルギ族の王フェレテウスのあいだの戦争，いかにしてランゴバルドは，ルギをオドアケルが破ったのち，彼らの領土を手に入れることになったか。……………………………………………………17
20. ゴデホクの没後，クラッフォが統治し，その後タトが統治した。タトはヘルリの王国を滅ぼした。………………………18
21. タトの死とウァコの統治について。いかにしてウァコがスアウィを破ったか。彼の妻や娘について，息子ウァルタリの統治について。…………………………………………………………20
22. ウァルタリ没後，アウドインが支配し，ランゴバルドをパンノニ

アへと導き入れた。………………………………………………22
23. ゲピディとランゴバルドとの戦争。この戦いでゲピディ王の息子をアルボインが討ち取った。………………………………………22
24. いかにしてアルボインが四十人の男たちと共に，我が子を殺された王トゥリシンドゥスの許に行ったか。自分の父と一緒に宴に加われるように，王から武器を求めたこと。そしてトゥリシンドゥスからいかにして武器を受け取ったか。……………………23
25. ユスティニアヌス帝の統治とその勝利について。……………24
26. 福者ベネディクトゥス及びその奇跡，彼に対する称賛について。………………………………………………………………26
27. アウドインの死とアルボインの統治について，いかにしてアルボインがゲピディ王クニムンドを破り，その娘ロセムンダを娶ったか。………………………………………………………………39

第Ⅱ巻

1. いかにしてランゴバルドは，帝国書記官ナルシスの命令に従って，対ゴート戦において彼に援護を与えたか。………………44
2. いかにしてナルシスは，フランクの指揮官ブッケッリヌスとアミングスに勝利したか。第三の指揮官レウタリウスの死について。………………………………………………………………44
3. いかにしてナルシスは，自身に抵抗したヘルリの君主シンドゥアルドを滅ぼしたか。……………………………………………45
4. 疫病の予兆について。ナルシスの時代多くの人々が疫病で亡くなり，イタリアが荒廃したこと。……………………………46
5. ローマ人のナルシスに対する嫉妬について。いかにして人々が彼を皇帝の前で讒言したか，いかにナルシス本人がランゴバルドにイタリアを掌握するよう呼び招いたか。………………………47

6. いかにアルボインはサクソネスを味方につけたか。………………48
7. いかにアルボインはランゴバルドを率いてパンノニアを後にし，イタリアにやってきたか。……………………………………………49
8. いかにアルボインがイタリアの国境に来て，レクス山に登ったか。野牛について。………………………………………………49
9. いかにしてアルボインはウェネティア地方に入り，自分の甥のギスルフをフォルム・ユリイの君主としたか。……………………50
10. どんな王が当時フランクを支配したか。教皇ベネディクトゥスや，アクイレイアの総大司教パウルスについて。………………51
11. ナルシスの死について。………………………………………52
12. タルウィシウムの司教フェリックスについて。いかにして彼がアルボインとプラウィス川の畔で会見したか。………………………52
13. フェリックスとすぐれた叡智の持ち主であるフォルトゥナトゥスについて。……………………………………………………52
14. いかにしてアルボインがウェネティア州を手に入れたか。ウェネティアの名前とその領域について。……………………………54
15. イタリア第二の州，リグリアについて。二つのレティア州について。……………………………………………………………55
16. アルペス・コッティアエというイタリア第五の州とトゥスキアという第六の州について。………………………………………56
17. イタリア第七の州カンパニアと第八の州であるルカニアもしくはブリティアについて。………………………………………56
18. 第九の州であるアッペンニナエ・アルペスと第十の州エミリアについて。…………………………………………………………57
19. イタリア第十一の州フラミニアと第十二番目にあたるピケヌスについて。…………………………………………………………58
20. 第十三州とみなされるウァレリアとヌルシア，第十四のサムニウ

目　次　　　　　　　xvii

　　　ムの州について。 ·· 59
21. 第十五の州と言われるアプリア，カラブリア，サッレントゥムについて。 ·· 60
22. イタリアの第十六州はシチリア，第十七州はコルシカ，第十八州はサルディニアである。 ·· 60
23. 何故イタリアのある部分が「ガリア・キサルピナ」と呼ばれているか。ガリア人がイタリアに最初にやって来た時のことについて。 ·· 61
24. なぜイタリアは「イタリア」と呼ばれるのか。イタリアがアウソニア，ラティウムとも呼ばれること。 ··································· 62
25. いかにしてアルボインはメディオラヌムに入り，リグリア全域の都市を占領したか。大司教ホノラトゥスについて。総大司教パウルスの死について。プロビヌスが後継者となったこと。 ············ 63
26. いかにティキヌム市は三年間包囲を受けたか。ランゴバルドがトゥスキアに侵入したこと。ランゴバルドが他の部族から多くの人々をイタリアに率いてきたこと。 ·· 63
27. いかにしてアルボインはティキヌムに入ったか。 ··················· 64
28. 三年間の統治の後，アルボインはいかに妻の計略によって，ヘルメクス（＝ヘルミキス）に殺されたか。 ································· 65
29. ヘルメクスは王となることを望むが，その望みはかなわず。いかにしてロセムンダとともにラウェンナに逃げ，いかにしてその後二人は死ぬこととなったか。 ··· 66
30. いかにしてロンギヌスは，彼らの死後アルプスインダをランゴバルドの宝物とともに皇帝の許へと送ったか。ペレデオについて。いかにして彼がコンスタンティノポリスでライオンを殺したか。彼が二人のパトリキウスを殺したこと。 ······································ 67
31. 第二代クレフ王とその死について。 ··· 68

32. いかにしてランゴバルドの諸公が，イタリアを服属させた十年にわたって王なしでいたか。……………………………………………68

第Ⅲ巻

1. ランゴバルドの諸公が略奪のためにガリアに侵入したこと。彼らの来襲を福者ホスピティウスがだいぶ前から予言していたこと。………………………………………………………………………72
2. 福者ホスピティウスを暗殺しようとしたランゴバルドのこと。いかにして彼の右手が硬直したか，そしていかにして彼の右手がその聖人によって健康な状態に回復したか。そのランゴバルドが修道士になったこと。………………………………………………73
3. いかにしてランゴバルドの軍勢に，パトリキウスのアマトゥスが戦争を仕掛け，いかにして彼が敗北を喫して殺され，またいかにランゴバルドが勝者として多くの略奪品をイタリアに持ち帰ったか。……………………………………………………………74
4. いかにしてランゴバルドが再びガリアに侵入し，パトリキウスのムンムルスによって敗北を喫したか。………………………74
5. ランゴバルドと共にイタリアに入ったサクソネスが，ガリアを略奪しながらも，いかにしてムンムルスに敗れたか。…………75
6. 他ならぬサクソネスが，妻子を伴って再びガリアに入るものの，略奪を行っているあいだに，ムンムルスに阻まれ，黄金によって自らを贖い，シギスペルト（＝シギベルト）王の許へ赴き，そこから祖国へ戻ったこと。………………………………………75
7. いかにしてサクソネスは，自分の祖国から，そこに定住していたスアウィやその他の部族を駆逐しようとして，彼らに殲滅されたか。……………………………………………………………76
8. いかにして三人のランゴバルドの指揮官，アモ，ザバン，ロダヌ

目　次　　　xix

スがガリアに侵入したか。そして，いかにしてザバンとロダヌスがムンムルスに敗れ，いかにして三人ともイタリアに帰還することになったか。……………………………………………………………77

9. いかにしてフランク王アナグニスが，ランゴバルドの要塞を占拠したか。いかにしてラギロ伯がフランクのクラムニキス公に殺されたか。いかにしてそのクラムニキス公が，ランゴバルドのトリデントゥムのエウィン公に討伐されたか。………………………78

10. フランクのシギスペルト王の死について。エウィン公の結婚について。………………………………………………………………79

11. 小ユスティヌスの死について。彼が生前いかなる人物だったか。
　　　………………………………………………………………………79

12. ティベリウス・コンスタンティヌスの治世について。彼の善行について。神から彼に譲られた富について。……………………81

13. 皇帝がヒルペリクスに与えた金貨について。聖グレゴリウスとクラッシスの略奪について。…………………………………………83

14. 総大司教プロビヌスの死とその後継者ヘリアスについて。……84

15. 皇帝ティベリウス・コンスタンティヌスの死とマウリキウスの治世について。……………………………………………………………84

16. アウタリが王位に就いたこと。彼の治世にどれ程王国が安全であったか。……………………………………………………………85

17. キルデペルトゥスがイタリアに侵入したが，講和をなして帰国したこと。………………………………………………………………85

18. ブレクシッルスの戦いについて。ドクトゥルフス（＝ドロクトゥルフト）公の退却について。……………………………………86

19. ドクトゥルフス公の死について。いかになる墓碑銘によって，彼が讃えられているか。……………………………………………86

20. ペラギウスの教皇在位と総大司教ヘリアスの謬説について。…88

21. ヒスパニア人に対するキルデペルト（＝キルデベルト）の戦争とイングンディスの死について。……………………………………89
22. イタリアにやって来たフランク軍について。フランク軍が成果なく帰国したこと。………………………………………………89
23. 洪水について。聖ゼノ教会で起きた奇跡について。………90
24. 聖グレゴリウスの教皇在位とその当時にローマで起きた大量死について。……………………………………………………………90
25. いかにして聖グレゴリウスがアングリ人を改宗させたか。……91
26. 総大司教ヘリアスの死，セウェルスの総大司教在位，彼の謬説について。……………………………………………………………91
27. アウタリ王がヒストリアに派兵したこと。フランキオについて。………………………………………………………………………93
28. アウタリ王が，いかにキルデペルトの姉妹に求婚したか。……93
29. いかにフランクがイタリアに侵入し，ランゴバルドに敗れたか。………………………………………………………………………94
30. いかにアウタリ王がバイオアリアに，自分の花嫁を見るために赴き，いかに彼女を妻として迎え入れたか。……………………94
31. 再びフランク軍がイタリアにやってきたこと。赤痢病が彼らを襲ったこと。彼らの帰国について。………………………………97
32. いかにして，アウタリ王がベネウェントゥムにやって来たか。99
33. ベネウェントゥムの初代の公，ゾットについて。………………99
34. いかにしてアウタリ王はグントラムヌスに使節を派遣したか。グントラムヌスが見た不思議な幻影について。…………………99
35. アウタリ王の死とアギルルフが王位に就いたこと。…………101

第Ⅳ巻

1. アギルルフ王が，人質のためにフランスに使者を派遣したこと。

目次　　　　　　　　　xxi

　　　　　　　　　　　　　　　　　　　　　　　　　　　104
2. 同じ年にあった旱魃とイナゴの大群について。 …………… 104
3. アギルルフがミムルフスを殺したこと。ガイドゥルフスとウルファリの謀反について。 …………………………………………… 104
4. ラウェンナにおける疫病について。キルデペルトとヒルペリクスの息子との戦争について。奇跡的なできごとについて。 ……… 105
5. 聖グレゴリウスが，王妃テウデリンダに『対話』なる書物を送ったこと。 ……………………………………………………………… 105
6. 王妃テウデリンダの善き行いについて。 ……………………… 106
7. タッシロが，フランク族の王キルデペルトによって，王位を賜ったこと。 ……………………………………………………………… 106
8. パトリキウスのロマヌスが，ランゴバルドが占領していた都市を侵略したこと。アギルルフ王が，マウリシオ公を殺したこと。王が聖グレゴリウスとローマ人と講和をなしたこと。 …………… 106
9. 聖グレゴリウスの王妃テウデリンダ宛の書簡。聖グレゴリウスのアギルルフ王宛の書簡。 ………………………………………… 107
10. 彗星と司教ヨハンネスの死，エウィン公の死について。バイオアリ族について。 ……………………………………………………… 109
11. フランクの王キルデペルトの死について。アウァリとフランクの戦争。グントラムヌス王の死について。 ………………………… 110
12. カカヌスがアギルルフに使者を派遣したこと。パトリキウスのガッリニクス[1]との講和について。 ………………………………… 110
13. アギルルフとフランク族との講和について。ザングルフス[2]とウァルネカウティウスの死について。 …………………………… 110
14. ラウェンナの疫病について。ウェロナにおける病気の犠牲者について。 ……………………………………………………………… 111
15. 天に現れた血の徴とフランクの部族間の戦争について。 …… 111

16. スポレティウム公，アリウルフスの死について。テウデラピウスの公国統治について。 …………………………………………………… 111
17. ランゴバルドが福者ベネディクトゥスの修道院で行った略奪について。 ……………………………………………………………………… 112
18. ゾットの死とアリキスの公国統治について。 …………………… 113
19. 教皇福者グレゴリウスのアリキス宛書簡。 ……………………… 113
20. アギルルフ王の娘が捕虜となったこと。アギルルフ王がカカヌスに職人を派遣したこと。 …………………………………………… 114
21. 王妃テウデリンダが建てた，モディキアにおける聖ヨハンネス教会について。 ……………………………………………………… 115
22. 彼女が建てた宮殿について。 ……………………………………… 115
23. パタウィウムの町の破壊について。 ……………………………… 116
24. アウァリ族との講和について。ランゴバルドがヒストリアに侵入したこと。 ……………………………………………………………… 116
25. アギルルフの息子，アダロアルドの生誕とモンス・シリキスの攻略。 ……………………………………………………………………… 117
26. 皇帝マウリキウスの死。 …………………………………………… 117
27. ガイドアルドとギスルフの両公について。アダロアルドの洗礼について。 …………………………………………………………… 117
28. クレモナとマントゥアの攻略について。王女の死について。フランク族の戦争について。 …………………………………………… 118
29. 聖グレゴリウスの死について。彼の高徳について。 …………… 119
30. アダロアルドの統治について。フランク族との講和について。 ……………………………………………………………………… 120
31. フランク族とサクソネス族との戦争。 ………………………… 120
32. パトリキウスのスマラクドゥスとの講和成立について。トゥスキアの諸都市の攻略について。 ……………………………………… 121

33. 総大司教セウェルスの死，ヨハンネスとカンディディアヌスの聖職位について。 …………………………………………………… 121
34. ネアポリス侵攻について。偽の皇帝エレウテリウスの死について。 ……………………………………………………………… 122
35. 皇帝との講和について。 ………………………………………… 122
36. 皇帝フォカスとその殺害，ヘラクリウス帝の治世について。 ・122
37. ギスルフ公の死について。フォルム・ユリイの略奪について。ランゴバルドがフン族から被ったその他の災厄について。 ………… 123
38. タソとカッコの治世とその死について。 …………………… 128
39. フォルム・ユリイ公グラスルフについて。ロドアルド[3]とグリムアルドがベネウェントゥムにやった来たことについて。 ………… 129
40. 皇帝やフランク族との講和について。ヒストリアの略奪について。グンドアルドの死について。 ……………………………… 130
41. アギルルフの死とアダロアルドの統治について。アダロアルドが王位を追われたこと。アリオアルドの統治について。 ………… 130
42. アリオアルドの死とロタリの統治について。アリキス公が自分の息子アイオを王に派遣したこと。 ………………………… 131
43. ベネウェントゥム公アリキスの死とアイオの公国支配について。 …………………………………………………………… 132
44. アイオの死とラドアルドの公国支配について。 …………… 132
45. ロタリの奪った都市について。 …………………………… 133
46. ラドアルド公の死について。公国において彼の弟グリムアルドが兄の跡を継いだこと。 …………………………………… 134
47. ロタリ王の死とロドアルドの支配について。 ……………… 134
48. ロドアルド王の死とアリペルトの支配について。 ………… 135
49. ヘラクリウス帝と彼の後継者コンスタンティヌス帝の死について。次代のコンスタンティヌス帝の統治について。 ………… 136

50. ペルシャ人の王妃ケサラについて。……………………………………… 136
51. アリペルトとその後継者である息子ゴディペルト（＝ゴデペルト）の死について。グリムアルドの統治とガリパルド公の死について。……………………………………………………………………… 138

第 V 巻

1. いかにしてグリムアルドが，王権を固めた後に，アリペルト王の娘を娶ったか。……………………………………………………… 142
2. ペルクタリトの逃亡について。いかにして彼がグリムアルドの許に戻り，そして再びフランスに逃げたか。………………………… 142
3. ウヌルフスとペルクタリトの近習に対するグリムアルド王の慈悲。……………………………………………………………………… 145
4. いかにグリムアルドが，ウヌルフスとペルクタリトの近習にペルクタリトの許に行けるよう約束したか。…………………………… 147
5. グリムアルドのフランクに対する戦争とその勝利について。… 148
6. コンスタンス帝がイタリアに赴き，ベネウェントゥムを包囲したことについて。…………………………………………………… 148
7. いかにグリムアルドが息子ロムアルドに呼びかけられ，ベネウェントゥムにやって来たか。…………………………………………… 150
8. いかに皇帝が，ロムアルドの妹を人質として得たのち，ベネウェントゥムから退却したか。…………………………………………… 151
9. いかに皇帝の軍勢をカプア伯ミトラは苦しめたか。……………… 152
10. いかにロムアルドは，皇帝が二万の軍勢とともに派遣したサブッルスを破ったか。……………………………………………………… 152
11. コンスタンス帝がローマ人にもたらした災いについて。個々の州で行った略奪について。彼がいかにして命を落としたか。……… 153
12. メケティウスの統治と死について。……………………………… 154

目 次

13. いかにサラセン人がアレクサンドリアを来発し，シチリアを略奪し，コンスタンス帝がローマから奪ったものを分捕ったか。 …… 154
14. ロムアルドの妹，ギサの死について。 …………………………… 155
15. 当時頻発した豪雨と雷について。 ………………………………… 155
16. いかにしてグリムアルドはスポレティウムにトランサムンド公を即位させ，彼に自分の娘を嫁がせたか。 …………………………… 155
17. フォルム・ユリイにおいてグラスルフの後，アゴが公国を継承したこと。彼の後，ルプスが公になったこと。 ……………………… 155
18. いかにルプス公がグリムアルドに叛旗を翻したか。 …………… 156
19. いかにルプス公がアウァリ族と戦ったか。 ……………………… 156
20. ルプス公の死について。いかにアウァリ族が，フォルム・ユリイの領域を略奪したか。 …………………………………………… 157
21. いかにアウァリ族が，不承不承ながらグリムアルドの機転によってフォルム・ユリイから撤退したか。 ……………………………… 157
22. ルプスの息子，アルネフリトについて ………………………… 158
23. フォルム・ユリイの君主ウェクタリについて。彼のスクラウィ族に対する勝利について。 …………………………………………… 158
24. ウェクタリの死について。いかに彼の跡をランダリ[4]が継いだか。彼の後，公国を継承したロドアルドについて。 ……………………… 159
25. いかにグリムアルドがルプス公の娘を息子ロムアルドと結婚させたか。 ………………………………………………………………… 159
26. いかにグリムアルド王が，自分を蔑ろにした者たちに復讐したか。 ……………………………………………………………………… 160
27. いかにグリムアルドはフォルム・ポプリを攻め落としたか。 ・160
28. グリムアルドがローマ人に抱いていた反感について。 ………… 160
29. ウルガレス族の統治者アルゼコについて。いかに彼が，その臣下とともにベネウェントゥムに任ぜられたか。 ………………………… 161

30. 専制君主メゼティウス亡き後コンスタンティヌスが，コンスタンス帝の代わりにローマ人の君主となったこと。 ……………… 161
31. 彗星について。教皇ドヌス[5]の功績について。 ……………… 162
32. いかにペルクタリトは，サクソネス族の王国ブリタニアに赴くことを決心したか。 ……………………………………………… 163
33. グリムアルドの死について。ペルクタリトの帰還とその統治について。 ……………………………………………………………… 163
34. 彼や彼の妃が建てた修道院について。 ……………………… 164
35. ペルクタリトとその息子にして共同で統治したクニンクペルトの治世について。 ……………………………………………… 165
36. アラヒスの第一の謀反について。いかに彼がとりなしを受けたか。 ……………………………………………………………… 165
37. ペルクタリトの死とクニンクペルトの統治について。テオドテの凌辱について。 ………………………………………………… 166
38. いかにアラヒスがクニンクペルトの宮殿に侵攻したか。 …… 167
39. いかにクニンクペルトが再び自らの宮殿に戻ったか。 ……… 168
40. アラヒスのクニンクペルトに対する戦争。助祭セノの死。 … 171
41. 再びアラヒスとクニンクペルトの戦争。クニンクペルトの勝利について。いかに彼がティキヌムに凱旋入城したか。 …………… 173

第VI巻

1. いかにロムアルドはタレントゥムを攻略したか。いかにテウデラタは聖ペトルスの修道院を建設したか。 ……………………… 176
2. ロムアルドの死について。いかに聖ベネディクトゥスの遺骸がガリアに運び去られたか。 …………………………………………… 176
3. フォルム・ユリイ公ロドアルドについて。彼の公国領を侵略したアンスフリトについて。 ……………………………………… 177

4. コンスタンティノポリスにおいて行われた公会議について。司教ダミアヌスの手紙について。……………………………………… 178
5. 月食と日食について。ローマとティキヌムで起きた疫病について。 ……………………………………………………………………… 179
6. いかに，以前の敵によってアルドとグラウソに，クニンクペルトが彼らを殺そうとしていることが告げられたか。……………… 180
7. 文法学者である助祭フェリックスについて。………………… 181
8. ベルゴマの司教ヨハンネスについて。……………………… 181
9. 当時現れた暗黒星について。ベビウス火山の噴火について。 … 182
10. いかにサラセン人がアフリカを攻略し，カルタゴを滅ぼしたか。 ……………………………………………………………………… 182
11. コンスタンティヌスの死，ユスティニアヌスの治世について。彼のサラセン人に対する勝利。……………………………………… 182
12. いかにレオは，ユスティニアヌスを追放し，その統治権を奪ったか。………………………………………………………………… 183
13. いかにティベリウスは，レオを破り彼を投獄し，皇帝となったか。………………………………………………………………… 183
14. いかに教皇セルギウスが，聖なる第五公会議を支持することを望まないアクイレイア公会議を正したか。………………………… 184
15. アングリ族の王ケドアルド[6]は，いかにローマにやって来て，洗礼を受け，すぐに亡くなったか。………………………………… 184
16. フランク族の王権がガリアにおいて宮宰の掌中に収められたこと。…………………………………………………………………… 186
17. クニンクペルト王の死と彼の息子リウトペルトの統治………… 187
18. トリノ公ラギンペルトについて。いかに彼がリウトペルトを破り，王国を奪ったが，その同じ年に亡くなったか。……………… 187
19. いかにアリペルトが王国を奪い，リウトペルトを生け捕りにし，

後に殺したか。 ·· 187
20. いかにベルガムムで支配していたロタリトは，アリペルトに囚われ，命を奪われたか。 ······································· 188
21. いかにアンスプランドは，バイオアリアに逃げ，バイオアリアの君主テウトペルトの許に留まったか。 ············ 188
22. アリペルトがアンスプランドの妻と彼の息子や娘をいかに様々な方法で辱め，いかにリウトプランドに父の許，バイオアリアへ行くことを許したか。 ·· 189
23. ガリアでアルヌルフの息子アンスキスが宮宰となったこと。 ·189
24. フォルム・ユリイにおけるアドの死とスクラウィに殺されたフェルドゥルフスの公国統治について。 ····························· 190
25. フォルム・ユリイにおけるコルウルス[7]の公国統治について。彼は王によって盲目にされる。 ··························· 192
26. フォルム・ユリイの君主ペンモについて。彼に三人の息子が生まれたこと。 ·· 193
27. ベネウェントゥムの君主ギスルフについて。いかにして彼がスラやその他の要塞を攻略したか。 ······························· 193
28. アリペルトがローマ教会に行った寄進について。アングリ族の二人の王について。 ··· 194
29. メディオラヌムの大司教ベネディクトゥスについて。············ 194
30. スポレティウムの君主トランサムンドの死と，その息子の公国統治について。 ·· 195
31. 皇帝ユスティニアヌスについて。いかに彼が帝位を奪回し，自らに反逆した者たちを殺したか。 ··································· 195
32. いかにフィリッピクスは，ユスティニアヌスを滅ぼし帝権を奪ったか。 ·· 196
33. 総大司教ペトルスの死とセレヌスがその後継者となったこと。

　　　　　　　　　　　　　　……………………………………… 196
34. いかにアナスタシウスは，フィリッピクスを滅ぼしたか。…… 196
35. アンスプランドは，テウデペルトがバイオアリ族を率いて彼を支援したとき，いかにアリペルトを破ったか。ティキヌス川でアリペルトが溺死したことについて。彼の兄弟グンペルトの亡命について。アンスプランドとその息子リウトプランドの統治について。
　　　　　　……………………………………………………………… 197
36. いかにテオドシウスは，アナスタシウスを破り支配権を奪ったか。ティベリス川の氾濫について。……………………………… 199
37. アングリ族について。フランク族の王ピピンと彼の行った戦争について。息子のカロルスが彼の後継者となったこと。…………… 199
38. いかにリウトプランド王は，反逆者ロタリト[8]を殺したか。王の豪胆ぶりについて。……………………………………………… 200
39. ベネウェントゥム公ギスルフの死について。彼の息子ロムアルドの公国統治について。………………………………………… 201
40. いかに聖ペトロナクスは，カッシヌムの父なる聖ベネディクトゥスの修道院を改修したか。聖ウィンケンティウス修道院について。
　　　　　　……………………………………………………………… 201
41. 皇帝テオドシウスが亡くなった後，いかにレオが彼の後継者となったか。……………………………………………………… 203
42. いかにフランク族の元首カロルスは，ラギンフリドを破ったか。
　　　　　　……………………………………………………………… 203
43. いかにリウトプランド王は，ローマ教会に寄進を確約したか。いかにテウデペルトの娘を妻に迎えたか。………………………… 204
44. いかにファロアルド公はクラッシスを侵略したか。バイオアリ族の君主テウドが使徒たちの場所，ローマに来たこと。………… 204
45. 総大司教セレヌスが亡くなった後，カリストゥスが教会の管理を

引き受けたこと。スクラウィ族に対するペンモの戦争について。 ·· 204
46. サラセン人のヒスパニア侵攻について。カロルスとエウドが彼らをガリアにおいて破ったこと。 ································· 205
47. いかにサラセン人が，コンスタンティノポリスを包囲するも，ウルガレス族に撃退されたか。 ································· 206
48. いかにリウトプランド王は，聖アウグスティヌスの亡骸をティキヌムにもたらしたか。その頃レオ皇帝が聖像を破壊したこと。 206
49. ローマ人のどんな都市をリウトプランド王が侵略したか。レオ帝のなした一層邪悪な行為について。 ···················· 207
50. ベネウェントゥム公ロムアルドとその息子ギスルフについて。 ·· 208
51. 総大司教カリストゥスに対するペンモの憎悪について。 ······ 208
52. ラトキスのスクラウィ族に対する戦争。 ··························· 210
53. いかにリウトプランド王は，カロルス王の息子ピピンの髪に手を触れたか。 ·· 210
54. サラセン人は再びガリアを攻め，フランク族に敗れる。いかにリウトプランドがフランク族を支援したか。 ······················ 211
55. スポレティウムのトランサムンド公，ベネウェントゥムのギスルフ公について。グレゴリウスについて。ヒルデプランドの統治について。 ·· 212
56. グレゴリウスの死後，ゴデスカルクスがベネウェントゥムの君主となったこと。いかにリウトプランドは，ペンタポリスで戦ったか。 ·· 213

(第 57 章及び第 58 章の目次は，ほとんどの写本で欠落している。以下は訳者によるまとめ)[9]

57. リウトプランド王が，トランサムンドを公位から追放し，アギプ

　　　　　　　　　　　　　　目　次　　　　　　　　xxxi

　　ランドをスポレティウム公に任じたこと。ゴデスカルクスの死に
　　ついて。……………………………………………………………… 214
58. リウトプランド王の修道院建設について。聖者バオドリヌスとリ
　　ウトプランド王の死について。…………………………………… 215

解　　題………………………………………………………………… 219
あとがきとして………………………………………………………… 253
固有名詞一覧…………………………………………………………… 255

　　註
　　1)　本文ではガッリキヌス。
　　2)　本文ではザングルルフス。
　　3)　本文ではラドアルド。
　　4)　本文ではラウダリとなっている。
　　5)　本文ではドムヌスとなっている。
　　6)　本文ではケドアルとなっている。
　　7)　本文ではコルウォルスとなっている。
　　8)　本文ではロタリとなっている。
　　9)　Waitz や Capo の版には，第 57 章と第 58 章の見出しはない。もっとも若干の写本
　　においては，第 56 章の見出しに続いて第 57 章や第 58 章の見出しもある。Waitz によれば，
　　D3（Vindobonensis 182）及び D4（Oxoniensis Bodl. 1302）は，「LVII いかにしてリウトプラ
　　ンドが自分の孫を公として据えたか。さらに彼が築いた教会について，聖人バオドリヌス
　　について」と伝える。しかし，聖人バオドリヌスへの言及は第 58 章である。また，同じく
　　Waitz によれば，E1（Florentinus Laurentianus LXV 34）は，「LVIII（sic）いかにして（リウ
　　トプランドが）スポレティウム（？）とベネウェントゥムを秩序付け，多くの神殿を建てた
　　か。LVIIII（sic）神の僕，バドリヌスとテウデラピウスについて，ティキヌムの司教ペトル
　　スについて，リウトプランドの死について」と付加している。

ランゴバルドの歴史

第Ⅰ巻

1. ゲルマニアについて，この地が多くの民族を育み，そしてそれ故多くの部族がゲルマニアから移住することになったこと。

　北の地方は，太陽の熱から遠ざかり，雪の冷たさ故に凍てつくにつれ，人間の体には一層健康的なものとなり，種の繁栄に適したところとなる。ちょうどこれとは逆に，すべての南の地方では，太陽の熱に近づくにつれ，一層病気が増え，人間を育むには不都合なところとなる。そのような訳で，北極付近から大勢の民族が起こるのであり，タナイス川[1]から西に至るまでの一帯が――個々の小地域についてはそれぞれ固有の名前で呼ばれるが――一般的にはゲルマニアと呼ばれるのも頷ける[2]。もっともライン川を越えた二つの属州については，ローマ人が征服して以来，高地ゲルマニアと低地ゲルマニアと呼ばれている[3]。それ故，この人口の多いゲルマニアの地からしばしば夥しい数の捕虜の群れが連れ出され，南の諸民族に売りさばかれるのである。他方，土地が育て切れない程多くの人間を生み出すという理由で，多くの民がこの地域から出ていった。その中の少なからぬ民はアジアの一部を，だが大半は自らと接しているヨーロッパを苦しめた。そのことを証言するのは，イッリュリクムやガリア全域の至る所に見られる都市の瓦礫，とりわけ悲惨なイタリアのそれである。イタリアは，それらほとんどすべての民族の残虐さを経験したのである。実際ゲルマニアからは，ゴート族，ウァンダル族，ルギ族，ヘルリ族，トゥルキリンギ族，その他多くの凶暴で野蛮な民族が現れた。これらの民と同様，ウィンニリ族，すなわちのちに栄えてイタリアを統治したランゴバルド族は，ゲルマニアの民に起源を持つのである。彼らの移動の原因については異論もあるが，スカ

　1）　現在のドン川。

　2）　固有名詞 Germania（ゲルマニア）の語源は定かではないが，パウルスはこれを普通名詞 germen（芽）と関連づけているように思われる。germen の語源が gigno（生む）であることから，このような語呂合わせが成り立っている。

　3）　伝統的には，ゲルマニアとガリアの境界はライン川と考えられている。そして，「ゲルマニア」と名づけられたローマの二つの属州がライン川を越えるのは，通常ゲルマニアと呼ばれる地域のほんの小部分に過ぎない。「高地」と「低地」の境は，モーゼル川がライン川に合流する地点よりライン川に沿ってやや下ったところである。高地ゲルマニアは，現在のマインツを首邑とする地域であり，ライン川を跨っており，ヘルウェティイ Helvetii，セクアニ Sequanii，リンゴネス Lingones といった部族の居住域を含む。東はネッカー川を含む。一方，低地ゲルマニアは現在のケルンを首邑とし，おおむねライン川の下流の左岸地域のことであるが，ラインデルタをも含んでいる。

ンジナビアと呼ばれる地域の出身であるといわれる。

2. スカンジナビア島について，及びこの島をウィンニリ，すなわちランゴバルドが後にしたこと。

　この島のことは，プリニウス・セクンドゥスも彼の著書『自然の本性について』[4]の中で言及している。すなわち，探検した人々が報告しているように，この島は海に浮かんでいるというよりは，海岸線が平坦なために陸地を取り囲む海の潮流によって周囲を浸されているのである。それ故に島の内部で形成された諸部族が，共生できなくなる程に大きな人口に達すると，伝承によれば，全体を三つに分け，三つのうちのどの一団が旅立ち，新しい居住地を求めるかを，籤で問い尋ねることになった。

3. イボルとアイオが，母親ガンバラと共にウィンニリの最初の指導者となったこと。

　その結果，一つの集団が籤によって故郷を離れ，外の土地を求めることを定められた。彼らを率いる長は，イボルとアイオであった。二人は兄弟であり，若さの盛りで，他の誰よりも際立った存在だった。人々は，どの土地に住み住居を構えることができるかを求めるべく，親類家族とふるさとに別れを告げると，旅に出た。指導者イボルとアイオの母はガンバラといい，一族の中で最も知恵に優れ，その忠告には先見の明があった。困難な状況にあっては，彼女の賢慮が大いに頼りになったものであった。

4. ゲルマニアに眠る七人の男について。

　思うにほんの少し叙述の順序を後回しにしても，本題から外れることはないだろう。私の筆はゲルマニアに及んでいるので，当地で誰もが有

　4）　正しくは，大プリニウスの『博物誌 *Historia Naturalis*』である。同書第4巻第13(27)章第96節に該当記述が認められる。

名だと思っている奇跡やその他の事柄について，簡潔に触れておく。ゲルマニアの北西の最果て，大西洋岸に大きくそびえ立つ岩の下に洞窟があり，そこにはいつ頃からかは分からないが，七人の男が長い眠りに耽り，休んでいる。肉体ばかりか，服もまた傷んだ所がない。長い歳月にわたって腐敗することなく持ちこたえているので，気性は荒く粗野な民の間で崇拝されている程である。彼らは，服装にかんして言えば，ローマ人のように見受けられる。誰かが欲に駆られて，その七人の一人の身ぐるみ剝ごうとしたところ，伝承によれば，腕が干上がったとのことである。彼の受けた罰は，他の人々を恐れさせ，もう彼らに触れようとする者はいなくなった。何の目的で神の導きが長い間彼らを護っていることか，窺われよう。その七人はキリスト教徒以外の何者でもないと考えられるので，恐らくその戒めによって，ゲルマニアの諸民族はいつか救済されるべきだろう[5]。

5. スクリトビニ族について。

この場所の近くに，スクリトビニ族[6]が——実際この人々はそう呼ばれている——住んでいる。彼らは，夏季にすら雪に見舞われる。生活様式は野生動物とは異ならず，野生動物の生肉以外は食糧としない。それら野獣のごわごわした毛皮すらも素材として，自分たちのために服をこしらえる。スクリトビニの名前は，彼らの粗野な言語で「跳躍する」という言葉に由来している。というのも彼らは跳躍を利用し，ある種の技術で弓と似た形に湾曲した木の板によって獣を追う。彼らの暮らす辺りには，鹿に似ている動物がいる。その毛皮を素材として——それは剛毛であったが——トゥニカのように膝まで覆う服を纏っている人を，私は

---

[5] 類似した話としては，ヤコブス・デ・ウォラギネ『黄金伝説』（邦訳では，前田敬作，西井武訳，平凡社ライブラリー版第3巻所収）96話「眠れる七聖人」が挙げられる。ここでは，デキウス帝時代（3世紀半ば）に迫害を逃れていたエペソスの七人の若いキリスト教徒が，隠れていた洞窟で眠り込み，テオドシウス二世の治世（5世紀半ば頃）になって目覚めたという奇跡が紹介されている。

[6] Capoによれば，ラップ人のことである。彼らはスキーの発明者であり，以下の描写にある「湾曲した木の板」とはスキーを指すのだろう。諸説あるが，これはゲルマン語のScridifinniなる言葉に相当するようであり（= Scridi+Finni, Scirdiはドイツ語のschreiten［大股で歩く，闊歩する］に相当する），つまり「スキーのフィンランド人」という意味である。

見たことがある。それは，上述のスクリトビニも——と，私は報告を受けているが——使用している通りである。

　この場所では，夏至の頃何日にもわたって，夜間にもとても明るい陽光が見える。ここでは，他の場所よりも昼がはるかに長い。逆に冬至の頃は，陽光はあってもそこに太陽は見えない。昼は極めて短く，他の場所よりも夜が長い。それはもちろん，太陽から遠く隔たれば隔たる程，太陽が大地に近づいているように見え，影がより長く延びるからである。イタリアでは，古代人も書いているように，クリスマスの時分正午に立っている人間の影を測ると9ペース〔1ペースは約30センチ〕である。他方，私がガリア・ベルギカにある「トトの別荘」[7]と言われる場所に立ち，自分の身長の影を測ると，19ペース半あることがわかった。逆に，南に向かって近づけば近づくほど，影は一層短くなるように思われる。エジプトやエルサレムやその付近にある場所においては，夏至の時に太陽が南中すると，影がまったく見えなくなる程だ。しかし，アラビアでは，この頃太陽は天球の中央を越えて北側に観測され，影は逆に南側に見えるのである。

6. ブリタニアの両側にある二つの海の臍について。

　私が先に触れた海岸からさほど遠くない所で，果てしなく広がる大洋の西側部分に面するあたりに，極めて深い海淵がある。これを慣用的な呼称によって，「海の臍」と我々は呼んでいる[8]。この海淵は一日に二度潮を吸い込み，再び吐き出すと言われている。そのような現象が起きることは，あらゆる海岸において潮の干満が生ずる際の非常な速度によって確認できる通りである。この種の淵あるいは渦を，詩人ウェルギリウスはカリュブディスと呼んでいる。詩人は，この渦がシチリアの海峡〔メッシーナ海峡〕に存在することを自らの詩において語り，以下のよ

---

　7)　「トトの別荘（Totonis Villa)」は現在のフランスのThionville。ドイツ，ルクセンブルク，ベルギーとの国境付近にある町。緯度は50度に近い。
　8)　以下，いわゆるMalströmについて述べられている。同様な記述としては，エドガー・アラン・ポー Edgar Allan Poe の有名な短編小説，『メエルシュトレエムに呑まれて A Descent to Maelström』が想起されるだろう。

うに歌っている[9]。

> 右側の岸にスキュッラは，左側には宥めること叶わないカリュブ
> ディスが
> 位置している。そしてカリュブディスは海淵の最も深いところから
> 三度，大量の
> 潮を海底深く吸い込むと，今度は逆に天に向かって
> 吹き上げ，星々を波によって打ちのめす。

　私の述べたこの渦によって，しばしば船が素早く，あっという間に引き込まれることが確認されている。その速度たるや，空中を滑降する矢にも似ているように見える程である。そして船は，しばしばその深淵であまりにも恐ろしい最期を遂げて滅びる。しばしば，最早呑み込まれる寸前というところで，突然大波によって押し返され，先刻引き込まれたときと同じくらいの速さでもって，そこから逆に遠ざけられることもある。別の海淵がブリタニア島とガリア州の間にも存在することが，確認されている。この現象については，セクアニカやアクイタニア[10]の海岸でも認められる。この海淵は日に二度唐突に満ち潮によって満たされるが，そのため，そのときたまたま海岸から少し離れていて潮に巻き込まれてしまったような人は，この海淵から逃れることが困難な程である。
　これらの地域では，川が水源に向かって，とても速い流れで戻り，何マイル〔1マイルは約1.5キロメートル〕にもわたって淡水が塩水に変わってしまうことを認め得る。セクアニカの岸辺からエウォディア島[11]は約30マイル離れている。そこでは――島民から確認したところでは――カリュブディスへと注ぎ込む水のゴボゴボという轟が聞こえる。私が話を聞いたガリアのある高貴な人物によれば，ある船団は最初に嵐に

---

　9)　『アエネイス』第3巻420-423行。
　10)　ここでは，「セーヌ川（セクアナ川 Sequana）が大西洋に注いでいる地域」という意味であり，古代ローマで，セクアニ Sequani と称されたガリア人の一派が居住した地域（ソーヌ川とジュラ山脈にはさまれた地域）とは無関係である。アクイタニアは，ガロンヌ川とピレネー山脈にはさまれたフランス南西部に相当する。
　11)　フランス北西部ノルマンディー地方沿岸で，現在の Alderney（オルダニー，もしくは Aurigny オリニー［仏語名］）島のことだろうと考えられている。

打たれ，それからこの他ならぬカリュブディスに呑み込まれたそうである。

　しかしその船団にあったすべての人々の中たった一人は，他の人々は亡くなったが，生きてここまで潮に流されて泳ぎ渡る間，流れ落ちて行く水の力に引き込まれ，その大きな海淵の縁までやって来た。彼はすでにこの上なく深く底なしに広がる裂け目を見て，他ならぬ恐怖のあまりに死んだような心地になってそこへ落ちて行くことを覚悟したが，突然思いもよらないことが起きた。とある岩に打ち上げられ，そこに留まることとなった。吸い込まれるはずだったすべての海水がすでに流れ落ち，海淵の縁は覆う水もなく，曝されていた。その場で彼はかくも心を締めつける心配に苛まれ，恐怖におののきつつ留まり，辛うじて先延ばしになった死をやはり待っていると，何と，突如山のような海水が深淵から上ってくるのを，呑み込まれた最初の船が数隻浮かんでくるのを目にした。そのうちの一隻が近づいたとき，彼は能う限りの力を振り絞ってこれにしがみつき，すぐに速い流れによって岸辺まで運ばれ，恐ろしい死の災いを切り抜けた。その後自らの経験した危険の生き証人となったのである。

　我々の知る海，すなわちアドリア海も，規模は小さくとも，ウェネティア地方やヒストリア地方の海岸に入り込み，この種の小さく，隠れた潮流を持っていると信じられている。その潮流によって，後退する海水は吸い込まれ，再び海岸を浸食せんとして吐き出される。このような前置きをした上で，手掛けていた話の本題へと戻ることにしよう。

7. ウィンニリがスコリンガにやって来たこと，ウァンダルの首領アンブリとアッシがウィンニリに貢納を支払うよう命じたこと。

　こうして，ウィンニリ族はスカンジナビアを離れた。イボルとアイオの統率によって，スコリンガ[12]と呼ばれる地へやって来て，そこに何年

　12）　スコリンガなる地名を挙げるのは，パウルスのみである。Scoringa は古英語の Score（岸，shore）に通ずると思われ，おそらくはバルト海の沿岸地域，Rügen 島のあたりのことか。

か定住した。そしてその頃，アンブリとアッシの二人のウァンダル族の頭目が，戦争によって付近の地域を圧迫していた。彼らは度重なる勝利に傲り高ぶり，ウィンニリに使者を派遣し，彼らがウァンダルに貢納を行うか，戦争による闘争を覚悟させようとした。そこで，イボルとアイオは母ガンバラにも支えられ，貢納という解決法で自由を汚すよりも，むしろ自由を武力で守る方がよいと考えた。そこで，使者を通じて，自分たちは隷属するよりもむしろ戦うことを望むと伝える。その当時ウィンニリは皆若さの盛りであったが，もともとたいして大きくもない島の三分の一の人口であってみれば，その頭数は少なかった。

8. ゴダンとフレアについてのおかしな話

古い伝承は，この時点における以下のような馬鹿げた話を伝えている[13]。ウァンダルはゴダン神の許を訪れウィンニリに対する勝利を祈願した。すると，神は「日の出の時，私が最初に姿を見た者らに勝利を与えることにしよう」と答えた。このとき，ガンバラはゴダン神の妻，フレア女神に近づき，ウィンニリに勝利を与えるよう求めた。フレア女神は，ウィンニリの女たちが髪をばらばらにして，髭に見えるよう顔の前でまとめるよう助言した。そして朝最初に男たちとともに訪れ，ゴダンが日の出にいつも東向きの窓越しに眺めている場所から，女たちの姿もまた彼に見てもらう必要があるので，並ぶようにと言った。そして，その通りになった。日の出にゴダンが彼女らを認めて，「あの髭の長い者たち（ロンギバルビィ）は何者か」と言った。このとき，フレアが「あなたが，名前を贈った者に勝利を与えるように」と付け加えた。こうしてゴダンはウィンニリが勝つことを認めたのである。この話は笑うべきものであり，何の価値もないと見なされるべきである。というのも，勝利が人間の力に帰されているのではなく，むしろ天から手渡されているからである。

---

[13] 同様の話は，7世紀に記された『ランゴバルド族の起源 Origo gentis Langobardorum』に含まれる。これはランゴバルドの王の系譜，民族の歴史をごく簡潔なかたちで示した文書である。

9. なぜ，ウィンニリはランゴバルドと呼ばれるようになったか。ヴォタン（＝ヴォダン）はローマ人のあいだでメルクリウスと呼ばれる神であること。

とはいえ，ランゴバルドが剃られない髭の長さにちなんで，最初はウィンニリと呼ばれていたにもかかわらず，のちにこの名前で呼ばれたというのは，確かなことである。というのも，彼らの言葉では，「ラング」は「長い（ロンガ）」を，「バルド」は「髭（バルバ）」を意味する。ヴォダン自身（これに一字加えて「ゴダン」と称したのだが[14]）は間違いなくローマ人のあいだではメルクリウスと言われ[15]，ゲルマニアの部族によって神として崇拝を受けている。かの神はその当時ではなく，はるか以前に，しかもゲルマニアではなくギリシアに存在したと言われている。

10. いかにランゴバルドはウァンダルに勝ったか。ランゴバルドを苦しめた飢餓について。

こうして，ランゴバルドでもあるウィンニリはウァンダルと戦いを交え，自由の栄誉のために戦うときはそうであるが，勇猛に闘争し，勝利を得る。しかし彼らはのちにこのスコリンガにおいて飢餓の困窮を味わい，大いに士気を低下させたのであった。

11. マウリンガへ移ることを望んだランゴバルドが，アッシピッティに阻まれること。

ランゴバルドがスコリンガを出て，マウリンガ[16]へ移る準備をしていると，アッシピッティ族は彼らの旅を妨げ，彼らが自分たちの領内を通過することを断固拒絶した。そしてランゴバルドは敵の大群を目に

---

14) おそらくパウルスは，Wodan（北欧神話のOdinにあたる）の最初のWを半母音のように考え，後続のoとともに一つの音素を形成していると見なしているのだろう。これにGが加わって，G(w)odanになったという説明である。
15) タキトゥス『ゲルマニア』第9章第1節参照。
16) エルベ河口付近東岸の湿原と考えられている。

し，自分たちの兵力の少なさ故に敵と戦う気にならなくなり，どうするべきかを決めようとしていると，必要は発明の母，ひとつの案を思いついた。彼らは自分たちの陣営には「キュノケパロス」〔「キュノ」，「ケパロス」はギリシア語でそれぞれ「犬」，「頭」を意味する〕，すなわち犬の頭をした人間がいるかのように装う。敵のあいだでは，これらの者たちが粘り強く戦争し，人間の血を飲み，もし敵を捉えることができなければ，自分の血を啜るのだという噂が流れる。そして，このような風説に信憑性を加えようとして，テントを広げると，陣営内で大いに火を燃やした。敵はこのようなことを聞いたり，見たりしているうちに噂を信じ込み，自分たちの方から突きつけた戦争に踏み切る気にならなくなった。

12. 二人の勇敢なる戦士の一騎打ち。かたや，ランゴバルドの戦士，かたやアッシピッティの戦士。

だが，彼らには大層勇気のある男がいた。彼らはこの者の力を拠り所にすれば，彼が疑いなく自分たちの望むものを得ることができようと信じていた。全員の代表として戦うように彼を差し向けた。ランゴバルドには良いと思う一人の者を送り出し，自分たちの代表と一対一の対決をさせるように命ずる。そして曰く，「我々の戦士が勝利を得るならば，ランゴバルドには来た道を帰ってもらう。だが，もし彼が相手に打ち負かされるようなことになれば，そのときは我々の領内を通過することを拒絶しない。これが対決の条件だ。」ランゴバルドは，自分たちの中の誰を戦意旺盛なことこの上ない者の対戦者として送り出すか考えあぐねていたところ，奴隷身分にあったある人物が自発的に名乗り出て，挑発している相手に自分が立ち向かうことを約束する。もっとも，もし敵を破って勝利を得たら，自分及び自分の子孫から奴隷の烙印を取り去ってくれればという条件付きであった。これ以上何を語る必要があろう。人々は，彼の要求を喜んで果たすことを約束する。彼は敵に立ち向かい，戦い，勝利した。ランゴバルドには領土通過の権利を，自らと自らの身内には，念願通り，自由民の権利をもたらしたのである。

13. ランゴバルドがマウリンガへ移り，のちにより遠く離れた所へ進むこと．

　そこで，ランゴバルドはやっとのことでマウリンガに到達すると，戦士の数を拡充することができるように，隷属の軛から多くの者たちを解き，自由民の身分へ昇格させた。そして自分の自由の身が確固たるものと見なされ得るように，彼らは通常の流儀に則って，弓を手にして誓いを立てる。同時に，誓いを強化するために，とある祖国の言葉を囁くのであった。こうしてランゴバルドはマウリンガを後にし，ゴランダ[17]に着いた。そこにしばらく滞在しつつ，その後アントハブとバンタイブとを，同様にウルグンダイブも何年間にわたって所有したと言われている。これらは，我々が考えるに，居住区の名前か何かの地名だろう[18]。

14. イボルとアイオの二人の戦士が没した後，ランゴバルドがアゲルムンドを初代の王として擁したこと．

　その間に，ランゴバルド族をスカンジナビアから連れ出し，この時点まで支配した二人の指揮官，イボルとアイオは死んだ。ランゴバルドは最早これ以上複数の指揮官の下に置かれることを望まず，他の部族並に自分たちを統治する王を定めた。そこで最初に彼らの王となったのは，アイオの息子アゲルムンドであり，グンギンギの血筋を引いていた。彼は，古人の伝えるところによれば，33年間ランゴバルドの王国を支配した。

　17）　どこであるか，確定できない。一般には，「ゴランダ Golanda」は「ゴートランド Gothland」すなわち「ゴート人の土地」を意味すると考えられ，カルパチア山脈の周辺に住んでいたと推定される。

　18）　hab ないしは haib は，通常「土地，区域」の意味だと推測されている。Anthab は「Anti 人の土地」ということになる。Anti 人については確定的なことは言えないが，ドニエプルからバルカン半島に進出したスラブ系の民族と考えられている。したがってアントハブは「スラブの地」ということになろうか。Banthaib については，恐らくはボヘミア地域，Vurgundaib は「ブルグンド人の土地」ということで，ライン川河口近くの東岸を指すのだろう。

15. 七つ子を一度に出産した娼婦について。そのうちの一人がラミッシオであった。ラミッシオとアマゾネス族の女との一騎打ちについて。

　この頃、ある娼婦が一度に七人の子供を出産した。この女は、あらゆる野獣にもまして残虐非道であり、子供たちを殺すべきものとして池に投棄した。そんなことはあり得ないと思う人がいるならば、その人に古代作家の歴史記述を読ませるがよい。七人どころか、ある女性が一度に九人を出産した例すら見出すことだろう[19]。そして、このようなことが主にエジプトで起きていることは確かである。さて、旅行中のアゲルムンド王が、くだんの池にたまたま通りかかった。彼は馬を止めると憐れむべき子らを見つめ、手にしていた長槍を此処彼処と差し向けたところ、七人のうちの一人が手を出して王の槍を握りしめた。王は憐憫に動かされ、またできごとに深く感銘し、この子は将来偉大な人物になるだろうと言った。ただちに彼を池から引き上げるように命じ、そして乳母に渡し、あらゆる愛情を注いで養育するよう託す。そして、彼が池——ランゴバルドの言葉では「ラマ lama」と言う——から救い出されたので、ラミッシオ Lamissio と名付けた[20]。

　彼は成長すると、力強い若者となり、好戦的なこと比類なく、アゲルムンド亡き後には王国の舵取りを行う程だった。伝承によれば、ランゴバルドが王とともに旅をし、とある川に着いたとき、アマゾネス〔女性だけからなる伝説的な戦士集団〕によってそれ以上進むことを妨げられたことがあった。そのとき、ラミッシオは彼女たちのうちで最強の者と川の中で泳ぎながら戦い、殺した。そして、自身には戦いの誉れによる栄光を、ランゴバルドには渡河をもたらしたのである。というのも、予め両軍のあいだで取り決めがなされたからである。それは、もしアマゾ

---

　19) プリニウスは、『博物誌』第7巻第33節において、エジプトで7人の子が生まれた例に言及している。9人の子が一度に産まれた例について、パウルスが何を典拠とするかは不明である。

　20) lama は、ラテン語においても、「沼沢」を意味する語である。ホラティウス Horatius『書簡詩 Epistula』第1巻第13歌10行に用例がある。なお、状況はかなりは違うものの、同じく遺棄されたモーセが、「水のなかから引き上げた」ことに由来して名づけられたという故事(『出エジプト記』第2巻第10章)と類似している。なおこの一節は、教皇聖ペラギウスについて物語っている、ヤコブス・デ・ウォラギネ『黄金伝説』第157章(前田敬作、西井武訳、平凡社ライブラリー版第4巻、pp. 428-429 所収)においても引用されている。

ネスがラミッシオに勝てば，ランゴバルドは川から撤退する，しかしもし——実際そうなったのだが——ラミッシオに敗れれば，ランゴバルドにその川を渡ることを許可するというものだった。

　この一連の話が真実に基づいていないことは，確かである。実際，これら古い物語を知っているすべての人々にとって，こんなできことが起こり得たずっと以前にアマゾネス族が滅んでいたことは明白である。もっとも，このようなことが為された場所が歴史作家たちにはよく知られておらず，また作家の誰一人としてほとんど言い広めることがなかったので，そのような女性部族がその時代までそこにいたと考えるようになったのかも知れない。実際，私もある人々から，今日でもゲルマニアの奥地にはこのような女性部族が存在すると聞いたことがある。

16. ウルガレス族がランゴバルドの陣営に夜襲をかけ，アゲルムンド王を殺し，王の娘を捕虜として連れ去ったこと。

　そこでランゴバルドは，上述の川を渡り，対岸の土地に到達すると，そこにしばらくの間留まった。その間何ら敵対的なものを見かけず，長い平穏によって心をかき乱されることはなくなった。しかし，安泰は常に破滅の母であり，彼らに尋常ならざる危害をもたらした。夜全員が警戒を怠り，緩みきった状態で休んでいたところ，ついにウルガレス族[21]が彼らを急襲し，大半の者を傷つけ，多くの者を殺し，ランゴバルドの陣営内で狂奔した。そして，他ならぬアゲルムンド王を殺し，彼の一人娘を奴隷として奪い去ることになった。

---

　21) Capo は，ここで言われる「ウルガレス族」とはブルガリア人のことではなく，のちにスラブ化したと思われる彼らの前身，フン族を意味すると考えている。フン族は，4世紀中頃本来の居住地域だった中央アジアから西に移動し，ゲルマン諸民族を圧迫，ゲルマン大移動の原因を引き起こしたと考えられている。Capo は，ラミッシオの後の王（本巻第18章を参照），レトゥ（ク），ヒルデホク，ゴデホクなど -uc や -oc で終わる名前は，フン族の名前だと考える。そして，本巻第17章で言われているように，ラミッシオが父の雪辱を果たしたのではなく，歴史的には一定の時代ウルガレス族にランゴバルドが服属していたと推定している。

17. ラミッシオが王になったこと，またいかにしてウルガレスを破ったかについて。

だが，このような被害のあとで，ランゴバルドは力を取り戻し，上述のラミッシオを王として擁立した。若さ故に熱血漢であり，戦闘には極めて積極的であったから，彼は養父の死の復讐を切望し，ウルガレスに兵力を差し向けた。程なく最初の戦闘を繰り広げたが，ランゴバルドは敵に背を向け，陣営に逃げ帰る。ラミッシオ王はこれを見て，声を張り上げ，全軍を叱咤し始めた。それは，彼らが自身の受けた不当な仕打ちを思い起こし，屈辱をありありと思い描き，いかに敵が自分らの王を殺し，またどんなに哀れなやり方で，自分の后になることを皆が望んでいた王の娘を，捕虜として奪ったかを思い出すようにするためであった。最後に，卑屈な奴隷となって敵の嘲りに身を投げ出すよりも，戦場で命を捨てた方がましであると言い，自らと身内を武力でもって守るべく彼らを激励する。このようなことを叫び，口にし，あるときは脅迫をもって，あるときは約束をもって戦いに耐えるよう彼らの決意を固めさせるとともに，こう言った。「もし，誰か奴隷身分の者が戦っているのを見たら，その者に褒美を与えるとともに自由民にしてやろう。」先陣を切る指揮官自らが，激励し規範を示すことによって，ようやく彼らは燃え，敵に切り込み，激しく戦った。そして，大量殺戮によって敵をなぎ倒した。自分たちを破った者に対しついに勝って，自らの受けた危害と王の死の復讐を果たしたのである。こうして敵の武具を戦利品として大量に得たが，そのとき以来ランゴバルドは，戦争の艱難辛苦を求めることに一層大胆になったのである。

18. ラミッシオの死後，レトゥが王位を継承し，その後には息子のヒルデホクが，さらにその後にはゴデホクが統治したこと。

このできごとの後，第二代の王として統治したラミッシオが亡くなると，レトゥが三番目に王国の舵取りに就いた。彼は，約四十年支配したのち，第四代の王として息子ヒルデホクを世継ぎとして残した。このヒルデホクの死後，第五代の王としてゴデホクが王権を継承した。

19. トゥルリンギ族（＝トゥルキリンギ族）の王オドアケルとルギ族の王フェレテウスのあいだの戦争，いかにしてランゴバルドは，ルギをオドアケルが破ったのち，彼らの領土を手に入れることになったか。

この頃，イタリアをすでに何年にもわたって支配していたオドアケル[22]と，ルギ族[23]の王でフェバとも呼ばれたフェレテウスとのあいだで，大いなる憎悪の火種が燃え上がった。その頃，フェレテウスはドナウ川の対岸に住んでおり，この居住地はドナウ川によってノリクム[24]から隔てられていた。当時このノリクムには，福者セウェリヌス[25]の修道院があった。この人物は清貧の神々しさを備え，様々な徳によって輝かしい存在であった。没するまでこの地に住みついたが，にもかかわらず現在彼の亡骸はネアポリス〔ナポリ〕にある。彼は，我々が述べたフェレテウスとギサという名前のその妻とに対して天の言葉を言い聞かせ，憎悪を止めるようしばしば警告した。ところが，二人はこの敬虔な言葉を侮蔑したので，後に彼らの身に起こることを，ずっと以前から予言したのだった。さて，オドアケルは自分の命令に服していた諸部族，すなわちトゥルキリンギ族とヘルリ族[26]と，すでに掌握していたルギ族の一部そ

---

22) オドアケル（433年頃-493年）は，西ローマ帝国最後の皇帝ロムルス・アウグストゥルスを廃位させ，初めてイタリアを支配したゲルマン民族の支配者。

23) ルギ族は，ゲルマン民族の1つ。タキトゥス『ゲルマニア』第44章第1節によれば，彼らは1世紀頃には現在のポーランドのあたりに住んでいた。4世紀半ばには，ドナウ川の中流域に移動した。その後，フン族の支配を受けたが，その支配が衰えた後は2つに分かれ，1つはトラキアに，もう1つはオーストリア低地部（ドナウ川の北側）に移った。ルギの王がノリクムを圧迫し始めたのは，475年頃である。

24) 現在のオーストリアで，ドナウ川の南の領域に相当する。

25) 410年頃生まれ，最初東方で隠者の暮らしをしていたが，その後ドナウ川流域にやって来て，布教活動を行った。そうすることによって，属州の住民たちを蛮族の攻撃からも守った。482年に没し，その亡骸はイタリアに送られ，最終的にはナポリに納められることになる。

26) トゥルキリンギ族については，確かなことは不明。ヘルリ族については，後続の第20章も参照。ランゴバルド同様，ヘルリもスカンジナビア半島に起源を有すると考えられている。4世紀中葉には東ゴート族に，その後東ゴートとともにフン族に従属するが，アッティラの死後（453年），カルパティア山脈とドナウ川にはさまれた地域に強力な王国を形成した。なお，パウルスとは異なり，プロコピウス『ゴート戦争』第2巻第14節によれば，ランゴバルドとヘルリの戦争は，ヘルリの民が平和や安定を厭い，戦争を求めて自分たちの王をけしかけたことが原因であるという。ランゴバルドは戦争を避けようとして，ヘルリに対する貢納の増額を自発的に提案し，使者を派遣したが，ヘルリはこれを受け入れず戦争になったと

れにイタリアに住む部族を集めると，ルギランドにやって来て，ルギと戦闘した。大量虐殺によって彼らを殲滅させると，その王をも殺し，その土地全体を荒廃させた。そしてイタリアへ引き返し，多くの捕虜の群れを奪い去った。そこで，ランゴバルドは自分たちの居住地を離れ，ルギの祖国という意味のルギランドへとやって来て，その土地が地味豊かであるので，何年も留まることになった。

20. ゴデホクの没後，クラッフォが統治し，その後タトが統治した。タトはヘルリの王国を滅ぼした。

　この間，ゴデホクは死に，彼のあとをその息子クラッフォが継いだ。このクラッフォも亡くなると，その息子タトが第七代目として王位に就いた。ランゴバルドもまた，ルギランドを後にし，粗野な言葉では「フェルト（野）」[27)]と呼ばれる開けた土地に住んだ。この場所に三年の長きにわたって留まっている間，タトとヘルリ王ロドゥルフスとのあいだに戦争が勃発した。彼らは最初同盟を結んでいたが，以下のような不和の原因が二人のあいだに生じたのである。

　ロドゥルフス王の兄弟が，タトの許に平和条約の締結のために赴いた後のことだった。彼は外交使節の役割を終えて祖国に引き返そうとしたところ，タト王の娘で名をルメトルダという者の家の前をたまたま通りかかった。王女は男たちの数や高貴なる伴の者を見て，あのように立派に追従を受けている人物は誰かと尋ねた。その彼女に対して，ロドゥルフス王の兄弟が使節としての役割を終え，祖国へ戻るところだとの返答がなされた。娘は，自分の所で酒杯を受けてくださるよう彼を招き入れるべく，人を遣った。彼は根が単純な男だったので，招かれるままにやって来た。そして彼の身長が低いので，娘は驕りたかぶり，高慢な態度をとって見下し，彼に対して嘲りの言葉を投げかけた。すると，彼は恥ずかしさと同時に憤りに溢れ，自分が受けた以上の動揺を及ぼすような言葉を娘に返した。すると彼女は女にありがちな激昂にかき立てられ，胸の内の怒りを抑えることができず，心のなかで思い描いた悪を実

する。
　27)　ハンガリー大平原（Alföld）のドナウ川とティサ川にはさまれた地域。

行しようとした。

　彼女は我慢を装い，笑顔を浮かべ，むしろ愉快なことを言って彼の機嫌を宥めながら，坐るように誘いかける。壁に背を向け，肩の辺りに窓が来るような場所に彼が座るように図った。あたかも客人に対する敬意故のように——だが本当は，彼の心に疑念を起こさないためにだが——この窓を贅沢な覆いでもって隠し，この上なく冷酷な野獣は自らの下僕に命じたのである。

　「私が酌人に話しかけるように『注げ』[28]と言ったら，彼を背後から長槍で滅多刺しにせよ。」

　そしてこのことは実行された。非情な女が合図を送ると，邪悪な命令は果たされた。他ならぬ彼は傷で身体を刺し貫かれ，地面に倒れて息を引き取った。

　このことがロドゥルフス王に伝えられると，王はかくも惨たらしい兄弟の死に呻きを発し，怒りに耐えかねて，兄弟の死の報復に燃えた。タトとのあいだに締結した同盟を破り，宣戦布告した。さて，これ以上何を言う必要があろう。両軍は，開けた野で交戦する[29]。ロドゥルフスは自らの戦士たちを戦いへと導き，自分は陣営に腰を下ろした。勝利の見込みについて一切疑念を抱かず，ゲーム盤に興じた。そのとき，ヘルリは戦争の経験によって鍛えられ，すでに多くの人々を殺したことで極めてよく知られていた。彼らは自由に戦争が行えるようにするためか，敵から受ける傷を軽んずるためか，裸で戦い，覆っていたのは恥部だけであった。したがって，王は彼らの力に揺るぎない信頼を寄せており，安心してゲーム盤に興じながら，臣下の一人にたまたま近くにあった木に登るように命じたが，それはあくまでも彼らの勝利をより早く報告できるようにするためであって，もしヘルリの軍勢が退却しているなどと伝えようものならば，首を切り落とすぞと脅かした。

　その臣下はヘルリの軍勢が押し返され，ランゴバルドに圧倒されているのを見たが，王に再三ヘルリがどんな具合で戦っているか尋ねられると，申し分なく戦っていると答えた。全軍が敵に背を向けるまでは，自

---

28) 原文では misce となっており，この動詞には「酒に水を加える」の意味の他，「戦いに加わる」の意味もある。

29) 512 年のことだと考えられる。

分が目にしている悪しき状況を述べる勇気はなく，そのことを口にしなかった。とうとう，すでに後の祭りであったが，声に出して叫んだ。「ああ，哀れなヘルリの国よ，天主の怒りによって打ちのめされるとは。」この言葉に触発されて王は言った。「まさか我がヘルリが退却しているのか？」すると，彼は「そう申し上げたのは，私ではありません。王様ご自身が仰せになったのですから。」そして，このような場合に大抵起こることだが，王自身とすべての者たちは動揺し，何をすべきか躊躇している間に，ランゴバルドが襲いかかり，虐殺される。

王自身もまた勇ましく行動したが，命を落とした。ヘルリの軍勢は此処彼処と彷徨う間，天からの怒りが彼らに降りかかった。畑に緑色の亜麻が続くのを目にすると，それが泳げるような水だと思い込んだ。あたかも泳ごうとするかのように腕を広げると，敵の剣によって惨たらしく斬りつけられた。こうしてランゴバルドは，勝利をものにし，敵陣で見つけた夥しい戦利品を分け合った。実際，タトはバンドゥムと呼ばれるロドゥルフスの幟と戦争で常に身につけていた彼の兜を奪った。そしてもはやこれ以来，ヘルリの勇猛さは阻喪し，自分たちを統べる王を戴くことはすっかりなくなった。一方，すでにこのときから，ランゴバルドは豊かになり，征服した様々な民族を用いて戦力を拡張し，自分たちの方から戦争を仕掛け，武勲の栄誉を周囲一帯に知らしめるようになった。

21. タトの死とウァコの統治について。いかにしてウァコがスアウィを破ったか。彼の妻や娘について，息子ウァルタリの統治について。

だが，タトは戦勝についてこの後長く喜んではいられなかった。というのも，ウァコが彼に襲いかかり，タトの命を奪ったからである。ウァコは，タトの兄弟であるズキロの息子である[30]。ウァコに対しては，タ

---

30) 『ランゴバルド族の起源』（第4節）では，「ウァコはウニキスの息子であり，自身の叔父のタトをズキロとともに殺した (occidit Wacho, filius Unichis, Tatonem regem barbanem suum cum Zuchilone)」と言われている。「ズキロとともに殺した」のズキロが殺害の犠牲者なのか，それとも殺害の共謀者なのか，曖昧である。いずれにしても，ここでは，ウァコの

トの息子イルディキスが戦ったが、ウァコの返り討ちに遭って敗れ、ゲピディ族[31]の許に逃れると、そこに亡命者として死ぬまで留まった。このような理由で、ゲピディはそのとき以来ランゴバルドと敵対関係に入ったのである。同じ頃ウァコはスアウィ族を襲い、彼らを自らの支配に服属させた。このことをもし誰かが嘘であり、真実ではないと考えるならば、ロタリ王がランゴバルドの法について著した勅令の序文を、その人に読ませるがよい[32]。ほとんどすべての写本に、このことが、私が本書に挿入した通りに、書かれているのを認めることだろう。

　ウァコには三人の妻があり、最初の妻はラニクンダであり、トゥリンギ王の娘であった。ついで、ゲピディ王の娘アウストリゴサを娶った。アウストリゴサとのあいだに二人の娘を儲けた[33]。その一人の名前はウィシガルダといったが、ウァコは彼女をフランク族の王テウデペルトに嫁がせた。二番目の娘はウァルデラダといい、別のフランク族の王クスパルドと結婚させたが、クスパルドは彼女を嫌い、ガリパルドという臣下の一人に、嫁として与えた。ウァコの三番目の妻は、ヘルリ王の娘で、名をサリンガといった。彼女とのあいだに息子が生まれ、彼をウァルタリと呼んだ。ウァコの亡き後、この人物も、はや第八代の王としてランゴバルドを支配した。これらの者たちは、皆リティンギ族であった。というのも、ランゴバルドのあいだでは、高貴な血筋はこのように呼ばれていたからである。

父はウニキスであり、ズキロではない。

31) ゲピディ族は、もともとはゴート族の一派である。おそらくはスカンジナビアから移住し、最初ヴィスワ川流域に定住し、のちにカルパティア山脈一帯に移った。起源は同じだったが、東ゴート族とは敵対した。東ゴート同様、フン族に隷属するがアッティラの死後（453年）その支配に抵抗し、自由を取り戻す。今日のハンガリーのティサ川流域に定着した。

32) ここでパウルスが、「ロタリ王がランゴバルドの法について著した勅令の序文」として言及している典拠が、『ランゴバルド族の起源』（本巻第8章、注13参照）に含まれる。この文書は、現存する『ロタリ勅令』の写本の序文に含まれている。

33) 以下、三人の妻とのあいだに儲けた娘たちの嫁ぎ先への言及は、ウァコがフランク族やゲピディ族との同盟関係を結ぶことに熱心だったことを表している。

22. ウァルタリ没後，アウドインが支配し，ランゴバルドをパンノニアへと導き入れた。

こうしてウァルタリは七年間王権を掌握して，没した[34]。彼の後アウドインが第九代の王位に就いた。それから程なくして，彼はランゴバルドをパンノニアへと連れていった[35]。

23. ゲピディとランゴバルドとの戦争。この戦いでゲピディ王の息子をアルボインが討ち取った。

そして，ゲピディとランゴバルドがすでに久しく孕んでいた紛争の種が，ついに産み落とされる時が来た[36]。戦争の準備が，双方のあいだでなされた。こうして戦いが行われると，両者の軍勢は勇敢に戦い，どちらの側も相手に引けを取らないでいると，まさにこの戦闘でアウドインの息子，アルボインとトゥリシンドゥス[37]の息子トゥリスモドゥスが対戦することになった。アルボインはトゥリスモドゥスを剣で打ち，馬から落ちたところを殺した。ゲピディは戦争の担い手である王の息子が戦死したのを見ると，間もなく戦意喪失して，逃げた。ランゴバルドは彼らを追い，惨殺した。できるだけ多くの者たちを殺すと，殺した者たちの戦利品を奪うために引き返した。そしてランゴバルドは勝利を収めて，自らの住んでいる場所へと戻ると，王のアウドインに彼の息子アルボインを——彼の戦闘における武勲故に勝利を手にしたので——宴仲間とするよう勧告した。そして危険において父の道連れであるように，宴の席でも伴侶とするように言った。彼らに対しアウドインは，部族のし

---

34) おそらくは，539-546年の7年間を意味するのだろう。『ゴート写本のランゴバルドの歴史 Historia Langobardorum codicis Gothani』第5節によれば，アルボインの母はトゥリンギの王であるピッサの妻メニアだと言われているが，父の名には言及がない。プロコピウス（『ゴート戦争』第3巻第35節）によれば，ウァコは死に際して，アウドインにウァルタリの後見を依頼する。しかしウァルタリは幼いうちに亡くなり，アウドインが王位に就いた。彼は，ウァコ以来の外交政策を改めて，東ローマ帝国と手を組み，ゲピディやフランクに対抗した。

35) 546-547年頃と考えられる。

36) 551-552年頃と考えられる。

37) ここが初出であるが，後続の第24章で叙述されているように，ゲピディの王である。トゥリスモドゥスは，王子ということになる。

きたりを壊さないためにも，自分にはそんなことはできないと答えた。彼は言った，「皆も知っているように，王の息子は異民族の王から武器を獲得しない限り，父親とは食事することができないというのが，我々のあいだの習わしなのである。」

24. いかにしてアルボインが四十人の男たちと共に，我が子を殺された王トゥリシンドゥスの許に行ったか。自分の父と一緒に宴に加われるように，王から武器を求めたこと。そしてトゥリシンドゥスからいかにして武器を受け取ったか。

父のこの言葉を聞いて，アルボインは四十人の若者だけを連れて，自分が少し前に戦ったばかりのゲピディの王，トゥリシンドゥスの許へ行き，自分がやって来た理由を話した。彼は親切にアルボインを迎え，自らの宴席に招き，自分の息子であったトゥリスモドゥスがいつも座していた場所，つまり自分の右側に坐らせた。こうして，様々な料理の皿が宴の場を占める間，トゥリシンドゥスは長いこと息子との会食を心の中で思い返し，彼の死を思い出し，その息子の殺害者が現にこの場所に坐っているのを目にすると，深いため息を洩らし，自らを抑えかねて，とうとう怒りが声に迸った。「この場所は私にとって愛しいが，この場所に坐る人物を見るのはあまりにも辛いことだ」と言った。

そこでその場に居合わせた王の別の息子が，父親の言葉に触発されて，ランゴバルドを中傷によって挑発し始めた。彼によれば，ランゴバルドは，脹脛から下に白い帯を着用していることから，膝から足まで白い牝馬に似ている。そして言った。

「お前たちに似ている牝馬は，役立たずだ。」

するとランゴバルドの一人が，この言葉に次のように答えた。

「アスフェルトの野へ行くがよい。そこできっとお前は，お前が牝馬と名指した者たちがいかにかかとで蹴りに〔つまり，相手を一蹴することに〕長じているかを，体験することだろう。そこでは，お前

の兄弟が安っぽい荷獣のように草原の真ん中で骨をあちこちにさらしているぞ。」

　この言葉を聞くと，ゲピディは激昂を抑えることができず，怒り心頭に発し，あからさまの中傷に報復することに躍起となる。これに対し，ランゴバルドは戦うことにも吝かではなく，すべての者たちが剣の柄に手を掛ける。
　そのとき王がテーブルから立ち上がり，彼らのあいだに割って入り，味方の者に怒りと戦争を思い止まらせ，最初に戦いを仕掛けた者を真っ先に殺すぞと脅した。彼は言った。

　「誰でも自分の家で客人を殺したとなれば，神はそのような勝利を喜びはしない。」

　このようにしてついに諍いを鎮め，引き続き愉快な気持ちで宴を続けた。そして，トゥリシンドゥスはトゥリスモドゥスの武器を取ってきてアルボインに手渡し，彼を平和にかつ無事に父の王国まで送り返した。アルボインは父の許に戻ると，彼の宴仲間となった。アルボインが父と上機嫌で王の美味なる餐に与り，順序立ててゲピディの許，トゥリシンドゥスの王宮で我が身に起きたことをすべて語った。その場に居合わせた人々は皆驚き，アルボインの勇気を讃えたが，それに劣らずトゥリシンドゥスのこの上なく偉大な誠実を称揚した。

25. ユスティニアヌス帝の統治とその勝利について。

　この頃，ユスティニアヌス帝[38]はローマの覇権を幸運に恵まれて支配していた。彼は戦争においても成功をおさめ，国政においても瞠目に値した。というのも，パトリキウス[39]であったベリサリウスを用いてペルシャ人を勇敢にも破り[40]，また同じベリサリウスを用いてウァンダル

---

[38] 482-565 年（皇帝在位 528-565 年）。
[39] コンスタンティヌス帝以降，宮廷における高位の官職。
[40] 530-531 年。

族をも破った[41]。ウァンダル族については，彼らの王ゲリスメルスを捕虜とし，殲滅させた。そしてアフリカ全土を96年ぶりに支配領域に戻した。さらに再びベリサリウスの力によって，王ウィティキスを捕虜とし，ゴート族に勝利した。この後，アフリカを荒し回っていたマウリ族[42]と彼らの王アムタランを，元執政官のヨハンネスによって驚くべき力で粉砕した。同じように他の部族も，戦争の掟によって制圧した。そのためユスティニアヌス帝は，これら征服した民族にちなんで添え名を持つに値する者となり，アラマンニクス，ゴティクス，フランキクス，ゲルマニクス，アンティクス，アラニクス，ウァンダリクス，アフリカヌスと呼ばれるようになった。

　その長さが過剰で，その齟齬が無益であったローマ人の法については，これを驚くべき簡潔さによって修正した。というのも，これまで多くの巻に含まれていた皇帝たちの制定した法を十二巻にまとめて，これを『ユスティニアヌス法典』と呼ぶように命じたのである。それから，ほとんど二千巻にまでのぼっていた個々の政務官や裁判官の定めた法を，十五巻にまとめると，それを『学説彙纂』もしくは『学説総覧』と称した。すべての法の文章が短く収録されている四巻の『法学提要』を，新たに編纂した。自分の立てた新しい法もまた，一つの巻に集め『新勅法』と呼ぶように命じた。

　同様にこの元首は，コンスタンティノポリス市内に，父なる神の叡知たる主キリストのために，教会を建てた。これを，ギリシア語でアギア・ソピア（聖ソピア），つまり「聖なる叡知」と名付けた。その建造物はあらゆる建築を凌駕し，全世界を探してもこれに類するものを見つけることはできない。実際彼は信仰において正統派であり，所業において正しく，裁きにおいては公明正大である。それ故に彼にとって，すべては良い方向へと運んだのである。

　彼の時代，カッシオドルス[43]はローマにおいて，神学のみならず世俗

---

41) 533-534年。

42) マウリは，一般的に古代ローマの北アフリカの土着の民族を言い表す際に用いる名称。

43) 490-583年。シリア生まれで，ローマで官職についてテオドリックの治世下に仕えた。540年以降はコンスタンティノポリスに暮らす。ここで言及されている『詩編注解 Expositio Psalmorum』は538-548年頃に編まれたらしい。彼の『正書法につい

の学問にかんしても輝きを放った。カッシオドルスは，高貴な精神をもって著された書物のなかでも特に『詩編』の隠れた意味を，およそ能う限りに解き明かしたのであった。彼は最初に執政官に，ついで元老院議員に，だが最後には修道士になったのであった。またこの時代には，僧院長ディオニュシウス[44]がローマに居を定め，驚くべき論証によって復活祭の算出を行った。さらに，コンスタンティノポリスにおいて，カエサリアのプリスキアヌス[45]が，いわば文法の深みを精査したのであった。またこれに劣らず，ローマ教会の副助祭であったアラトル[46]は素晴らしい詩人であったが，使徒の業績を六脚詩に託して歌った。

26. 福者ベネディクトゥス及びその奇跡，彼に対する称賛について。

この頃至福の父ベネディクトゥスが，偉大なる生涯の功績と使徒的な徳によって燦然と輝いた。それは，最初はローマから40マイル離れたスブラクス[47]なる場所であったが，その後今度はアルクス（砦）と呼ばれたカシヌム〔モンテ・カッシーノ〕においてである。周知の如く，彼の人生については至福の教皇グレゴリウスが，その『対話』において，

て *De orthographia*』及び『聖書と世俗諸学問の綱要 *Institutiones divinarum et saecularium litterarum*』は，聖職者の教養の手引きとして教会において長らく支配的であった。

44) 小ディオニュシウス Dionyusius Exiguus と称される。彼は，スキュタイの地から，5世紀末もしくは6世紀はじめにローマに来て，この地で没した（555年以前）。ギリシア語に優れ，487年から531年までの復活祭の日を算出した，アレクサンドレイアのキュリッルスによる御復活の聖節の表を翻訳し，さらに532年から626年まで独自の算出を行った。その際にはじめてイエス・キリストの生誕を起点として年数を示した。彼によれば，イエスの誕生日は，ローマ建国753年12月25日である。この他公会議法令集，教皇勅令集を編纂し，これは『ディオニュシウス集 *Collectio dionysiana*』と称された。

45) プリスキアヌス Priscianus は，アナスタシウス1世の治世下（491-518年）のビザンティウムで活躍した文法学者。『文法の教育 *Institutio de arte grammatica*』全18巻を著す。

46) 490年頃に生まれる。ミラノで（のちのパヴィア司教）エンノディウスから教育を受ける。その後，ラヴェンナでエンノディウスの姪パルテニウスの弁護士を務める。その後カッシオドルスの支援を受け，アタラリクスのもとで，高位の公職に従事する。535年に公職を離れ，ローマで当時の教皇ウィギリウスに仕え，554年に『使徒の歴史 *Historia Apostolica*』を献呈する。

47) 現在のラツィオ州，スビアーコ（Subiaco）。ローマの東にある。1マイルは約1.5キロであるから，60キロ程隔たっていることになるが，実際のローマからの直線距離は52キロくらいである。

美しい言葉で著している[48]。私もまた乏しい才能と相談して、かくも立派な教父の誉れのために、彼が行った個々の奇跡について、一組の二行詩を割り当て、以下のようなエレゲイア[49]で歌い上げた。

　　私はどこから歌い始めようか、聖ベネディクトゥスよ、あなたの勝利を。
　　　あなたの徳の積み重ねを、私はどこから歌い始めようか。
　　天晴なるかな、至福の父よ、汝はその名前によって功績を表す[50]。
　　　人々の輝かしい光よ、天晴なるかな、至福の父よ。
　　ヌルシア[51]よ、存分に讃えるがよい、かくも偉大なる出身者によって気高い土地よ。(5)
　　　この世に光明をもたらすヌルシアよ、存分に讃えるがよい。
　　少年の頃の気品よ、汝は品行方正によって年月を過ごし、
　　　そして老いを凌駕する、少年の頃の気品よ、
　　天よ、汝の花は地上の華やかなるものを軽蔑した。
　　　ローマの富を見下した、天よ、汝の花は[52]。　　　　　(10)
　　子守女は壺を拾い上げた、毀れた壺を悲しい胸に。
　　　修復された壺を喜んで、子守女は壺を拾い上げた[53]。

---

48) 以下の詩行の部分は、教皇グレゴリウス1世（在位590-604年、Gregorius Magnusとも称される）の散文、（聖人伝の一種である）『対話 Dialogi』の第2章を典拠としている。

49) エレゲイア詩は、二行で一組（英語では couplet と呼ばれる）をなし、1行目（奇数行目）が6脚詩（hexameter）、2行目（偶数行目）が5脚詩（pentameter）になっている。パウルスはさらに1行目の前半部分を、2行目の後半部分に繰り返している。たとえば冒頭の couplet は、

　Ordiar unde tuos, sacer o Benedicte, triumphos,
　　virtutum cumulos ordiar unde tuos?

となっている。訳文には、この繰り返しもできるだけ反映するよう心掛けた。

50) ラテン語で Benedictus とは「よく（bene）言われた（dictus）」、つまり「賞賛された」の意味になる。このことから、「その名前によって功績を表す」と言っているのだろう。

51) 現在のノルチャ（Norcia）に当たり、ウンブリア州の東端、マルケ州との境界近く、ローマの北東およそ直線距離にして120キロ隔たった地である。

52) 聖ベネディクトゥスが、ローマに出て学芸を修めて出世街道を歩むよりも、神との対話を求めて隠者の生活を選んだことを表す。

53) 13-14: 聖人が隠者の暮らしを始める際、乳母（nutrix、パウルスは「子守 pedagoga」だと言っている）が彼に付き従うと言ってきかなかった。彼女が近隣で器（capisterium おそらくは篩の一種か）を借りたが、これが床に落ちて二つに割れてしまった。割れた器を手に取って悲しんでいる乳母を不憫に思った聖人が祈ると、器は元に戻った（『対

首都から名前を得た者は，修練者を岩場に隠した。
　　　　慈愛の富をもたらした，首都から名前を得た者は[54]。
　　称賛に洞窟は鳴り渡る，すべての人間から隠れたままに。　　　（15）
　　　　キリストよ，汝には知られるがままに，称賛に洞窟は鳴り渡る。
　　寒さと，風と，雪とを汝三年間倦まず弛まず耐える。
　　　　神への愛によって，汝ものともしない，寒さと，風と，雪とを。
　　敬うべき欺きを良しとする。信仰深い盗みを是認する。
　　　　聖人を育んだ敬うべき欺きを良しとする。　　　　　　　　（20）
　　慈愛の宴が近いことを示す。が，青ざめた者〔悪魔〕はこれを阻む。
　　　　にもかかわらず，恵み深き信仰は慈愛の宴が近いことを示す。
　　儀式に則り饗宴を祝う，キリストに耳を傾ける人は。
　　　　禁欲者を養いつつ，儀式に則り饗宴を祝う[55]。
　　ありがたき糧を運ぶ，貪欲な豚飼いは洞穴へと。　　　　　　　（25）
　　　　胸を躍らせ，ありがたき糧を運ぶ[56]。
　　火は火によって消える，イバラが肉を切り裂く間に。
　　　　肉の火は天の火によって消える[57]。
　　憎むべき疫病は隠れていても，遠くから賢者はこれに気づく。
　　　　十字架の武器にはかなわない，憎むべき疫病は隠れていて
　　　　　　　　　　　　　　　　　　　　　　　　　　も[58]。（30）

話』第2巻第1章）。
　54) 13-14: 聖人がスブラクスに聳える山々で隠者の生活を送っている時，近くの修道院の修道士ロマヌス（「首都（ローマ）から名前を得」ている）が自発的に聖人に食糧を運んでその命を支えた。ただし，それは修道院から盗むことによっていた。したがって，その行為は「信仰深い盗み」(19)，「敬うべき欺き」(19, 20) と歌われている。聖人は洞窟に籠っていたが，そこは修道院からは行き来の不可能な場所だった。ロマヌスは，食糧を下すのに綱を用い，綱に合図の鈴もつけた。しかし，悪魔が鈴を壊してしまう (21-22)。それでも，ロマヌスは聖人を助けることを止めなかった（『対話』第2巻第1章）。
　55) 23-24: 聖人に隠遁を止めさせ，民衆の啓蒙に当たらせるために，神は一人の聖職者に，聖人と復活祭の食事を共にするよう命じた（『対話』第2巻第1章）。
　56) 25-26: 毛皮の衣を纏っている聖人を見て，ある牧童が最初は彼を獣と間違え，仕留めようとした。しかし人間であることがわかり，不憫に思い，食物を運ぶようになったという話（『対話』第2巻第1章）。
　57) 27-28: 情欲を紛らわせるために，裸になって草木の茂みに飛び込み，わざとイバラで体中に傷をつけたこと（『対話』第2巻第2章）。
　58) 29-30: ある修道院の僧たちが，聖人に自分らの僧院長になるよう依頼した。しかし，聖人の厳格な規律が自分たちの緩んだ生活と相容れないので，僧院長から自由になるべ

優しき鞭はさまよう心を方向づける。
　　迷いもたらす災いを追い払うのは、優しき鞭[59]。
永遠の水の流れが、人手の加わっていない大理石から発する。
　　乾いた心を潤すのは、永遠の水の流れ[60]。
淵の奥底に、柄から外れた半月鎌よ、お前は向かう。　　　　(35)
　　半月鎌よ、浮上し、淵の奥底を離れる[61]。
父の命令に従い、水の中へ落ち、生き延びる。
　　水の上を引かれて走る、父の命令に従って。
水は道をもたらした、師の教えに忠実な者に。
　　無知な走り手に、水は道をもたらした。　　　　　　　　(40)
幼子よ、お前もまた水に溺れながら、死ぬことはなかった。
　　真実を語る証人として来るがよい、幼子よ、お前もまた[62]。
裏切りの心は呻く、悪意に満ちた突き棒にけしかけられて。
　　タルタラ（奈落）の炎に裏切りの心は呻く。
カラスは恵みに満ちた指が授ける糧を奪い、　　　　　　　　(45)
　　命ぜられて遠くまで有害な糧をもたらすのだ。
聖者の胸は悲しむ、敵が転落により滅びたことを。
　　弟子の罪を聖者の胸は悲しむ[63]。

く、彼を毒殺しようとする。しかし聖人が、差し出された毒杯を祝福すると、これが粉々に砕ける。聖人は僧らに神の慈愛を示し、隠遁生活に戻る（『対話』第2巻第3章）。

59) 31-32: スブラクスで12人からなる共同体を作った。ところが、そのうちの一人が、祈ることに耐えられなくなった。聖人は悪魔が関与していることを看取し、彼を鞭で打ち、悪魔祓いをした（『対話』第2巻第4章）。

60) 33-34: 修道士たちの水汲みの難儀を解消するために、聖人は修道院の近くの岩から水を湧き上がらせた（『対話』第2巻第5章）。

61) 35-36: 謙虚なゴットゥスなる者が鎌の柄から外れてしまった刃を湖底に落としてしまった。これを不憫に思った聖人が、鎌の柄を湖に放り込んだら、その柄が再び刃をつけて浮き上がって来た（『対話』第2巻第6章）。

62) 37-42: 若い修道士プラキドゥスが水汲みに出かけて、湖に落ち、水の流れが彼を運び去ろうとしたとき、聖人の命令によって救出に向かった弟子マウルスが、水面を走るという奇蹟をなして彼を救ったこと（『対話』第2巻第7章）。

63) 43-48: 聖人を妬む司祭が彼を殺そうとして、毒の入ったパンを渡すが、聖人はこれを見破り、誰もこれを食することなきよう烏に与える。さらに、司祭は七人の乙女を送って彼を誘惑させようとする。聖人は自分に対する憎悪のために、司祭がそのようなことをするのだと悟り、修道士たちのあいだに罪深いことが起きないように、修道院を去る。司祭は狂喜乱舞するが、自分のいた露台の床が崩れ、転落死する。その死を喜ぶ弟子マウルスを、聖人は叱りつけた（『対話』第2巻第8章）。

リリス川のうるわしき場所を求めて，汝は恵み深い先導に伴われる。
　　汝は神に導かれる，リリス川のうるわしき場所を求めて[64]。（50）
憎き蛇よ，お前は怒り狂う，森と祭壇を奪われて。
　　人々を失って，憎き蛇よ，お前は怒り狂う。
悪しき家主よ，立ち退け！　壁が大理石で装飾されることを許せ！
　　汝は命令によって追われる。悪しき家主よ，立ち退け！
貪欲なる火の手が上がるのが見える。しかし，火は幻影であった。
（55）
　　汝きらめく宝石よ，汝には貪欲なる火の手は上がっていない[65]。
壁を建てている間に，兄弟の肉は裂かれる。
　　兄弟は無事にやって来る，壁を建てている間に[66]。
隠されていた事は明らかになる。貪り喰らう者は，暴かれる。
　　受けた恵みについて，隠されていた事は明らかになる[67]。　（60）
残忍な専制君主よ，汝の欺きの網は空しいものとなる。
　　汝は己の生命の抑制を得る，残忍な専制君主よ[68]。
「ヌマの高い城壁はいかなる敵によっても崩されない」と彼は言う。
　　彼は言う，「竜巻が覆す，ヌマの高い城壁を[69]。」
汝は恐ろしき敵に苦しめられる，祭壇の前でミサを挙げることがな

64）49-50: この挿話は，『対話』には含まれていない。リリス Liris 川は，ラツィオ州を流れる。現在はリリ Liri 川と呼ばれる。以下，有名なモンテ・カッシーノの僧院の建立について歌っている。

65）51-56: 僧院を建てるために，聖人が悪魔と闘争を繰り広げたことを意味する。彼は，アポッロの神殿を破壊し聖なる森を切り開いた。悪魔はこれを妨害し，火事の幻影を引き起こすが，聖人は動じなかった（『対話』第 2 巻第 8 章）。

66）57-58: 教会を建設中に，一人の修道士が崩落した壁の下敷きになって骨折した。しかし，聖人が彼を祈りによって回復させ，元気な姿となって同胞たちの許に戻り，作業に復帰したことを意味する（『対話』第 2 巻第 8 章）。

67）59-60: 修道院の規則に反して，ある修道士がこっそり近隣の住民の招きに応じて饗応を受けた。しかし，聖人は，それを看破し，何を食したかまで言い当てた（『対話』第 2 巻第 12 章）。

68）61-62: ゴート族の王トティラは，聖人を欺こうとしたが，聖人はこれを見抜く。聖人は自分の眼力に恐れ入った王を叱責し，彼の寿命が長くないことを言い当てる。すると，王は品行を改めるので，自分のために祈るよう聖人に懇願する（『対話』第 2 巻第 14-15 章）。なお「生命の抑制を得る」とは，トティラの寿命が縮められたこととともに，彼の悪しき品行に歯止めがかけられたことをも意味しうる。

69）63-64: ローマの都がトティラの攻撃によっては滅びず，自然災害によって滅ぼされることを，聖人は予言した（『対話』第 2 巻第 15 章）。

　　　　　　　　　　　　　　　　　　　　　　いようにと。(65)

　　汝は祭壇に供物を捧げ，汝は恐ろしき敵に苦しめられる[70]。
　　家畜の群れのあらゆる囲いが，その民に委ねられることを予知し
　　　　　　　　　　　　　　　　　　　　　　　　　　　　　た。
　　その民は補修する，家畜の群れのあらゆる囲いを[71]。
　　欺瞞を愛する下僕よ，汝は人を信じ込ませる蛇に誘惑される。
　　しかし汝は蛇の虜とはならない，欺瞞を愛する下僕よ[72]。　(70)
　　増長する心よ，黙るがよい。口に出さないことを看破する者に食っ
　　　　　　　　　　　　　　　　　　　　　　　　　　　てかかるな。
　　予言者には，すべては明らか。増長する心よ，黙るがよい[73]。
　　暗黒の飢えは，天から与えられた糧によって駆逐される。
　　それにも増して駆逐されるは，心の暗黒の飢え[74]。
　　すべての人の心は唖然とする，汝が肉体なしに存在したことに。
　　　　　　　　　　　　　　　　　　　　　　　　　　　　　(75)
　　汝が夢によって忠告していることに，すべての人の心は唖然とす
　　　　　　　　　　　　　　　　　　　　　　　　　　　　　る[75]。
　　声の命令に対して，彼女たちは自らの饒舌に節度を与えることを軽
　　　　　　　　　　　　　　　　　　　　　　　　　　　　　んじ，
　　墓場から，声の命令にしたがって逃れ出る。

---

70) 65-66: 聖人は，悪魔に取り憑かれたとある聖職者を救い，彼に禁欲を説くとともに位階を受けることを禁ずる。この聖職者は何年かはこの言いつけを守っていたが，その後禁を破り，再び悪魔に取り憑かれ，死ぬまで苦しめられた（『対話』第2巻第16章）。

71) 67-68: 聖人は，自分の建てた僧院が，神の意思によって，蛮族（＝ランゴバルド）に略奪されることを予言した。修道士たちは，辛くもこの難を逃れた（『対話』第2巻第17章，本書第Ⅳ巻第17章参照）。のち，ランゴバルドによって僧院は修復される（本書第Ⅵ巻第40章参照）。

72) 69-70: 聖人に渡すために，主人から葡萄酒を2瓶預かって来た下僕が，道すがら1瓶を隠してしまう。これを見抜いた聖人は，それを飲むことを禁じ，瓶の中身を注ぐよう命ずる。すると，そこには蛇が潜んでいた（『対話』第2巻第18章）。

73) 71-72: 聖人の食事中に明かりをつける役目を負っていた良家の出身の僧が，聖人が自分からこのような奉仕を受ける価値はないと心に思った。すると，その心を見抜いた聖人が僧の思い上がりを叱りつけ，その役目から解いた（『対話』第2巻第20章）。

74) 73-74: 飢饉の折，その日のパンがないことを嘆いた僧らを聖人はたしなめる。翌日修道院の門前には大量の小麦が置かれていた（『対話』第2巻第21章）。

75) 75-76: 聖人が弟子たちの夢のなかに現れ，新しい修道院の建設について指示を与えたこと（『対話』第2巻第22章）。

声の命令にしたがって，儀式に加わることを赦されず，
　　儀式に加わるのは，声の命令にしたがってのこと[76]。　　　　　(80)
口を開いた大地は，懐から埋葬された屍を吐き出す。
　　命じられると，屍を収めた，口を開いた大地は懐に[77]。
かの不誠実な龍は逃亡者に逃げることを勧め，
　　その禁じられた道を塞ぐは，かの不誠実な龍[78]。
死に至る苦しみは，頭の飾りを振り払う。　　　　　　　　　　　　(85)
　　命令によって遠く離れる，死に至る苦しみは[79]。
山吹色の金貨を，正しき人は持たずとも，貧しき人に約束する。
　　正しき人は天から受ける，山吹色の金貨を[80]。
汝哀れなる者よ，その皮膚に蛇の毒が痣をつける。
　　しかし無事な皮膚を取り戻す，汝哀れなる者よ[81]。　　　　　　(90)
尖った岩は硝子を捉えるが，打ち砕くことはない。
　　硝子を無傷のままに保つ，尖った岩は。

---

[76] 77-80: 口さがないために，自分たちに仕える者を怒らせていた修道女たちの話。聖人は，悪口を改めないと破門すると修道女らを戒めたが，彼女たちは聞く耳を持たなかった。間もなく修道女たちは死に，教会に葬られた。ところが，ミサを行う際，「異教者たちはこの場を外すように」と司祭が呼びかけるたびに，墓から彼女たちは身を起こし，教会を離れたという。聖人が祈祷を捧げると，彼女たちは墓から出ることはなくなった（『対話』第 2 巻第 23 章）。

[77] 81-82: 両親に対する強い愛故，聖人の祝福なしに修道院を離れてしまった若い修道士が，実家に帰りつくなり亡くなった。彼は葬られるが，その翌日墓からその亡骸が暴き出されていた。そこで，再び埋葬するがまた，同じように墓の外から出されてしまう。そこで，修道士の親族の訴えに従い，聖人が聖体拝領を彼に施したところ，亡骸は平安を得ることになった（『対話』第 2 巻第 24 章）。

[78] 83-84: 修道院を離れることを望んだ修道士の話。聖人は彼がたびたび外に出ることを求めるので，業を煮やして，追い出す。ところが修道院を出た途端に，その修道士はドラゴンに出くわす。ドラゴンは彼を貪り喰らわんとする。恐怖のあまり，大声で仲間らに助けを求め，皆はかけつけるが，彼以外何者の姿もない。修道士は，自分が見たドラゴンが悪魔だったことに気づき，姿を見ずにしてその誘惑に従ったことを悟り，以後修道会の教えに服することになる（『対話』第 2 巻第 25 章）。

[79] 85-86: 癩病を患い，毛髪の抜けるようになった者を聖人が治癒したこと（『対話』第 2 巻第 26 章）。

[80] 87-88: 12 ソリドゥスの借金を抱えていた者が，聖人に助けを求める。聖人は金は持ち合わせていなかったが，三日後に戻ってくるように申し付けた。すると，三日目に粉の入った箱に 13 ソリドゥスの金貨が見つかった（『対話』第 2 巻第 27 章）。

[81] 89-90: 毒を盛られ，皮膚病を患った者を聖人が癒したこと（『対話』第 2 巻第 28 章）。

なぜ，食糧係よ，恐れるのか，壺の滴を与えることを。
　　見よ，甕は満ち溢れる。なぜ，給仕よ，恐れるのか[82]。
どこから汝は癒しを得るか，汝には何ら命の希望がないのに。(95)
　　常に命を奪う者よ，どこから汝は癒しを得るか。
ああ，涙誘う老人よ，敵の打擲によって汝は倒れる。
　　しかし，汝は打擲によって息を吹き返した，ああ，涙誘う老人よ[83]。
蛮族の縄は，罪の汚れのない手を束縛する。
　　誰の力も借りず，手は蛮族の縄をすり抜ける。　　　　(100)
かの高慢なる者は馬上恐ろしき声で咆哮するが，
　　下りて地面に平伏す，かの高慢なる者は[84]。
父の首は死した息子の屍を支える。
　　生きた息子を支えるは，父の首[85]。
すべてに勝るは愛。修道女は雨によって聖者を足止めする。(105)
　　眠気が目から去る。すべてに勝るは愛。
質素に喜ぶ彼女は，鳩の姿になって天空を求める。
　　天頂の王国に入り込む，質素に喜ぶ彼女は[86]。

---

82) 91-94: 飢饉の折，修道院には油がわずかしか残っていなかった。それを助祭が求めたが，食糧係が拒絶した。聖人は食糧係を叱りつけ，油の入ったガラス瓶を窓から放り出させる。すると，瓶は石に当たったが，割れることはなかった。これを聖人は助祭に与えたのち，皆と祈ると，樽は聖人が祈り終わるまでにいっぱいになり，床に溢れるほどだった（『対話』第2巻第28-29章）。

83) 95-98: 聖人がモンテ・カッシーノの頂にある聖ヨハンネスの祈祷所で祈っていたところ，獣医に変身した悪魔がやってきた。どこに行くのかと聖人が尋ねると，彼は水薬を与えるために修道僧たちのもとに向かうと答えた。祈りを終えた聖人が修道院に戻ると，悪魔は一人の老僧に襲い掛かり，乗り移った。しかし，聖人が老僧に平手打ちを加えると，悪魔は恐れをなして修道院を去った（『対話』第2巻第30章）。

84) 99-102: トティラの時代のあるゴート人で，アリウス派に属し，その名をザッラという者がいた。残忍で貪欲な男であり，ある農夫を拷問にかけ，どこに自分の財産を隠しているか白状させようとした。農夫は拷問に耐えかねて，聖ベネディクトゥスに預けたと答えた。ザッラは農夫を縛り上げて先に歩かせ，聖人の許に赴く。ところが聖人がただ農夫の姿を見ただけで，その縄が解けたことに驚き，ザッラは聖人の前に平伏す。聖人はザッラを祝福し，彼は以後悪事を行うことはなくなった（『対話』第2巻第31章）。

85) 103-104: 我が子に死なれた父が，悲しみのあまり聖人のもとに子の亡骸を負って修道院を訪れ，我が子を返してくださいと嘆願する。最初はこれを断っていたが，ついに聖人は父の願いに根負けして，主に祈る。すると子供は息を吹き返した（『対話』第2巻第32章）。

86) 105-108: 一年に一度，修道院の近くの庵で語らうことになっていた，聖ベネディ

あまりに神に相応しき者よ，汝の前に全世界は開ける。
　　隠されたものを見る汝，あまりに神に相応しき者よ。　　（110）
炎の輪は，天を飛翔する正しき者を擁する。
　　敬虔なる愛に燃ゆる人を擁するは，炎の輪。
三度呼ばれてやって来る，新奇なることの証人と見なされるべき者
　　　　　　　　　　　　　　　　　　　　　　　　　　　　　として。
　　父の愛によってかけがえない者として，三度呼ばれてやって来
　　　　　　　　　　　　　　　　　　　　　　　　　　　　　る[87]。
良き指揮官よ，戦争を警告しつつ，汝は規範によって決意を固め
　　　　　　　　　　　　　　　　　　　　　　　　　　　る。（115）
　　最初に汝は武装する，良き指揮官よ，戦争を警告しつつ[88]。
相応しき徴をこの世の傍輩との別れ際に与えた。
　　〔永遠の〕命に向かって急ぐとき，与えたのは相応しき徴。
常に詩編を朗唱する者は，撥に暇を与えなかった。
　　聖歌を唱し，死んだのは常に詩編を朗唱する者。　　　　（120）
心を一つにしていた者たちは，同じ墓に納められる。
　　等しい栄光に与る，心を一つにしていた者たちは。
輝く道が見えた。それは赤く燃える松明に彩られていた。
　　聖人が昇るところ，そこに輝く道が見えた[89]。
崖っぷちの囲いを目指して，彼女はさまよいながら安全を得た。

クトゥスと修道女スコラスティカについて。最後の会見のとき，修道女が一晩一緒に過ごしたいと望んだが，聖人は規則にしたがって修道院に戻ろうとした。しかし，修道女が祈ると，にわかに大雨となり，聖人は雨宿りを余儀なくされる。こうして二人は，その晩心行くまで神聖なる対話をなす。三日後に修道女は亡くなり，聖人は彼女の魂が鳩の姿となって天に昇るのを見届ける（『対話』第 2 巻第 33-34 章）。なお，105-106 の「すべてに勝るは愛 Omnia vincit amor」は，ウェルギリウス『牧歌』第 10 歌 69 行の詩句の借用。

　87)　109-114: 聖ベネディクトゥスが，カプアの司祭ゲルマヌスから派遣された助祭のセルウァンドゥスの来訪を受けた折に目にした光景。夜，祈りをささげている時，聖人は天井から強烈な光が現れ，あたかも全世界がその一条の光に集約されているようになった。また，その炎のような光の渦のなかに，その瞬間に亡くなったゲルマヌスの姿を認めた。司祭は天使によって天上に運ばれて行った。聖人は，三度セルウァンドゥスを呼び，この奇蹟に立ち合わせた（『対話』第 2 巻第 35 章）。

　88)　115-116: 聖人が修道院の戒律を定めたこと（『対話』第 2 巻第 36 章）。

　89)　117-124: 聖ベネディクトゥスが自分が亡くなる日を幾人かの弟子たちに知らせたこと。聖人がこの世を去るとき，輝く光の道が，彼の僧房から天へと向かった（『対話』第 2 巻第 37 章）。

(125)
　　過ちを避けた，崖っぷちの囲いを目指して[90]。
　　ささやかな詩を捧げた，供物として嘆願者である下僕は。
　　　追放され，困窮し，弱者としてささやかな詩を捧げた。
　　どうか願わくば，あなたの心に叶ったものとなりますよう，天の道
　　　　　　　　　　　　　　　　　　　　　　　　　　　　の指標よ。
　　父なるベネディクトゥスよ，どうか願わくば，あなたの心に叶っ
　　　　　　　　　　　　　　　たものとなりますよう。(130)

　この父の奇蹟を含んだ讃歌を，私はアルキロコス[91]風イアンブス詩に
よって以下のようにも編んでみた。

　　兄弟よ，心を機敏にして，
　　　歌声を合わせて来たれ。
　　　味わおうではないか，
　　　この名だたる祝祭の喜びを。
　　今日父なるベネディクトゥスは
　　　狭き道の案内者として
　　　黄金の王国へと昇る，
　　　労苦の報償を手に入れて。
　　彼は新しい星のように輝いた，
　　　この世の雲を追い払って。
　　　まさしく人生の初めにおいても
　　　この世の繁栄を侮蔑した[92]。
　　奇蹟を行う力を有し，
　　　いと高き方の息吹に煽られ，

---

　　90)　125-126: 精神の錯乱した女が，かつて聖人の暮らしたスブラクスの穴倉に迷い込んだところ，そこで一晩過ごした後に，正気になったということ（『対話』第2巻第38章）。
　　91)　アルキロコスは，古代ギリシアの詩人。エーゲ海に浮かぶパロス島の出身であり，7世紀頃活躍した。他者を痛烈に攻撃するイアンボス詩の他，エレゲイア詩，讃歌が断片のかたちで伝わっている。以下の詩は，最初の130行に及ぶエレゲイア詩の内容を，別の詩形でさらに簡潔に歌ったものである。
　　92)　エレゲイア詩9-10及び本章注52を参照。

奇蹟によって輝きを帯び，
　　　人々に未来を啓示した。
より多くの人々に糧をもたらすべく，
　　　パンの容れ物を作り直す[93]。
　　　狭い監獄を求め[94]，
　　　火を火によって消した[95]。
毒の入った容器を壊した，
　　　十字架の武器によって[96]。
　　　惑う心を留める，
　　　肉体を軽く鞭打つことによって[97]。
川は岩場から注がれる[98]。
　　　鉄は流れから戻って来る[99]。
　　　従順に波間を走る。
　　　少年は上着で死を逃れる[100]。
隠れていた毒は明らかになる。
　　　翼ある者は命令を遂行した。
　　　崩壊は敵を潰す[101]。
　　　ライオンは咆哮しながら退く。
動かぬ重荷は軽くなる。
　　　幻の炎は消える[102]。
　　　衰弱した者に健康が戻る[103]。
　　　不在の者の罪は明らかになる[104]。

---

　93)　エレゲイア詩 11-12 及び本章注 53 を参照。
　94)　エレゲイア詩 15-26 及び本章注 54-56 を参照。
　95)　エレゲイア詩 27-28 及び本章注 57 を参照。
　96)　エレゲイア詩 29-30 及び本章注 58 を参照。
　97)　エレゲイア詩 31-32 及び本章注 59 を参照。
　98)　エレゲイア詩 33-34 及び本章注 60 を参照。
　99)　エレゲイア詩 35-36 及び本章注 61 を参照。
　100)　エレゲイア詩 37-42 及び本章注 62 を参照。少年は救われるとき，ベネディクトゥスの外衣を目にしたと言われる。
　101)　エレゲイア詩 43-48 及び本章注 63 を参照。
　102)　エレゲイア詩 51-56 及び本章注 65 を参照。
　103)　エレゲイア詩 57-58 及び本章注 66 を参照。
　104)　エレゲイア詩 59-60 及び本章注 67 を参照。

姦智に長じた支配者よ，汝は捕えられた[105]。
　憎き所有者よ，汝は逃げる[106]。
　未来よ，汝らは人の知るところとなる[107]。
　心よ，汝は秘密を隠せない[108]。
夢のうちに建物は建てられる[109]。
　大地は屍を吐き出す[110]。
　逃亡者は龍に留められる[111]。
　天は金貨を降らせる[112]。
硝子は岩にも耐える。
　甕はオリーブ油に満ち溢れる[113]。
　見るだけで縛られた者を解き放つ[114]。
　死者は生命を取り戻す[115]。
これ程の光の力も，
　修道女の祈りによって打ち負かされる。
　人は愛すれば愛する程，力を得る。
　彼は彼女が天を飛ぶのを見る[116]。
今まで人々の知らなかったような光が
　夜にきらめく。
　その輝きによって全世界が見え，
　敬虔なる方が炎に包まれ引き上げられるのが見える[117]。

---

105)　エレゲイア詩 61-62 及び本章注 68 を参照。
106)　エレゲイア詩 65-66 及び本章注 70 を参照。
107)　エレゲイア詩 67-68 及び本章注 71 を参照。
108)　エレゲイア詩 69-70 及び本章注 72，さらにエレゲイア詩 71-72 及び本章注 73 を参照。
109)　エレゲイア詩 75-76 及び本章注 75 を参照。
110)　エレゲイア詩 77-80 及び本章注 76，またエレゲイア詩 81-82 及び本章注 77 を参照。
111)　エレゲイア詩 83-84 及び本章注 78 を参照。
112)　エレゲイア詩 87-88 及び本章注 80 を参照。
113)　エレゲイア詩 91-94 及び本章注 82 を参照。
114)　エレゲイア詩 99-102 及び本章注 84 を参照。
115)　エレゲイア詩 103-104 及び本章注 85 を参照。
116)　エレゲイア詩 105-108 及び本章注 86 を参照。
117)　エレゲイア詩 109-114 及び本章注 87 を参照。

この間，ネクタル（神酒）のごとく
　　　　驚くべき事柄を，撥によって（音楽によって）明らかにした。
　　　　実際彼は適切に聖なる生の
　　　　道筋を後進の者たちのために描いた[118]。
　　　今や，子らの強き導き手として
　　　　群れが吐くため息に救いをなしてください。
　　　　群れが善によって力を増し，蛇[119]を避けつつ
　　　　汝の道を追うことになりますように。

　聖グレゴリウス教皇が，この聖人の伝記において書かなかったことを，手短に伝えたい。それは，神の警告によってスブラクスを離れ，今彼が眠っているこの土地へと，約50マイルの道を越えてやって来たとき，彼が常に餌を与えていたカラスが三羽，周囲を飛び回りつつ追いかけて来た。この地に来るまで，道が分かれる度に二人の天使が若者の姿になって現れて，彼にどの道を行くべきか示した。他方，この場所にとある神の下僕が当時住居を得ていたが，その彼に神が以下のように語りかけた。

　　「汝この場所を大事にせよ。もう一人友が来る。」

　この場所，すなわちカシヌムの砦にやって来ると，常に大いなる節制に我が身を封じ込んだ。しかし，とりわけ四旬節の折には表に出ることなく，世間の喧噪から遠ざかっていた。このようなすべてのことは，詩人マルクス[120]の詩歌から私は学んだ。マルクスもやはりこの場所にこの父ベネディクトゥスを訪れ，彼を称賛する詩行を創作した。拙著においては，そのあまりの長大さを避けて，引用しなかった。しかしながら，この豊かなる場所に，下に豊穣な谷が横たわるこの場所に，優れた

---

118) エレゲイア詩115-116及び本章注88を参照。
119) 「蛇」とは悪魔のこと。エレゲイア詩69-70及び本章注72を参照。「龍」も同様に悪魔を示す。エレゲイア詩83-84及び本章注78を参照。
120) マルクスは，おそらくは6世紀の人。『ベネディクトゥス称賛の詩 Versus in Benedicti laudem』の作者であるが，それ以外のことははっきりしない。彼自身が修道士だったのか，それともモンテ・カッシーノには巡礼に来ただけであるかも，不明である。

父〔ベネディクトゥス〕が神に呼ばれ，やって来たことは確かなることである。そしてその目的は，現に神を導き手として実現したように，この地に多くの修道僧の集う場所を作ることであった。さて，決して省略してはならないことを足速に述べたので，本題の歴史の叙述に戻ることにしよう。

27. アウドインの死とアルボインの統治について，いかにしてアルボインがゲピディ王クニムンドを破り，その娘ロセムンダを娶ったか。

さて，上述のアウドインは，ランゴバルドの王であり，ロデリンダを妻として娶り，彼女とのあいだにアルボインを儲けた[121]。アルボインは戦争に秀で，あらゆる点で力強かった。そこで，アウドインが亡くなると，ついでアルボインが第十代目として全員一致で王位に就いた。彼は極めて有名でまたその武力において輝かしい名声を得たので，フランク族の王クロタールは彼に娘のクロトスインダを嫁がせた[122]。彼女とのあいだには，アルプスインダという一人の娘を儲けたのみだった。その間，ゲピディの王トゥリシンドゥスが没し，その王位をクニムンドが襲った[123]。クニムンドは昔日にゲピディが受けた損害の恨みをはらさんとして，ランゴバルドとの盟約を破棄し，平和よりもむしろ戦争を選んだ[124]。だが，アルボインはアウァレス（最初はフン族と呼ばれていたが，のちに王の名にちなんでこう呼ばれるようになった）と永続的な同盟関係に入った[125]。それからゲピディによって仕掛けられた戦争に向かったの

---

121) ロデリンダは，テオダハディの娘であり，テオドリコの家系である。ヨルダネス (*Romana* 386, in *MGH Auct. ant.* VI, p. 52) によれば，アルドインは東ローマ皇帝から与えられた彼女を妻に迎え，帝国との結びつきを強化したという。

122) Capo によれば，555 年頃。彼女はアタナシウス派，ローマ・カトリックである。トリーアの司教ニケティウスは，彼女に書簡を送り，そのなかで夫アルボインにローマ・カトリックに帰依するよう促してほしい，アリウス派への寛容な態度を改めさせてほしいと訴えている。こうした状況は，フランクとランゴバルドとの同盟関係を示唆する。

123) おそらくは，トゥリシンドゥスの息子。なお，トゥリシンドゥスや前回の戦争については，本巻第 23-24 章を参照のこと。

124) クニムンドとアルボインとの敵対関係は，565 年頃生じたと考えられる (Capo, p.420)。

125) アウァレス（アウァリ，日本においてはより一般的には「アバール人」と称され

である[126)]。ゲピディが，アルボインに向かって四方から進軍したところ，アウァレスはアルボインと取り決めた通り，ゲピディの国に侵攻した。

　クニムンドの許に悲痛な知らせが届き，アウァレスが彼の国境を侵犯したことを伝えた。彼は気が動転し，二方面にわたって窮地に置かれたが，まずはランゴバルドと戦うように自軍を促した。それは，もしランゴバルドを倒す力があれば，最終的にはフン族を本国から追い払えるということであった。こうして戦争が行われ，総力を尽くして両軍は戦った。勝利を収めたのはランゴバルドであったが，ゲピディに対して激しい怒りに猛り狂い，彼らを殲滅させ，大規模な軍勢のなかで一人の使者も残らない程であった。この戦闘で，アルボインはクニムンドを殺し，彼の首を切り落とし，首から酒杯を作った。このような杯を彼らのあいだでは「スカラ」と言った。だが，ラテン語では「パテラ」と呼ばれる[127)]。アルボインは，ロシムンダと呼ばれるクニムンドの娘とともに大勢の老若男女を捕虜とした。すでにクロトスインダに死なれていたので，このロシムンダを妻に迎えたが，あとで明らかになるように，それが我が身の破滅を招くこととなったのである。

　このときランゴバルドは多くの戦利品を獲得し，それは莫大な富になった。だが，ゲピディは小さな部族に成り下がり，この時以降王を持たず，戦争を生きながらえた者たちは皆ランゴバルドに服したか，今日に至るまで自分たちの国を所有しているフン族の苛酷な支配に服し，苦しんでいる。アルボインは，その名高い名声を広く遍く知れ渡らせ，遠

ている）は，モンゴル系民族。ランゴバルドとの同盟によって，ゲピディ討伐後は，ゲピディの土地を領有する。また，ランゴバルドのイタリア半島への移動（568年）後は，空いたパンノニアの地を領有する。その後も200年にもわたって周辺国に脅威を与えるが，カール大帝率いるフランクに敗れて離散。おそらくは，ブルガリア人やスラブ人に吸収される。本来，フン族とは別の民族である。しかし，歴史記述においては両者の混同は古くに遡る。また騎馬民族のあいだでとくに英雄的なフン族が高名をなしたことや，実際アウァレスが移動の過程で，フン族を吸収したこともこのような混同の要因となっている。

126)　566年もしくは567年頃と考えられる。
127)　同じような慣習がスキュタイにもあったことを，ヘロドトスは伝えている。「（…）首級そのものは次のように扱う——ただしどの首級もというのではなく，最も憎い敵の首だけをそうするのであるが。眉から下の部分は鋸で切り落とし，残りの部分を綺麗に掃除する。貧しい者であれば，ただ牛の生皮を外側に張ってそのまま使用するが，金持ちであれば牛の生皮を被せた上，さらに内側に黄金を張り，盃として用いるのである」（『歴史』第4巻第65章参照，松平千秋訳）。

くバイオアリ族やサクソネス族のあいだでも，さらには同じ言語を持つその他の者たちのあいだでも，彼の度量の大きさ，栄光，輝かしい戦績，武力はその詩歌によってもてはやされる程だった。また，彼の下で特別な武器が製造されたことも，今日に至るまで多くの人々によって伝えられている。

第Ⅱ巻

1. いかにしてランゴバルドは，帝国書記官ナルシスの命令に従って，対ゴート戦において彼に援護を与えたか。

こうして，度重なるランゴバルドの勝利が至る所に響き渡ると，当時イタリアを統治していた〔東ローマ〕帝国書記官のナルシス[1]は，ゴート族の王トティラに対する戦争に備えていたが，すでにランゴバルドを同盟国としていたので，アルボインの許に使節を向かわせた[2]。これは，アルボインがゴートと戦う自分に対して，援軍を提供してくれるようにするためだった。そこで，アルボインはゲタイ[3]と対峙するローマ軍を支援すべく，精鋭部隊を差し向けた。精鋭部隊は，アドリア海の湾を通って，イタリアに入り，ローマ軍に味方してゴートと交戦した。そして彼らを王トティラ[4]もろとも殲滅させると，多くの報償を与えられ，勝者として祖国に帰還した[5]。パンノニアを占有していた全期間，ランゴバルドは，ローマに敵対する国があれば，ローマの味方となった。

2. いかにしてナルシスは，フランクの指揮官ブッケッリヌスとアミングスに勝利したか。第三の指揮官レウタリウスの死について。

この時代，ナルシスは指揮官ブッケッリヌスに対しても戦いを仕掛けた。フランク王テウデペルトが，イタリアに侵攻した後，ガリアに戻る際にもう一人の指揮官アミングスとともに，彼をイタリア統治のために残したのであった[6]。このブッケッリヌスはほとんどイタリア全土を略

---

[1] ナルセス（Narses）とも言われる。ベリサリウス（本書第Ⅰ巻第25章参照）が東ゴート討伐のために，総指揮官としてイタリアに派遣されるも，討伐に失敗。その後任として551年よりナルシスがイタリアに入る。もともと官僚であり，軍事経験はなかったが，みごと東ゴートを破った。

[2] 実際には，援軍を送ったのはアルボインではなく，アウドインである。

[3] ゲタイ Getae は本来，ドナウ川下流域のトラキアの民であるが，名前の類似からしばしばゴート人 Goti と混同される。ここでも，そのような混同が起きていると思われる。

[4] トティラについては，本書第Ⅰ巻第26章のエレゲイア詩61-62行にも言及がある（注68を参照）。552年に現在のウンブリア州，グアルド・タディーノ（Gualdo Tadino）で落命した。

[5] プロコピウスによれば（『ゴート戦争』第4巻第33章），ナルシスは野蛮なるランゴバルドが占領地域で乱暴狼藉を働いたので手を焼き，早々に追い返した。

[6] テウデペルトは539年にイタリアに南下し，パヴィーアを攻略した。しかし疫病の

奪によって荒廃させ，イタリアの戦利品のなかから莫大な贈り物を王テウデペルトに与えた。そしてカンパニアにおいて冬を越す手はずを整えているとき，ついにタンネトゥム[7]という場所で激戦の末ナルシスに敗れ，討伐された。一方アミングスが，ナルシスに抵抗を示したゴートのウィンディン副官を支援しようと試みている間に，両者はともにナルシスに敗れた。ウィンディンは囚われの身となってコンスタンティノポリスに追放され，彼を支援していたアミングスは，ナルシスの剣で殺された。フランクの第三の指揮官レウタリウスは，ブッケッリヌスとは兄弟であったが，多くの戦利品の重荷を携えて祖国に戻ろうと欲していたところ，ウェロナ〔ヴェローナ〕とトリデントゥム〔トレント〕の間，ベナクス〔ガルダ〕湖の畔で病没した。

3. いかにしてナルシスは，自身に抵抗したヘルリの君主シンドゥアルドを滅ぼしたか。

さらに，ナルシスはブレンティの王，シンドゥアルドに対して戦いを企てた。シンドゥアルドは，オドアケルがかつてイタリアにやって来たとき一緒に連れてきたヘルリ族の血筋を引き，このときまで残っていたのである。ナルシスは最初自分に忠実に付き従うこの者に大いなる恵みを与えたが，後に彼が傲慢に刃向かうようになり，イタリア支配の野望を抱いたので，戦争によって打ち負かし身柄を拘束すると，梁の高みに吊し絞首刑に処した。この頃ナルシスはパトリキウス[8]となり，好戦的にして勇敢な軍団司令官のダギステウスを用い，イタリア全土を掌握した。このように，ナルシスは最初書記官であったが，その後武勲の報償としてパトリキウスの地位を得たのである。その一方で，彼は敬虔なることこの上なく，宗教上は正統派であり，貧しき者には慈しみ深く，教会堂の復興には熱心，徹夜の行や祈祷にはたいそう真摯であり，武力

ためにこの地を離れざるを得ず，ブッケッリヌスを北イタリアに残して自らは帰国した（540年頃）。ベリサリウスやナルシスと戦い，勝利を収め，イタリア半島とシチリアを一時掌握した。

7) 現在のどの場所に相当するのか不明だが，いずれにせよ南イタリア，カンパニア州にあった思われる。

8) 本書第I巻第25章注39を参照。

よりもむしろ頻繁に神に祈りを捧げることによって，勝利を手にしたと言っても過言ではない。

4. 疫病の予兆について。ナルシスの時代多くの人々が疫病で亡くなり，イタリアが荒廃したこと。

　彼の時代，とくにリグリア地方[9]において大規模な疫病が生じた。実際，突然にある種のしるしが家，入口，瓶，あるいは衣服などに現れ，それらを拭い去ろうと思っても，なお一層顕著に現れるようになるのだった。そして一年経って，人々の鼠蹊部，あるいはその他の一層繊細な部位にクルミ状あるいはナツメヤシ状の腺が現れ，やがてこれに引き続き耐え難い高熱が出て，罹った人は三日間のうちに亡くなるほどだった。しかし，もしこの三日を過ごすことができれば，生存の望みが得られた。かくして，至る所に哀悼と嘆きとがあった。事実，人々の噂によれば逃げれば死を逃れることができるというので，家は捨てられて住む者もない廃屋となり，家を守るのは番犬だけという有様だった。家畜だけが小屋に残り，牧童の姿は無かった。少し前まで人々の群に満ちていた田舎屋や陣営は，翌日には皆が一斉に避難してしまい，すべてがひっそりと静まり返っている様子が認められた。

　子らは親の亡骸を埋葬しないままに見捨ててしまい，親は我が子への情を忘れ，身体を熱で灼かれる子らを置き去りにしたものだった。よしんば長年の義理人情から，隣人を埋葬しようという気持ちに駆られたとしても，今度は自分が死んで埋葬されずに置かれてしまう。故人の意向に従えば自分が滅び，弔いの礼を尽くさんとすれば自分が死んだときは弔われることがない。そのとき，この世は古代の静謐に引き戻されたかのように見えたかも知れない。田野に声なく，牧人の口笛とて聞こえず，野獣が家畜を不意に襲撃することもない。家禽に危害が加えられることもない。実りの穂は収穫の時を過ぎ，触れられることなく刈り手を待っていた。葉を失った葡萄の蔓は，冬が近づいているというのに，その果実を輝かせながらも傷一つ負わずに残っていた。昼といわず夜とい

---

9) イタリア西北部，本巻第15章を参照。以下の疫病の記述は565年頃のできごと。

わず，戦う者たちのラッパが鳴り響く[10]。そして，多くの人々が軍勢のどよめきの如きものを聞く。旅する人の足跡はなく，追い剥ぎも見えず，それでも見渡す限り亡くなった者らの屍が累々としていた。放牧の場所は人々の墓所と変わり，人々の住処は獣たちの逃げ場となった。

　そして，この災いはイタリアの内部に留まり，アラマンニ族やバイオアリ族との国境に及ぶまで，ローマ人にのみ起きた。この間ユスティニアヌス帝は没し[11]，小ユスティヌス[12]がコンスタンティノポリスにおいて国家統治の権限を受け継いだ。この時代パトリキウスのナルシスは，あらゆる事柄に熱意を傾注した。アルティヌム[13]の司教ウィタリスは，長年にわたってフランク王国のアグントゥム〔インニヘン〕[14]に身を寄せていたのだが，ナルシスはその彼をとうとう拘束し，シチリアへの追放刑に処した。

5. ローマ人のナルシスに対する嫉妬について。いかにして人々が彼を皇帝の前で讒言したか，いかにナルシス本人がランゴバルドにイタリアを掌握するよう呼び招いたか。

　こうして，上述のようにゴートの全部族を滅ぼしたり征服すると，ナルシスはすでに語ったところの人々も同じように撃破した。そしてナルシスが，多くの金銀あるいはその他の富を獲得すると，ローマ人を擁護し彼らの敵に対抗して労苦を重ねたにもかかわらず，そのローマ人から妬みを受けることになった。ローマ人は，彼の不利になるようにユスティヌス帝や彼の妻ソピアに対し讒言した。「宦官のナルシスが支配し，我々ローマ人を隷属の身分に抑圧するのであれば，ローマ人にとってはギリシア人よりもゴート人に仕える方がましでした。そして，我らの誠

---

10) Schwarzは，ルクレティウス『自然の本質について』第5巻1382-1383行やオウィディウス『変身物語』第13巻785行への参照を促す。しかし，この一節は，『ヨハネの黙示録』第8章第7節以降，天使たちが次々と喇叭を吹き，世界に災いがもたらされることへの連想をむしろ引き起こすように思われる。
11) 565年11月14日。
12) ユスティニアヌスの甥（565-578年）。
13) アルティヌム（Altinum）はヴェンツィアの近くの町。
14) 現在のオーストリアのティロル地方で，リエンツ（Lienz）の辺り。

実なることこの上ない元首は，このことを御存知ないのです。奴の手から我々を解放してください。さもなくば，間違いなくローマの国家と他ならぬ我々自身を，諸部族に譲り渡すことでしょう。」このことをナルシスは聞くと，短く次のように言った。「もし私がローマ人に危害を加えたのであれば，いずれ私はひどい目に合うことだろう。」

このとき皇帝はナルシスに対して激昂するあまり，ナルシスに代わるべく，ただちに総督としてロンギヌスをイタリアに派遣することとなった。一方，ナルシスはこのことを知ると非常に心配し，皇妃ソピアに対してもこの上ない恐怖を抱き，コンスタンティノポリスに戻る勇気を最早失うこととなった。ソピアは，ナルシスが宦官だったので，彼をして女部屋の乙女たちに，羊毛の房を分け与えさせるよう，とりわけ命令を下したと言われる。この命令にナルシスは，次のような返答をしたことになっている。「私は，王妃が生きている間に，決して脱ぎ捨てることができないような織物を彼女に織って差し上げましょう[15]。」

かくして憎悪と恐れとにかき立てられ，カンパニアの都市ネアポリスに退くと，ただちにランゴバルドに使者を差し向け，パンノニアの乏しい土地を後にし，あらゆる富に満ちたイタリアを獲得すべくやって来るよう命じた。同時に様々な種類の果実やその他イタリアの特産品の類を送り，彼らの心をイタリア行きに誘おうとした。ランゴバルドは，この喜ばしい知らせと，もともと自らの希望していたことを有り難く受け止め，将来の利益を思って心を躍り上がらせた。すかさず，イタリアでは夜に恐ろしい凶兆が認められたのだった。それは，天に炎の剣先が現れたことであり，つまりはこれから流される血を燦然と輝かせたのである。

6. いかにアルボインはサクソネスを味方につけたか。

アルボインはランゴバルドを率いてイタリアへ進まんとして，古き盟友であるサクソネスに，自分がより大勢の者と一緒に広いイタリアを領

[15)]「織物を織る」は原語では telam ordiri であるが，これは比喩的には「陰謀を企てる」の意味にもなる。ナルシスは，イタリア半島をランゴバルドに引き渡す計画を，この語句をもって仄めかしている。

有できるよう助けを求めた。アルボインの許には，女子供とともに二万人以上サクソネスの男たちが，彼と一緒にイタリアに行くために，彼の望み通り集まってきた。このことをフランク王クロタールとシギベルト[16]は聞くと，スアウィ族やその他の部族をサクソネス人が出ていった場所に住まわせた。

7. いかにアルボインはランゴバルドを率いてパンノニアを後にし，イタリアにやってきたか。

　そして，アルボインは本来の定住地域，すなわちパンノニアを，同盟していたフン族に与えた。もちろん，もしランゴバルドが戻らなくてはならなくなったときには，再び自分の土地を求めることができるという条件付きだった。こうして，ランゴバルドは，パンノニアを後にし，妻子を連れすべての家財道具を携え，イタリアを手に入れようとして急いだ。パンノニアに住んだのは，四十二年間であった。その地を離れたのは，インディクティオ（十五年期）の初年[17]の四月であり，聖なる復活祭の翌日であった。この祭日は，計算によれば，きっかり四月一日にあたり，年は西暦568年のことであった。

8. いかにアルボインがイタリアの国境に来て，レクス山に登ったか。野牛について。

　こうしてアルボインは，すべての軍勢と様々な民衆が混ざった群を率い，イタリアの国境へと到着すると，その場所に聳えていた山に登り，山から見渡しうる限り，イタリアの地域を眺めた。このためその山は，伝承によれば，爾来「王の山」と呼ばれるようになった。人々の言うと

---

16)　Sigisbertus と綴られることもある。クロタールの息子で，アウストラシアの王（在位 561-575 年）。

17)　313 年以降，ローマ帝国（及び東ローマ帝国）では，15 年ごとに財産の査定更正が行われていたので，15 年間（＝インディクティオ）を単位として年代が数えられた。この 15 年循環暦算法では，313 年を第一インディクティオの第一年とし，たとえばそれから 15 年後の 328 年が第二インディクティオの第一年である。したがって，568 年は第十八インディクティオの第一年ということになる。

ころでは，山には野牛が生息している。この種の動物に満ちたパンノニアの地がここまで延びているので，それは驚くに値しない。さらに，ある極めて正直な老人が私に語ったことだが，この山で死んだ大きな野牛の毛皮を見たことがあり，そこには十五人の人間が一緒に横たわって寝ることができる程だったそうである。

9. いかにしてアルボインはウェネティア地方に入り，自分の甥のギスルフをフォルム・ユリイの君主としたか。

それから，アルボインはかつてイタリアの属州であったウェネティア州，フォルム・ユリイの市，というよりも要塞〔現在のチヴィダーレ〕の域内へ何の妨げを受けることもなく侵入すると，最初に獲得した属州を誰に委ねるべきであるかを勘案した。というのも，イタリア全土は南に，というよりも南東に延びており，ティレニア海とアドリア海の海流に囲まれ，他方西部と北部はアルプス山脈によって閉ざされており，隘路や高い山の峰を通らなければ入ることができない。しかし東部は，パンノニアに続いており，最も開けており，また最も平坦な進入路がある。

さて，上述のように，アルボインはこの場所に誰を指揮官として配置するべきかを熟慮し，伝承によれば，自分の甥であるギスルフがあらゆる点で適任だとし，フォルム・ユリイの町とその全領域を彼に統治させることに決めた。ギスルフはアルボインの侍従であり，ランゴバルドの言葉では「マルパヒス」と言う。ギスルフは，この町と人々の統治を引き受けるには条件があるとした。それは，自分が選びたいと望むランゴバルドの「ファラ」——つまり，血族あるいは血統——を譲り受けるというものである。その望みは叶えられ，王の承諾を受けて，自分の求めたランゴバルドの有力なる血族を譲り受けた。かくして，ついに公の称号を得るに至った。ギスルフはまた，王に血統のすぐれた牝馬の群を要求し，このこともまた王の寛大さによって聞き入れられた。

10. どんな王が当時フランクを支配したか。教皇ベネディクトゥスや，アクイレイアの総大司教パウルスについて。

ランゴバルドがイタリアに侵入した頃，フランク族の王クロタールはすでに亡くなり[18]，彼の息子たちがその王国を四つに分割して統治するようになった。長子のアリペルト[19]は，パリに拠点を構えていた。一方，第二子のグントラムヌスはアウレリアヌム〔オルレアン〕を統治していた。第三子のヒルペリクスはセッショナエ〔ソワッソン〕に，父クロタールにかわって拠点を構えていた。第四子のシギベルトもメッティス〔メス〕の町を支配していた。

まだこの頃，神聖なることこの上ない教皇ベネディクトゥスが，ローマ教会を支配していた[20]。アクイレイアの町とその市民を治めていたのは，総大司教聖パウルス[21]であった。パウルスはランゴバルドの粗暴なことを恐れ，アクイレイアからグラドゥス〔グラード〕の島へと逃げ，一緒に教会の宝庫も丸ごと移した。

この年の初め，冬にアルプスの頂上に降るほどの雪が平野部にも降った。後に続いた夏は，今だかつて記憶にないと言われる程豊作に恵まれた。そしてこのとき，クロタール王の死を知ったフン族は，アウァレス族とともに，息子のシギベルトに襲いかかった[22]。シギベルトはトゥリンギアにおいて彼らを迎え撃ち，アルビス〔エルベ〕川の畔で完膚無きままに征伐した。そして彼らが和平を求めたので，これに応じた。このシギベルトにヒスパニア出身のブルニケルディス[23]が嫁ぎ，彼は彼女からキルデベルトという名前の息子を授かった。

再びアウァレスはシギベルトと以前にも戦った場所で戦い，フランク族の軍勢を圧倒し，今度は勝利を収めた。

---

18) 561 年。

19) カリベルトゥス Caribertus とも呼ばれる。

20) 当時教皇だったのは，ヨハンネス三世（在位 561-574 年）であり，ベネディクトゥス一世（575-579 年）ではない。

21) 在位 557-569 年。

22) 両軍の衝突は，561 年もしくは 562 年であり，パウルスが述べるように，ランゴバルドのイタリア侵入（568 年）以後のことではない。この戦争については，トゥールのグレゴリウスも『フランク人の歴史』第 4 巻第 23 章で述べている。

23) 西ゴート王アタナギルデ Athanagilde の娘（上述グレゴリウス『フランク人の歴史』第 4 巻第 27 章にも言及あり）。

11. ナルシスの死について。

ところでナルシスはカンパニア地方からローマに戻り，そこで程なくしてこの世を去った[24]。彼の亡骸は鉛の棺に納められ，あらゆる財宝とともにコンスタンティノポリスに運ばれた。

12. タルウィシウムの司教フェリックスについて。いかにして彼がアルボインとプラウィス川の畔で会見したか。

こうしてアルボインはプラビス〔ピアーヴェ〕川に至ると，そこにタルウィシウム〔トレヴィーゾ〕の教会の司教，フェリックスもやって来た。アルボイン王は，とても気前が良かったので，教会のすべての既得権を求める彼にこれを与え，勅令を通じて要求事項を追認した。

13. フェリックスとすぐれた叡智の持ち主であるフォルトゥナトゥスについて。

このフェリックスに言及したので，私は尊く，賢明であることこの上ない人物フォルトゥナトゥス[25]についても少し語りたいと思う。彼は，フェリックスを自分の同朋であると言っているのである。さて，我々が語るこのフォルトゥナトゥスが生まれたのは，ドゥプラビリス〔ヴァルドッビアデネ〕と言われる地であるが，その場所はケネタ〔チェネダ〕の要害やタルウィシウムの町からも遠くはない。しかし，彼はラヴェンナにおいて養育，教育を受け，文法や修辞学あるいは韻文において，この上なく際立った存在であった。彼は眼の激痛に苦しみ，また同様にその友人フェリックスもまた同じように眼の痛みに苦しんだので，二人は

---

24) 574年頃と思われる。

25) ウェナンティウス・ホノリウス・クレメンティアヌス・フォルトゥナトゥス Venantius Honorius Clementianus Fortunatus は，聖職者にしてラテン詩人。540年頃ヴァルドッビアデネ（現在のヴェネト州，トレヴィーゾ県）で生まれる。ラヴェンナにおいて，学究に努めていたが，聖マルティヌスの霊験によって，眼病の快癒を得る。これを機に，ガリアにわたり，メロヴィング朝の宮廷に仕えた。595年にポワティエの司教となり，この地で没した（600年）。散文による諸司教の伝記の他，11巻からなる詩集や本章でも言及されている『聖マルティヌス伝』（全4巻）を著した。『聖マルティヌス伝』は，トゥールのグレゴリウスの求めによって，ポアティエにおいて573-576年に創作された。

ラウェンナ〔ラヴェンナ〕市内にあった聖パウルスと聖ヨハンネスの教会堂へと赴いた。この教会堂には，証聖者の聖マルティヌスのために祭壇が設けられたが，近くには窓があり，そこには明かり用のランプが置かれていた。すぐにフォルトゥナトゥスとフェリックスの二人は，このランプの油を手にとり自分の患っている眼に触れた。すると痛みは消え，彼らは念願していた快癒を得たのであった。

このため，フォルトゥナトゥスは聖マルティヌスを大いに崇拝し，国を離れて，ランゴバルドがイタリアに侵入する少し前に，トゥロニ〔トゥール〕にあるこの聖人の墓所へと馳せ参ずるのである[26]。彼自身はその詩歌のなかで述べているように，旅をすることになったと書き記している。その旅とは，ラウェンナを出て，ティラメントゥス〔タリアメント〕川を渡り，レウナ〔ラゴーニャ〕やオスプス〔オソッポ〕を通り，ユリア・アルプスを越え，アグントゥムの要塞を通り，ドラウゥム〔ドラヴァ〕川やビュッルス〔リエンツ〕川を渡り，ブリオネス族の地を通過し，ウィルド〔ヴェルタフ〕川とレカ〔レフ〕川の流れるアウグスタの町〔アウクスブルク〕を通る，というものだった。彼は自らの祈願に従ってトゥロニに赴くと，ピクタウィ〔ポワティエ〕に移り，そこに住み，多くの聖人の言行録を散文あるいは韻文で綴り，その地でふさわしい名誉を受けて葬られ，眠っている。この人物はマルティヌスの生涯を四巻にわたって英雄叙事詩の韻律で編んでおり，その他多くの著書や一つ一つの祝祭についての讃辞や，とりわけ一人一人の友達に宛てた小詩を，壮麗で学殖に溢れた措辞によって創作している。まことに，彼は他のいかなる詩人にも引けを取らない。祈祷のためにピクタウィを訪れたとき，私は当地の僧院長アペル[27]の要望に応じて，フォルトゥナトゥスの墓所に以下のような碑文を，そこに刻むべくものとして作った。

　　才能において際立ち，感覚において機敏で，話すことにおいて魅力
　　　　　　　　　　　　　　　　　　　　　　　　　　　的で，

---

[26] 565年頃。なお，以下の旅程，経由地は『聖マルティヌス伝』第4巻で歌われている。

[27] Capoによれば，ポアティエの聖ヒラリウス修道院長（780-792年）。

彼の多くの頁は甘美な旋律を歌っている。
フォルトゥナトスは詩人の頂点，行いにおいては敬意に値し，
　　アウソニア〔イタリア〕の生まれで，この地に葬られている。
彼の神聖なる口から昔の聖人の御業を我々は学ぶ。
　　この教えこそが，栄光の道を歩むことを我らに示す。
幸福なるガリアよ，汝はこれ程の珠玉に飾り立てられ，
　　その珠玉の放つ光のために，暗い夜は汝の許を去って行く。
才少なき私はこの詩行を拙き歌で紡ぎ出しました，
　　神聖なるお方よ，汝の栄誉を民が知らないことがなきように。
哀れなる者を報いてください。公正なる審判[28]が私を蔑むことがな
　　　　　　　　　　　　　　　　　　　　　　　　　　　　　いよう，
　　至福なる方よ，どうかその格別のご功績によって，お願いしてく
　　　　　　　　　　　　　　　　　　　　　　　　　　　　　ださい。

　かくも優れた人物について，私はわずかに上述のことを取り上げた。それは，彼のことを郷土の市民たちがまったく知らないということがないようにするためである。さて，歴史の本筋に戻ることにしよう。

14. いかにしてアルボインがウェネティア州を手に入れたか。ウェネティアの名前とその領域について。

　こうして，アルボインはウィケンティア〔ヴィチェンツァ〕とウェロナ，そしてその他のウェネティアの都市（パタウィウム〔パドヴァ〕，モンス・シリクス〔モンセリチェ〕，マントゥア〔マントヴァ〕は除く）を獲得した。というのも，ウェネティアは現在我々が「ウェネティアエ」と呼んでいるわずかな島々から成っているのみならず，その領域はパンノニアとの国境からアッドゥア〔アッダ〕川まで広がっているのである。このことは，『年代記』[29]によって確かめることができるが，その書においてはペルガムス〔ベルガモ〕がウェネティアの都市と記されている。

28）神のこと。
29）『年代記』が誰の著書を意味するのかは不明だが，パウルス自身の『ローマ史 Historia Romana』（第 15 巻第 1 章）には同様な記述が認められる。

実際，ベナクス湖については，歴史書のなかで以下のような一節を読むことができる。「ベナクス湖はウェネティアの湖であり，そこからミンキウス〔ミンチョ〕川が流れ出る。」実際，エネティ (Eneti) は，ラテン人のあいだでは一文字が付け加えられるが，ギリシア語では「称賛に値する」の意味になる[30]。ウェネティアはまた，ヒストリアとも隣接しており，両者は一つの州と見なされる。しかし，「ヒストリア」はヒステル川に因んだ名前である。この州は，ローマの歴史によれば，現在ある大きさよりもずっと広かったとされている。このウェネティアの首都であったのは，かつてはアクイレイアだった。今はアクイレイアにかわって，フォルム・ユリイが首都と見なされる。このように呼ばれるのは，ユリウス・カエサルが商業の市をここに定めたからである。

15. イタリア第二の州，リグリアについて。二つのレティア州について。

　イタリアの他の諸州にも簡単に触れたとしても，私は本題から遠ざかることはあるまいと思う。第二の州，リグリアは豆（レグメン）を採ること，つまり収穫することに由来して呼ばれている。この地は豆が豊富なのである。リグリア州に属しているのは，メディオラヌム〔ミラノ〕やティキヌムであり，後者は別名パピア〔パヴィーア〕とも呼ばれる。この州はガリアとの国境まで続いている[31]。リグリア州とスアウィア州，すなわち北に向かって置かれているアラマンニ族の祖国との間には二つの州があり，第一レティアと第二レティアである。両者はアルプスの間にあって，レティ族が住んでいることが知られている。

　30）　ギリシア語の αἰνετοί (ainetoi) のことを言ったものか。αι (ai) は古典期から時代が下るにつれて，ε (e) の音価を持つようになったので，実際にはこの単語は，enetoi と発音していたのだろう。先頭に v の文字が加われば，venetoi となる。

　31）　パウルスの言うリグリアは，アッダ川を境に西，ポー川を境に位置する北イタリアの西北部の地方であるから，ジェノヴァなどが含まれ，海に面している現在のリグリア地方とは異なる。

16. アルペス・コッティアエというイタリア第五の州とトゥスキアという第六の州について。

　第五の州は，アルペス・コッティアエという。ネロの時代に存在したコッティウス王に因んで，こう呼ばれている[32]。この州はリグリアから南東へ，ティレニア海へと延びている[33]。西はガリアに接している。アルペス・コッティアエ州には，温泉があるアクイス〔アクイ・テルメ〕，デルトナ〔トルトーナ〕，ボビウム〔ボッビオ〕の僧院，さらにゲヌア〔ジェノヴァ〕とサオナ〔サヴォーナ〕が含まれる。第六の州は，トゥスキア〔トスカーナ〕である。この州の人々が，迷信に陥って神々への供儀に際して燃やすことが常であった乳香（tus）に因んでそのように呼ばれている。トゥスキアは西部にアウレリアを含み，東部にウンブリアを含む[34]。アウレリアには，かつて全世界の首都であったローマが建国された。一方，トゥスキアの一部であるウンブリアにはペルシウム〔ペルージャ〕やクリトリウス湖[35]，スポレティウム〔スポレート〕が存する。ウンブリアと呼ばれるのは，水害がかつて人々を滅ぼしたときも，この州が雨（imber）を逃れたという故事による。

17. イタリア第七の州カンパニアと第八の州であるルカニアもしくはブリティアについて。

　第七の州はカンパニアであり，ローマからルカニアのシレル〔セレ〕川へと延びている。この州には，豊かなことこの上ない諸都市，カプア，ネアポリス，サレルヌス〔サレルノ〕がある。そして，カンパニア

　32）　実際には，地名はマルクス・ユリウス・コッティウスに由来している。彼はアウグストゥスの代理人としてこの地方を支配した。「ネロの時代に存在したコッティウス」とは，その次の代の王である。
　33）　アルペス・コッティアエは，ほぼ現在のリグリア州に一致する。
　34）　現在のトスカーナ州，ラツィオ州の他，ウンブリアやマルケ州の一部を含んでいることになる。
　35）　写本はClitoriusと伝えている。オウィディウスは，その水を飲むと酒嫌いになる不思議な作用のある泉がクリトリオンにあるとしている（『変身物語』第15巻322行）。しかし，クリトリオンは，ギリシアのアルカディアの町である。したがって，Clitoriusは作者パウルスの誤記と推定され，Clusium（クルシウム，現在のキウージ）もしくはClitumnus（クリトゥムヌス，現在のクリトゥンノ）の泉のことに言及しようとしたと考えられている。

と呼ばれるのは、カプアの豊かな平野故にである[36]。だが、この州の大半は山がちである。第八の州は、ルカニアであり、とある森からその名前を受けた[37]。シレル川から、ブリティア〔現在のカラブリア州〕——かつての女王の名前によってこう呼ばれるが——とともにシチリアの海まで——ちょうど上述の第六、第七の二つの州のように——ティレニア海に面する岸に沿って、イタリア半島の右側の角[38]を伸ばすように続くのである。この州にはペストゥス〔パエストゥム（ペストゥム）〕、ライヌス〔ライーノ〕、カッシアヌス〔カッサーノ〕、コセンティア〔コセンツァ〕、レギウム〔レッジョ・ディ・カラブリア〕の諸都市が置かれている。

18. 第九の州であるアッペンニナエ・アルペスと第十の州エミリアについて。

　第九の州はアッペンニナエ・アルペス〔アペニン・アルプス〕に認めることができる。この州はコッティアエ・アルペスが終わるところから始まる。アッペンニナエ・アルペスはイタリア半島の真ん中を走り、トゥスキアをエミリアから、ウンブリアをフラミニアから隔てており、フェッロニアヌス〔フリニャーノ〕、モンテベッリウム〔モンテベッロ〕、ボビウム[39]、ウルビヌム〔ウルビーノ〕の諸都市がある。さらにウェトナ〔ベットーナ〕と呼ばれる要塞都市もある。アッペンニナエ・アルペスと呼んだのは、カルタゴ人、つまりハンニバルとその軍勢である。彼らは、ここを通ってローマを目指し、進んだのである。コッティアエとアッペンニナエのアルペスは、一つの州であると言う人々もいる。しかしウィクトルの『歴史』は彼らに反論し、アルペス・コッティ

---

　36)　イシドルスは、カプア Capua の語源を、土地があらゆる命の糧を包容するため (quod eius terra omnem vitae fructum capiat)、その受容能力 capacitas に帰している。さらに、カンパニア Campania の地名がその主要都市 Capua の名に由来すると説く（『語源論』第 15 巻第 1 章第 54 節）。パウルスはおそらくこの一連の記述を踏まえているのだろう。
　37)　ラテン語でルクス lucus とは、「森」を意味する。
　38)　「右側」とは、イタリア北部から北を背にして眺めている感覚に基づく。
　39)　本巻第 16 章に挙げられている、ボビウムとは異なる都市。504 年に司教座が置かれる。その後 8 世紀中頃に、ピピンがステパヌス二世に寄進した。

アエをそれ自体で一つの州と呼んでいる[40]。第十州エミリアは，リグリアに端を発し，アッペンニナエ・アルペスとパドゥス〔ポー〕川の間を通って，ラウェンナへと続く。この州を飾るのは豊かな都市であり，プラケンティア〔ピアチェンツァ〕はもちろん，パルマ，レギウム〔レッジョ・エミリア〕，ボノニア〔ボローニャ〕，フォルム・コルネリ——その要塞はイモラス〔イモラ〕と呼ばれる——である。エミリアとウァレリアとヌルシアは一つの州だと言う人々もいる。しかし，彼らの見解は成り立ち得ない。というのも，エミリア，ウァレリア，ヌルシアの間には，トゥスキア，ウンブリアが存在するからである。

19. イタリア第十一の州フラミニアと第十二番目にあたるピケヌスについて。

さらに第十一の州は，アッペンニナエ・アルペスとアドリア海の間に横たわるフラミニアである。この州には，諸都市のなかで最も由緒正しいラウェンナやギリシア語で「ペンタポリス〔五市〕」と呼ばれるその他の五つの都市が存在する[41]。アウレリア，エミリア，フラミニアがローマから発している舗装された街道に因んでおり，またそれぞれの道を敷設した人々の名前によってそのように呼ばれていることは，確かである[42]。フラミニアの後，第十二の州としてピケヌスが現れる。この州は南にアペニンの山々を有し，別の側にはアドリア海を持ち，ピスカリア〔ペスカーラ〕川まで続いている。この州に含まれるのは，フィルムス〔フェルモ〕，アスクルス〔アスコリ〕，ピンニス〔ペンネ〕，そして

---

40) アウレリウス・ウィクトル（Aurelius Victor）『ローマ皇帝伝』第5章第2節。ウィクトルは4世紀のローマの歴史家，政治家。

41) 現在のリミニ，ペーザロ，ファーノ，セニガッリア，アンコーナの5都市。

42) アウレリア街道（Via Aurelia）は，マルクス・アウレリウス・コッタ（Marcus Aurelius Cotta）によって建設される（紀元前242年）。当初は，ティレニア海沿いにローマからトルトーナ（現在のピエモンテ州の都市）までであったが，後にアウグストゥスがアルルまで延長。エミリア（アエミリア）街道（Via Aemilia）は，Marcus Aemilius Lepidusによって建設される（紀元前187年）。パウルスの言うように，ローマを起点とするのではなく，リミニとピアチェンツァを結ぶ幹線道路。元首制の時代にはピアチェンツァからアオスタ，リミニからアクイレイアまで延長された。フラミニア街道（Via Flaminia）は，ガイウス・フラミニウス（Gaius Flaminius）によって建設された（紀元前220-219年）。ローマを起点とすると，テルニ，スポレート，ペーザロを経由して，リミニまで達する。

アドリア海にその名前を与えたが，最早古びてしまったアドリア[43]である。住民たちがかつてサビニ族の地からこの地へ馳せ参じたとき，彼らの幟に啄木鳥（キツツキ）が留まった。そこで，このことが縁でピケヌスと呼ばれるようになったのである。

20. 第十三州とみなされるウァレリアとヌルシア，第十四のサムニウムの州について。

それから，第十三の州ウァレリアは，ヌルシアが隣り合っており，ウンブリア，カンパニア，ピケヌスの間に位置する。サムニテス族の地域には，東側で接している。その西側はローマの町から始まり，かつてはエトルスキ族に因んでエトルリアと呼ばれた。この州はティブリウス〔ティヴォリ〕，カルシオリ〔カルソーリ〕，レアテ〔リエーティ〕，フルコナ[44]，アミテルヌム[45]，マルシ族の地域と彼らの湖――フキヌス湖と呼ばれる――を含んでいる。思うに，マルシ族の地方もまたウァレリア州のなかに含められる。というのも，イタリアの属州の一覧表に古代人は，まったくこの地方を記していないからである。その一方で，もし誰かが真なる理由によって，この地方がそれ自体州であることを証明した暁には，その人の見解はもっともなものとして全面的に認められるべきだろう。第十四の州はサムニウムであり，ピスカリアを起点として，カンパニアとアドリア海とアプリアの間に存在する。この州にはテアテ〔キエーティ〕，アウフィデナ〔アルフェデーナ〕，ヒセルニア〔イゼルニア〕，そして時代の経過によって古びたサムニウム[46]がある。このサムニウムに因んで属州全体は名付けられたのである。そしてこれらの属州のなかの首都は，豊かなことこの上ないベネウェントゥム〔ベネヴェント〕である。加えてサムニテスは，常に持ち歩き，ギリシア人がサユ

---

43) パウルスはこの町とポー川河口にあるアトリア（ないしハトリア (H)atria）とを混同している。後者はかつて栄え，アドリア海の語源となった。

44) 今日のラクイラ（L'Aquila）の近くにあるチヴィタ・ディ・バーニョ（Civita di Bagno）。

45) やはりラクイラの近くにあるサン・ヴィットリーノ（San Vittorino）。

46) 実際にはこのような名の町は存在せず。

ニア[47]と呼ぶ槍に因んで古くから呼ばれている。

21. 第十五の州と言われるアプリア，カラブリア，サッレントゥムについて。

　第十五の州は，アプリアであり，カラブリア[48]がこれに結合している。カラブリアのなかには，サレンティニ族の地[49]がある。この州の西もしくは南西側にサムニウムとルカニアがあり，東側はアドリア海によって限定されている。ルケリア〔ルチェーラ〕，セポントゥム〔シポント〕，カヌシウム〔カノーサ〕，アゲレンティア〔アチェレンツァ〕，ブルンディシウム〔ブリンディジ〕，タレントゥム〔ターラント〕といったかなり豊かな都市を有し，五十マイル延びているイタリア半島の左側の角には，商業に適したユドロントゥム〔オートラント〕がある。アプリアは「滅亡」にちなんで名付けられている[50]。というのも，そこでは太陽の熱故に，大地の緑が他の土地より早く失われてしまうからである。

22. イタリアの第十六州はシチリア，第十七州はコルシカ，第十八州はサルディニアである。

　第十六の州はシチリア島だと考えられる。ティレニア海にもイオニア海にも洗われ，シクルスという自分たちの指揮官に因んで呼ばれる。第十七の州はコルシカであり，第十八州はサルディニア〔サルデーニャ〕であり，両方ともティレニア海の海流に囲まれている。コルシカは指揮官コルススに，サルディニアはヘラクレスの息子サルディスに因んで呼ばれているのである。

---

47) ギリシア語では σαύνια と言う。
48) 現在のカラブリア州ではなく，むしろプーリア州の南東部である。
49) 現在のサレント地方。イタリア半島を長靴に見立てたとき，ヒールにあたる部分である。
50) 南イタリアにはギリシア植民都市が多く，ギリシア語の ἀπώλεια（アポーレイア）は「滅亡」を意味することから，このように言ったものか。

23. 何故イタリアのある部分が「ガリア・キサルピナ」と呼ばれているか。ガリア人がイタリアに最初にやって来た時のことについて。

とはいえ，リグリアとウェネティアの一部，それにエミリア，フラミニアを古い歴史家たちがガリア・キサルピナと呼んでいたことは確かである。だから，文法学者ドナトゥスはウェルギリウスの注釈において，マントゥアはガリアに存するのだと言っているのである[51]。だから，ローマの歴史を読めば，アリミヌム〔リミニ〕はガリアに位置するのだということになる。実際，昔セノナス〔サン〕市において，国を治めていたガリアの王ブレンヌス[52]は，三十万のガッリ・セノネス族[53]を率いて，イタリアにやって来たとき，ガッリ・セノネスに因んでセノガリア〔セニガッリア〕と呼ばれていた地域までイタリアを占領した。

ガリア人がイタリアにやって来た理由については，以下のように述べられている。彼らがイタリアからもたらされた葡萄酒を味わうと，葡萄酒への欲望に誘われてイタリアに渡った。彼らのうちの十万人は，デルポイの島[54]から遠くないところで突撃するものの，ギリシア人の剣によって潰えた。他方，十万人はガラティアに入り，最初はガッログレキ，後にはガラタエと呼ばれた。ガラタエこそは，諸民族に知悉した

---

51) ウェルギリウスの注釈を著した文法学者ドナトゥスとしては，アエリウス・ドナトゥス（4世紀）とティベリウス・クラウディウス・ドナトゥス（4世紀末）の二人が考えられる。前者は，中世ヨーロッパで広く用いられた『ラテン文法 Ars Grammatica』を著した。だが，彼がウェルギリウスの全作品に施した注解は現存せず，他の著者の引用のかたちで間接的，断片的に伝わるのみであり，そのなかには該当する記述は確認できない。一方，後者については，『アエネイス』の注解（Interpretationes Vergilianae）が残っているが，そこには該当する記述はない。むしろ，セルウィウスの『アエネイス』第10巻201行への注，およびイシドルス『語源論』第15巻第1章第59節の記述が，これに該当するだろう。

52) ブレンヌスは，紀元前4世紀初めに，ガリア人を率いてローマ軍を破り，ローマ市を占領した。ガリア人の襲来については，リウィウス『建国史』第5巻第33-55章を参照。一方，リウィウスによれば，ブレンヌスが侵攻する200年前から，ガリア人はアルプス山脈を越えてイタリア半島に侵入していた（第5巻第33章第5節）。

53) セーヌ川上流の谷合に住んでいたガリア人の一派。カエサル『ガリア戦記』にも言及がある。

54) 以下の記述で，パウルスは二つの取り違えをしているようである。ガリア人が，ブレンヌスなる将に率いられてバルカン半島に入ったのは3世紀のことである。もちろん，このブレンヌスは注52のブレンヌスとは別人であるが，パウルスは両者を混同している。また，デルポイとデロス島は，ともにアポッロ神の聖地として有名であるが，パウルスはこの二つを取り違えているようである。

聖パウルスが書簡を宛てた者である[55]。別の十万人のガリア人は，イタリアに留まり，ティキヌム，メディオラヌム，ベルガムム，ブリクシア〔ブレーシャ〕を建設し，キサルピナ・ガリア地方[56]にその名前を与えた。そして彼らは，ガッリ・セノネス族であり，かつてロムルスの都を侵略した者である。実際，我々がアルプスの向こうにある地域をガリア・トランサルピナと呼ぶように，アルプスの手前にある部分については，ガリア・キサルピナと呼ぶのである。

24. なぜイタリアは「イタリア」と呼ばれるのか。イタリアがアウソニア，ラティウムとも呼ばれること。

このような属州を含んでいるイタリアもまた，昔この地に侵入したシチリア人の将軍イタルスから，名前を受けた。あるいは，この地方に大きな雄牛，すなわち「イタルス」たちがいたことから，イタリアと呼ばれるのである[57]。実際，「イタルス italus」なる単語を基に，縮小辞として──〔v が〕一字加えられ，もう一つ別の字が改変されるが〔a → u〕──ウィトゥルス vitulus〔「子牛」〕と称されるのである。イタリアはオデュッセウスの息子，アウソニウスの名前からアウソニアとも呼ばれる。もっとも最初はベネウェントゥム地方が，この名前で呼ばれた。だが，後にイタリア全土がこのように呼ばれるようになる。イタリアはまたラティウムとも呼ばれる。これは，サトゥルヌスが息子ユピテルから逃れ，ここに隠れ家を見出したからということになっている[58]。以上，イタリアの諸州について，あるいは（私の記述するできごとがあった他ならぬ）イタリアの名については十分語ったので，歴史記述の本論に立ち

---

55) ガラティアは小アジアの内陸部。聖パウルスが宛てた書簡とは，『新約聖書』中の文書，『ガラテヤ信徒への手紙』のことである。

56) あとのパウルスの説明にもあるように，「アルプスの（ローマ人から見て）こちら側のガリア」の意味。

57) ウァロ『農業論』第 2 巻第 5 章第 3 節には，以下のような記述がある。「実際，古代のギリシアは，ティマイオス〔紀元前 4-3 世紀のギリシアの歴史家，『シチリア史』（断片）を著した〕によれば，雄牛のことをイタルスと呼んでいた。その数の大きさ，美しさ，生まれてくる仔牛の多さから（イタリアを）イタリアと言った。」

58) ウェルギリウス『アエネイス』第 8 巻 322-323 行を参照。Latium（ラティウム）なる地名は，ラテン語で「隠れる」を意味する lateo と結びつけて考えられている。

戻ることにしよう。

25. いかにしてアルボインはメディオラヌムに入り，リグリア全域の都市を占領したか。大司教ホノラトゥスについて。総大司教パウルスの死について。プロビヌスが後継者となったこと。

　アルボインはリグリアに入り，十五年期の三年目が始まったばかりの九月三日[59]，ホノラトゥスが大司教を務めていた時，メディオラヌムに進攻した。ここを拠点にして，リグリアのすべての都市を（ただし海岸に臨む都市を除いて）攻略した。大司教ホノラトゥスはメディオラヌムを離れ，ゲヌアへと逃げ込んだ。〔アクイレイアの〕総大司教パウルス[60]もまた十二年この任にあったが，この世を去った。そして教会を治めるべく，これをプロビヌスに託した。

26. いかにティキヌム市は三年間包囲を受けたか。ランゴバルドがトゥスキアに侵入したこと。ランゴバルドが他の部族から多くの人々をイタリアに率いてきたこと。

　この頃，ティキヌム市は三年以上包囲に耐え，ランゴバルドの軍勢が市の西側のすぐ近くに駐屯したにもかかわらず，果敢に持ちこたえた。その間にもアルボインは，ローマ軍を斥け，トゥスキアに至る（ローマ，ラウェンナ，あるいは海岸に位置する要塞を除く）全地域に侵攻した。その当時ローマ人には，彼らに抵抗するだけの覇気が欠けていた。それは，ナルシスの支配下に生じた疫病[61]が，リグリアやウェネティアに住むきわめて多くの人々を死に至らしめたからであり，また豊穣に恵まれたと上述した年[62]の後には，たいへんな飢餓がイタリア全土を襲い荒廃させたからである。

59）　569 年。
60）　本巻第 10 章を参照。
61）　本巻第 4 章を参照。
62）　本巻第 10 章を参照。

その一方，当時アルボインが，他の王たちあるいは自らが征服した部族のなかから，多くの人々を一緒にイタリアへ連れて来たことは確かである。これを起源として今日もなお，彼らの住む集落を，ゲビディ村，ウルガレス村，サルマタイ村，パンノニイ村，スアウィ村，ノリキ村，あるいはその他のこのような呼称で，我々は呼んでいる。

27. いかにしてアルボインはティキヌムに入ったか。

　しかし，ティキヌム市は三年と数か月間包囲に耐えると，ついに包囲者アルボインとランゴバルドに降伏した。アルボインが町の東側，聖ヨハンネス門と言われる門を通り，この町に入ろうとしたとき，乗っていた馬が門の間で倒れ込み，どんなに鐙で蹴って活を入れても，またどんなに槍で打ちすえても，立ち上がらせることはできなかった。そのとき，ランゴバルドの一人が王にこのように語りかけて，言った。

　　「思い起こしてください，我らの主君たる王よ，御身がいかなる誓いを立てられましたかを。あのように苛酷な誓いを破棄してください。そうすれば，町に入ることもできましょう。というのも，この都市の住民は真のキリスト教徒だからです。」

　事実アルボインは，市民が投降しようとしないので，全員剣で抹殺することを誓っていたのだった。そこでこのような誓いを破り，市民たちに慈悲を約束すると，間もなく彼の馬は身を起こし，アルボインは町に入った。誰にも危害を加えることなく，約束を守った。すると，全市民はかつてテオドリック[63]が建設した建物へ入って，アルボインの許に駆け寄ると，かくもひどい窮乏の末，ようやく将来に対する希望について確信し，安心するようになった。

---

63) テオドリック大王，東ゴートの王。

28 三年間の統治の後，アルボインはいかに妻の計略によって，ヘルメキス（＝ヘルミキス）に殺されたか。

　王はイタリアにおいて三年と六か月支配した後，妻の陰謀によって殺された[64]。さて，殺害の原因は以下のとおりである。ウェロナ滞在中，彼が宴席で常軌を逸脱してはしゃいでいた際，舅にあたるクニムンド王の髑髏で作った杯[65]を王妃に渡して酒を飲ませるように命じ，父と愉快に飲むようにと彼女を誘った。そんなことはあり得ないと思う人がないように，私はキリストの御前で真実を語る。ある祝祭の日のことであるが，主君ラトキス[66]が宴会の参席者に披露すべく，この杯を手に取ったのを，私はこの目で見たのだ。

　こうして，ロセムンダはこのことに気付くと，抑えることのできない程の深い怨恨を胸に抱いて，亡くなった父の復讐を果たそうと，夫の殺害にすぐさま心を燃え上がらせた。そして，王を暗殺するよう王のスキルポル（近習）であり，同じ乳母に養われたヘルミキスとともに画策した。彼は王妃に，最強の士であったペレデオをこの計画に加わらせるよう説いた。王妃がこのような大罪を犯すよう説くも，ペレデオがそれに同意することを望まなかったので，彼女はペレデオが普段情交の相手としていた部屋係の女の寝床に，夜その女にかわって忍び込んだ。そこへ事情を知らないペレデオがやって来て，王妃と同衾した。そして彼が思惑通りの不義を犯してくれたので，彼女は自分が誰であると思うかと尋ねた。彼が自身の思う通り情婦の名前を口にすると，王妃は畳みかけた。「私は，お前の思うような相手ではない。私はロセムンダである。」そして言った。「今やお前は，アルボインを殺すかそれとも彼が剣でお前を亡き者にするかというような大罪を犯してしまった。」

　そこで彼は自分が犯した罪を悟り，自らは望んでいなかったにもかかわらず，このように王の殺害の加担者となることを強いられた。ロセムンダは，アルボインが午睡に耽っている間，宮殿内が至極静寂になるよ

---

64) 殺害されたのは，通常 572 年の夏と考えられている。だとすれば，イタリアに侵入したのが 568 年 4 月であるから，侵入時を起点とすれば，3 年半ではなく 4 年以上になる。パウルスが，イタリアにおける支配の開始をいつと考えているのかは，明らかではない。

65) 本書第Ⅰ巻第 27 章参照。

66) フォルム・ユリイ公（738-744 年）。本書第Ⅵ巻第 51-52 章を参照。

う指示をくだし，すべての武器を奪い去り，ただ彼の剣だけを枕元に残したが，それすらも取り上げたり抜いたりできないよう固く縛りつけられた。そしてヘルミキスの提案に従い，王妃はあらゆる野獣よりも冷酷なことに，ペレデオを導き入れたのである。アルボインはすぐに目を覚まして起き上がり，我が身に迫った災いを悟って，疾く剣に手を伸ばした。しかし剣はかなり固く縛りつけられており，それを引き抜くことは能わなかった。それでも，足台に用いていた腰掛けを手にとって，しばらくの間はそれで我が身を守っていた。しかし，ああ，痛恨なるかな。戦いに強きことこの上なく，極めて剛胆なる人物が敵に対してなす術もなく，あたかも無力な者の一人の如く殺されてしまった。それもたった一人の取るに足らない女の策略に滅んだのである。あれ程に多くの敵を殺戮し，戦場においては比類なく名高い人であったのに！

　彼の亡骸は，ランゴバルドが嘆き涙を流す中，宮殿に通ずるある階段の下に葬られた。彼は身長において際立っており，その総身において戦争をすることに適していた。我々の時代にギゼルペルト[67]が，ウェロナ公であった頃，彼の墓を暴いた。そして，剣と彼自身の装飾に某かのものを見つけたのでそれを持ち去った。このために，無学な人間にありがちな虚栄心から，ギゼルペルトはアルボインを見たと吹聴していた。

29. ヘルメキスは王となることを望むが，その望みはかなわず。いかにしてロセムンダとともにラウェンナに逃げ，いかにしてその後二人は死ぬこととなったか。

　そこで，ヘルミキスはアルボイン亡き後，彼の王位を簒奪しようとした。しかし，それは到底不可能なこととなった，というのもランゴバルドが王の死をひどく悲しみ，ヘルミキスを殺そうと躍起になったからである。すぐロセムンダは，ラウェンナの総督ロンギヌス[68]に，早く自分たちを乗せる船をさし向けてくれるよう言伝てた。ロンギヌスはこのよ

---

[67]　745年から762年の間に，少なくともウェロナの公であったが，それ以外のことはわからない。この人物の事が話題になるのは，あらゆる歴史作家の作品のなかでも，パウルスのこの箇所だけである。

[68]　本巻第5章参照。

うな知らせに喜び，急いで船を送り，そこへヘルミキスと（すでに彼の妻となっていた）ロセムンダが，夜の間に逃亡しようとして乗り込んだ。王の娘アルブスインダも一緒に連れ出し，すべてのランゴバルドの財宝を持ち出し，素早くラウェンナに到着した。そして，総督ロンギヌスはヘルミキスを殺し，自分の妻になるよう，ロセムンダを説得し始めた。彼女はあらゆる罪悪に染まりやすく，ラウェンナの君主たることを望んでもいたので，ヘルミキスが風呂から上がってくると，健康に良いからと言って毒の杯を飲ませた。彼は自分が死の杯を飲んだことを悟ると，ロセムンダの頭上に剣を抜き放ち，彼女に残りを飲むように強いた。こうして，全能なる神の裁きによって，憎きことこの上ない殺人者どもは同時に滅んだのである。

30. いかにしてロンギヌスは，彼らの死後アルプスインダをランゴバルドの宝物とともに皇帝の許へと送ったか。ペレデオについて。いかにして彼がコンスタンティノポリスでライオンを殺したか。彼が二人のパトリキウスを殺したこと。

こうして彼らが滅びると，総督ロンギヌスはアルブスインダをランゴバルドの財宝とともにコンスタンティノポリスの皇帝の許へと送った。ある人々の言うところでは，ペレデオもまたヘルミキスやロセムンダと一緒にラウェンナにやって来て，それからアルブスインダと共にコンスタンティノポリスに送られ，そこで民衆のための見せ物において，皇帝の見ている前で，驚くほど大きなライオンを殺したということである。ペレデオは強かったので，帝都において何ら悪しきことを犯すことがないようにと，皇帝の命令によって彼の両目はくり抜かれた。しかし，彼はしばらくしてから二本のナイフを手に入れた。そして，それらを両方の袖の中に隠し持ち，王宮に向かうと，もし自分を中に入れてくれれば，皇帝の益になることを何か語ることを約束した。彼に対し，皇帝はその言葉を聴くべく，パトリキウスであった二人の側近を遣わした。二人がペレデオの許にやって来ると，彼は何か秘密めいたことを語ろうと

しているかのように近づき，隠し持っていた剣[69]を両の手に握ると，二人を勢いよく刺した。それは彼らが即刻地面に倒れ，息を引き取る程であった。こうしてかの強きことこの上ないサムソンとまったく違わず[70]，自らの受けた不正に復讐し，両目を失ったかわりに，皇帝から二人の極めて有用な人材を奪ったのである。

31. 第二代クレフ王とその死について。

一方，すべてのランゴバルドはイタリアにおいて，自分たちのなかで最も高貴なクレフを全会一致で，ティキヌム市に自分たちの王として据えた。彼はローマ人の多くの有力者たちについて，ある者を剣で滅ぼし，また別の者をイタリアから追い出した。彼は一年と六か月の間妻マサネと共に王権を掌握したが，従僕のうちのある若者に，剣によって惨殺された[71]。

32. いかにしてランゴバルドの諸公が，イタリアを服属させた十年にわたって王なしでいたか。

クレフの死後，ランゴバルドは十年間王を擁することなく，公たちの支配下にあった。実際各々の公が，自分の都市を有していた。ザバンはティキヌムを，ウアッラリはベルガムムを，アリキスはブレクシアを，エオインはトリデントゥムを，ギスルフはフォルム・ユリイを得た。しかし，彼ら以外にも三十人の者がそれぞれの都市で公となった。この頃多くのローマの貴族らが，ランゴバルドの貪欲故に殺された。その他の者は，異国人〔ランゴバルド〕[72]の間で分配され，穀物の三分の一はラ

---

69) 本文では gladiis となっている。おそらくは，上で二本手に入れたとされているナイフ（本文では cultellos）を加工したものだろう。

70) 旧約聖書『士師記』第 16 章参照。

71) 573 年もしくは 574 年の出来事と推定されている。

72) 原文では hospites となっている（写本によっては，hostes（敵））。hospites とすれば，その意味は，(1) 客人，客人を迎える主人も含め主客の礼を交わすべき関係にある人々，もしくは (2) 異国人，異邦人の意味に大別されるだろうか。侵略してきたランゴバルドとイタリア半島の住民のあいだに主客の礼があったとは考えにくい。個人的なつながりを持った，ランゴバルド系領主間の主客の礼と考えることもできるかもしれない。しかし，そのような

ンゴバルドに貢納されるべく，貢納者と化した。このランゴバルドの公たちによって，アルボインと全部族の進軍から七年目に，すでにアルボインが得ていた地域を除くと，教会は略奪され，聖職者たちは殺され，町は破壊され，麦穂のように増加していた民等は根絶やしにされた。イタリアの大部分は，ランゴバルドの得るところとなり，彼らに服属するところとなった。

関係の有無を証言する資料はないようである。したがって，ここではイタリアの住民から見た「異国人」として，ランゴバルドが捉えられているとみなし，(2)の意味で訳した。

第Ⅲ巻

1. ランゴバルドの諸公が略奪のためにガリアに侵入したこと。彼らの来襲を福者ホスピティウスがだいぶ前から予言していたこと。

さて、ランゴバルドの公の何人かは、強力な軍を率いてガリアへ侵攻した[1]。神の人であるホスピティウス[2]は、ニケア〔ニース〕に隠棲していたが、聖霊によって啓示を受け、彼らの襲来をだいぶ以前から予知していた。そしてどんな災いが迫っているかを、この都市の住民たちに予言した。というのも、その人は大いなる節制の持ち主であり、称賛すべき生を送っていたからである。彼は鉄の鎖で肉に食い込むほどに自らを縛り、その上に粗衣をまとった。食べ物としてはパンのみをわずかなナツメヤシと一緒に食すだけだった。さらに、隠遁者が食用とするエジプトの草の根が商人によって提供されていたが、四旬節にはこれを糧とするだけだった。この人物を通じて、主はかたじけなくも、大いなる御業を行われたが、そのことは、トゥロヌム〔トゥール〕の尊き司教グレゴリウスの著作に記されている[3]。

さて、その神聖なる人物は、ガリアへのランゴバルドの襲来を以下のように予言したのだった。「ランゴバルドがガリアへやって来て、七つの都市を荒廃させることだろう。それは、彼らの罪が増大しているのを、主がご覧になっているからである。というのも、あらゆる民が欺瞞に没頭し、盗みに耽り、強奪に熱を上げ、人殺しを進んで行う。彼らのあいだでは、正義の実は結ばない。十分の一税は支払われず、貧しき者は糧を施されず、裸の者は衣服をあてがわれることなく、旅人はもてなしを受けることはない。だから、このような災厄がその民にやって来ることになる。」修道士たちにも教えを与え、言った。「あなたたちもまた、自分の持ち物を携えて、その場所を離れるがよい。見よ、私の予言した民族が近づいている。」彼らが「私たちはあなたを置き去りには

---

1) 遠征が行われたのは、569年もしくは570年。
2) 聖ホスピティウスは（フランスでは Saint Sospis と呼ばれる）、エジプトの出身。6世紀の初め頃エジプトで修道僧となり、ガリアにわたってきて隠者として生活を送る。その生涯、人物像については、トゥールのグレゴリウス『フランク人の歴史』第6巻第6章を参照。580年頃ニースの近くで亡くなるが、亡くなった当時から、その生前に果たした奇蹟故に彼の墓には巡礼者が訪れた。
3) 前注を参照。

いたしません，清きことこの上ない父よ」と言えば，彼はこう告げた。「私のことは心配するな。彼らは私に対して不正を働くが，死に至る程の危害を加える事態にはならない。」

2. 福者ホスピティウスを暗殺しようとしたランゴバルドのこと。いかにして彼の右手が硬直したか，そしていかにして彼の右手がその聖人によって健康な状態に回復したか。そのランゴバルドが修道士になったこと。

　修道士たちが離れると，ランゴバルドの軍勢がやって来た。彼らは目にするものすべてを荒らし，聖人が隠遁している場所へやって来た。彼は，塔の窓越しに彼らに姿を見せた。彼らは塔の周囲を巡り，彼のいる場所へ入るための入口を探したが，まったく見つけることができなかった。彼らのうちの二人が屋根によじ登り，屋根を剥がした。そして聖人が鎖を巻き，粗衣を着ているのを見て，言った。「こいつは罪人であり，人殺しを犯した。だから，このような縛めによって束縛されているのだ。」通訳が呼ばれ，このような罰によって拘束を受けるとは，一体どんな罪を犯したのかと問い質した。そこで彼が，自分は殺人犯であり，あらゆる罪を犯していると告げた。二人のうちの一人が，彼の首を刎ねようとして剣を抜いたが，斬りつけようとして振り上げた右手はそのまま動かなくなり，再び振り下ろすこともできなくなった。彼は剣を離し，剣は地面に落ちた。

　この光景を見た兵士の同志たちは，天に向かって叫び，自分たちがなすべき事を慈悲深くも教えるように聖人に乞うた[4]。聖人は救いのしるしを与えると，固まった腕を治してやった。治してもらった男はキリスト教に帰依し，ただちに神学生に，ついで修道士となり，終生その場所で神に仕える身であり続けた。福者ホスピティウスはランゴバルドに神の御言葉を話し，その二人の指揮官は篤実にその言葉に耳を傾け，無事

---

4) 同様の話は，グレゴリウス・マグヌス『対話』第3巻第37章にも認められる。ヌルシア〔ノルチャ〕出身の聖サンクトゥルスは，自分の首を刎ねようとして，腕が動かなくなったランゴバルドの兵士を癒してやった後，「二度とその腕がキリスト教徒を殺さぬよう」誓わせた。

祖国に帰還した。しかし，ある者は彼の言葉を蔑み，他ならぬプロヴァンス地方で惨めな最期を遂げた。

3. いかにしてランゴバルドの軍勢に，パトリキウスのアマトゥスが戦争を仕掛け，いかにして彼が敗北を喫して殺され，またいかにランゴバルドが勝者として多くの略奪品をイタリアに持ち帰ったか。

 こうしてランゴバルドがガリア諸州を荒廃させていると，プロヴァンスのパトリキウスであったアマトゥス[5]は，フランク王グントラムヌスに従い，彼らに対抗する軍勢を率いた。戦いを仕掛け，敗走し，戦場で潰えた。そのときブルグンディオネス族[6]にかんしても，ランゴバルドは，戦死者の集計ができないくらい殺しまくった。そして，彼らは評価できないほど多額の戦利品で豊かになると，イタリアへ帰還した。

4. いかにしてランゴバルドが再びガリアに侵入し，パトリキウスのムンムルスによって敗北を喫したか。

 彼らが退却すると，別名ムンムルスと言ったエウニウスが，王に呼ばれ，パトリキウスの地位を報償として得た。ランゴバルドがガリアに再び侵攻し，エブレドゥヌム〔アンブラン〕の町[7]近くにあるムスティアスカルメスまで侵攻すると，ムンムルスは兵を挙げ，ブルグンディオネスと共にそこへ進んだ。ランゴバルドは軍勢に取り囲まれた。道から外れた森林地帯には丸太のバリケードを作った上で，ムンムルスはランゴバルドに襲いかかり，彼らの多くを殺した。また多くの者を捕虜とし，王グントラムヌスの許へ連行した。ランゴバルドもまた，こうしたこと

---

 [5] 本章において，作者はトゥールのグレゴリウスの記述（第4巻第42章）に負っている。グレゴリウスは彼が「パトリキウス」であると言っているが，どこを統治しているとは言っていない。実際には，アマトゥスはブルゴーニュとオルレアンを統治していた。パウルスが「プロヴァンスのパトリキウス」としたのは，彼の時代にはプロヴァンスにのみパトリキウスが存在していたからである。
 [6] レマン湖付近に住んでいたブルグンド族のこと。
 [7] 現在の南フランス，オートザルプ県のあたり。

が行われた後,イタリアへと帰還した。

5. ランゴバルドと共にイタリアに入ったサクソネスが,ガリアを略奪しながらも,いかにしてムンムルスに敗れたか。

　その後ランゴバルドと一緒にイタリアにやって来たサクソネス族が,ガリアに侵攻し,レギイ（レイイ）〔リエ〕の領内,つまりスタブロ[8]荘（Villa Stablo）に陣営を設け,近隣の都市の屋敷をかけめぐり,略奪を働き,捕虜を連れ出したり,あるいはすべてを荒廃させた。このことをムンムルスは知ると,サクソネス勢に対して兵を率いて襲いかかり,多くの者を殺した。夜が戦いを終わらせるまで,殺戮を止めることはなかった。というのも,ムンムルスは彼らが何も知らず,自身の身に起きたことを何一つ把握していなかったことを知っていたのだった。一方,朝になると,サクソネスは隊列を整え,勇敢に戦う準備をした。しかし,使者が行き来し,彼らは講和を結んだ。ムンムルスに貢ぎ物を与え,捕虜や略奪品を残し,イタリアに帰還した。

6. 他ならぬサクソネスが,妻子を伴って再びガリアに入るものの,略奪を行っているあいだに,ムンムルスに阻まれ,黄金によって自らを贖い,シギスペルト（＝シギベルト）王の許へ赴き,そこから祖国へ戻ったこと。

　こうして,イタリアに戻ったサクソネスであったが,妻子と一緒にあるいは家財道具を携えて,ガリアへ再び戻ることを企てる。それはもちろん,シギベルト王に迎えられたので,彼の支援を受けて祖国へ戻るためだった。確かに,このサクソネスはイタリアで暮らすために妻子を連れてやって来たのだが,我々が理解しているところでは,彼らはランゴバルドの命令に服従することを望まなかった。彼らは,自身の法支配の内に存することをランゴバルドから許されず,それ故に自分の祖国に戻ったのだと考えられている。この者たちはガリアに入ると,二つの

---

8)　現在の南フランス,アルプ・ドゥ・オートプロヴァンス県にある Canton de Mézel に相当すると思われる。Villa は,農耕の中心となる場所で,都市との結びつきを持っている。

楔形陣形を形成した。一方はニケアへ，他方はその年の初めに取った経路を引き返し，エブレドゥヌムに進んだ。彼らは，収穫のときだったので，麦穂を集めて脱穀し，食べ，家畜にも飼料として与えていた。家畜を泥棒することもあったが，放火することも辞さなかった。彼らがロダヌス川〔ローヌ川〕を渡り，シギベルトの国へ行こうとその岸辺へとやって来たとき，強力な軍勢を率いたムンムルスが彼らを迎え撃とうとした。ムンムルスを目にすると，サクソネスは恐れをなし，命の代償として大量の黄金を与えることによって，ロダヌス川を渡ることを許された。彼らがシギベルト王の許に到るまで，旅行中彼らは多くの者を行商を通じて騙した。その手口は銅の延べ棒を売るというものだが，この延べ棒は，どういうことか，彩色が施されており，黄金として試され吟味されたもののように見えるのである。したがって，多くの者がこの欺瞞に乗せられ，金貨[9]を与えて銅を受け取り貧乏になった。ともかく，シギベルト王のもとにやって来ると，最初に旅立った場所へ戻ることを許された[10]。

7. いかにしてサクソネスは，自分の祖国から，そこに定住していたスアウィやその他の部族を駆逐しようとして，彼らに殲滅されたか。

彼らは自分の祖国へやって来ると，上述したように，祖国がスアウィやその他の部族によって占拠されているのを見た。彼らに対してサクソネスは兵を挙げ，駆逐し，滅ぼそうとした。しかしスアウィは彼らに領土の三分の一を提供して，こう言った。「我々は一緒に生き，衝突することなく共に暮らすことができるだろう。」しかしサクソネスは，まったく平穏になることなく，スアウィは彼らに半分の領土を与えた。その後三分の二を与え，自らには三分の一しか残さなかった。それでもサクソネスは不服で，土地とともにすべての家畜を得て，やっと戦争が終わった。しかしサクソネスはこれでも満足せず，戦いを求め，戦いの前にどのようにスアウィの女たちを分配するかを取り決めた。しかし，彼

---

9) 西欧世界でも流通していたビザンティン金貨。
10) 573年。

らが思ったとおりにはならなかった。というのも，いざ蓋を開けてみるとサクソネスのうちの二万人が亡くなったが，スアウィの方は四百八十人が亡くなっただけで，残りの者たちが勝利を収めた。生き残った六千人のサクソネスは，もし自分たちが憎きスアウィに復讐を果たさなければ，髭も剃らず，髪も切らないと誓った[11]。彼らは再び戦いに赴いたが惨敗を喫し，こうして戦争から手を引いた。

8. いかにして三人のランゴバルドの指揮官，アモ，ザバン，ロダヌスがガリアに侵入したか。そして，いかにしてザバンとロダヌスがムンムルスに敗れ，いかにして三人ともイタリアに帰還することになったか。

　その後，ランゴバルドの三人の公，すなわちアモ，ザバン，ロダヌスはガリアに侵攻した[12]。アモは，エブレドゥヌムへの道を通り，マコアウィッラ[13]まで近づき，陣営を構えた。マコアウィッラは，〔フランク〕王の贈り物としてムンムルスが獲得した地であった。一方，ザバンはデア〔ディ〕を通って下り，ウァレンティア〔ヴァランス〕にやって来た。ロダヌスはグラティアノポリス〔グルノーブル〕に進んだ。そしてアモは，アレラテ〔アルル〕州を周辺の都市とともに攻略した。さらに，マッシリア〔マルセイユ〕に隣接する「ラピデウス・カンプス（石だらけの野）」[14]にまで達し，目の前にあるものを片っ端から略奪した。アクアエ〔エクサンプロヴァンス〕の包囲も準備したが，二十二リブラ[15]の銀を受け取り，その地から立ち去った。ロダヌスとザバンもまた，同様に放火や略奪によって，近づくことができる場所を壊滅させた。このことが，パトリキウスのムンムルスに伝えられると，ムンムルスは強

---

11)　少し事情は異なるものの，タキトゥスは，ゲルマニアではカッティ Chatti 族の若者が習慣として成人してから敵を一人殺すまで髭や毛髪を伸ばしたままでいることを証言している（『ゲルマニア』第 31 章第 1 節）。

12)　575 年。

13)　現在のフランスのヴァンクルーズ県，サン・サチュルナン・ダヴィニョン Saint Saturnin d'Avignon と考えられる。

14)　現在のフランスのラ・クロ La Crau であろう。

15)　1 リブラ（= 1 ローマ・ポンド）は 325 グラムに相当。

力な軍勢を率い，最初にグラティアノポリスを攻略していたロダヌスと戦い，彼の兵士の多くを殺し，ロダヌス本人をも槍で傷つけ，山々の高いところへ逃げ込むように追いつめた。そこからロダヌスは，残っていた五百人の兵士を伴って，森の中の道なき道を突破し，そのときウァレンティアを包囲していたザバンのもとにやって来て，起きたことをすべて彼に話した。二人が一緒になってエブレドゥヌムに進み，すべてを奪うと，そこでムンムルスが大軍を率いて彼らを迎え撃った。戦闘が繰り広げられ，ムンムルスはザバンとロダヌスを破った。二人は，イタリアを目指し，セクシウム〔スーザ〕に達した。当時この都市を王の命を受けて治めていたのは，シシンニウス将軍だった。シシンニウスのもとに，ムンムルスの下僕がやって来て，ムンムルスが書いた彼宛の書状を手渡し，すぐに彼はやって来るだろうと言った。これを知るや，ザバンとロダヌスはただちに自分たちの本拠地に退却した。二人の退却の知らせを聞いたアモは，すべての戦利品を集め，イタリアに帰還しようと出発した。しかし雪が妨げとなり，戦利品の大部分を後に残し，かろうじて仲間とともにアルプスの道を突破することができ，祖国にたどり着いた。

9. いかにしてフランク王アナグニスが，ランゴバルドの要塞を占拠したか。いかにしてラギロ伯がフランクのクラムニキス公に殺されたか。いかにしてそのクラムニキス公が，ランゴバルドのトリデントゥムのエウィン公に討伐されたか。

この頃，フランク族が襲来し，トリデントゥムの北，イタリアの国境に位置するアナグニス[16]の要塞が，彼らの攻撃に陥落した。このため，ランゴバルドのラガレ〔レーゲルタール，ラガリーナ渓谷[17]〕伯[18]，その名をラギロという人物がやって来てアナグニスを奪った。ラギロが戦利

---

16) 現在のイタリアのアルト・アディジェ州，ノン渓谷の町ナンノのことか。
17) 現在のイタリアのアルト・アディジェ州。
18) 原語では comes であり，イタリア語で「伯」を意味する conte の語源となった言葉。「伯」の訳語を当てたが，当時は土地の支配や称号を表すものではなかったようである。Capo は，本来軍事的な役割を表す言葉だったと推量する。

品を携えて帰還しているところ，カンプス・ロタリアニ[19]でフランクの指揮官クラムニキスに出くわし，彼によって自分の大半の兵士とともに殺された。クラムニキスは，その後間もなくトリデントゥムにやって来て，この町を荒廃させた。彼をトリデントゥム公エウィンが追い，クラムニキスをその同士もろとも殺し，すべての略奪品を奪還した。そしてフランクを駆逐し，トリデントゥムの領域を回復した。

10. フランクのシギスペルト王の死について。エウィン公の結婚について。

この頃[20]，フランク王シギベルトが，戦争していた自分の兄弟ヒルペリクスによって謀殺された。シギベルト亡き後王位を継承したのは，彼の息子で，まだ当時幼少のキルデベルト[21]とその母ブルニキルデであった。また，上述したトリデントゥム公のエウィンは，バイオアリ王ガリバルドの娘を娶った。

11. 小ユスティヌスの死について。彼が生前いかなる人物だったか。

同じ頃コンスタンティノポリスでは，上述の通り，小ユスティヌスが支配していた。彼はあらゆる貪欲に耽り，貧しき者たちを蔑ろにし，元老院議員たちの資産を奪った。彼に備わっている欲望の激烈さは相当なものであり，奪った金塊を納めるために鉄の金庫を作ることを命ずる程だった。彼はまた，ペラギウス[22]の異端に堕ちたとも伝えられている。神の命からは心の耳を背け，神の正しき裁き故に理性を喪失し，狂気錯乱に陥った。彼は自らの宮殿や個々の州を統治するために，ティベリウ

---

19) 現在のノーチェ川とアディジェ川の合流地点の辺りにある野。
20) 576年。
21) 570年に生まれた。593年には伯父のグントラムヌスの後継者としてブルグンディの王にもなるが，597年に死去。
22) 4世紀後半から5世紀初め頃のブリタニアの神学者。原罪を否定し，洗礼を不必要としたことから，ヒエロニュムスやアウグスティヌスによって反論される。ローマ・カトリック教会からは破門された。

スをカエサルとして共同統治者にした。彼は公正で，有能であり，頑健であり，賢明であり，喜捨に篤く，審判において公正で，勝利を重ねて栄光に浴し，こうしたすべての美点のなかでも際立っていることであるが，真のキリスト教者であった。彼は，ユスティヌスの集めた宝庫から多くを貧しきもののために費やしたが，そのことで皇后ソピアは彼が国家を窮乏に貶めるとしてしばしば非難した。皇后は言った。「私が長い歳月をかけて集めたものを，お前はわずかな間に濫費してしまう。」

これに対してティベリウスは言ったものである。「私は神を信じております。我々の国庫はお金が不足することはなく，貧しき者たちが喜捨を受け取ったり，俘虜を贖ったりするには十分です。これは大きな宝で，主はこう言っておられます。『汝等よ，宝は天に貯えなさい。そこでは宝が錆や虫によって朽ちることはありません。盗賊が穴を掘ったり，盗み出すこともありません。』[23] だから，主のお与えになったものをもとにして我々は宝を天に集め，主は我々のために，この世においてかたじけなくも宝を増やしてくださることでしょう。」

こうして，ユスティヌスは十一年間統治し，陥った狂気を命と共に終わらせた。パトリキウスのナルシスによって，ゴート族やフランク族相手に戦争が繰り広げられたと述べたが，それは彼の治世下のできごとである[24]。そしてついには，教皇ベネディクトゥスの時代[25]，ランゴバルドが周辺ですべてを荒らし回り，ローマが飢饉に苦しんでいたとき，ユスティヌスはエジプトから多くの穀物を船で送り，慈悲深き厚意によって救ったのだった[26]。

---

23) 『マタイによる福音書』第6章第20節。

24) 奇妙な錯誤。「パトリキウスのナルシスによって，…（中略）…それは彼の治世下のできごとである」というのは，本書第Ⅱ巻第1-2章で言われている通り，ユスティニアヌス帝の治世下のことである。Luiselli e Zanella はこの部分を本文に含めず，削除する。

25) ベネディクトゥス一世（575-579年）。

26) 579年頃。慈悲深さを証言するこの記述は，本章のユスティヌスの堕落した人物像と合致しない。この部分も，パウルスの真筆であるかどうか疑わしい。

12. ティベリウス・コンスタンティヌスの治世について。彼の善行について。神から彼に譲られた富について。

　ユスティヌスが没すると，ティベリウス・コンスタンティヌスがローマの第五十代の統治者として，皇位に就いた。上にも述べた通り，ユスティヌスの治世下カエサルとして宮殿を治め，日々多くの喜捨を施したので，主は莫大な黄金の富を彼にお与えくださった。というのも，宮殿内を歩き回っていたとき，ある部屋の床に主の十字架が刻まれている大理石板を目にした。そこで，彼は言った。「主の十字架によって，我々は顔と心とを防護する必要がある。それなのに，ほら，足でそれを踏みにじっているのだ。」こう言うが早いか，彼は板を外すように命じた。板を掘り出してそれを起こすと，その下にまた別の同じ印のついた板が見つかった。その板も外すように命じた。それを外すと三枚目の板が見つかった。彼の命令によってこの板も取り除かれると，千ケンテナリウム[27]を越える金の入った宝物庫が発見された。回収された金は，通常以上に気前よく喜捨された。

　イタリアのパトリキウスであったナルシスもまた，イタリアのある都市に大きな邸宅を所有し，多くの宝物と一緒にその都市にやって来た。そこで自宅にこっそりと大きな貯水槽を掘り，そこに何千ケンテナリウムもの金や銀を蔵した。内情を知る者たちは皆殺され，ただ一人の老人に誓いを求めた上で，この宝物を託した。ナルシスが没すると，上述の老人は皇帝ティベリウスの所にやって来て，言った。「もし，私に何か良いことをしてくださるのであれば，皇帝よ，私はあなたに重要なことを申し上げます。」これに対してティベリウスは答えた。「望むことを言うがよい。もし何かが我々にとって益になると申すならば，お前にも益があろうから。」「私はナルシスの宝物を隠し持っています。しかし，人生の終わりに来て隠し通すことができなくなりました。」そこで皇帝ティベリウスは喜んで，自らの下僕どもをその場所まで派遣した。老人は先に立って進み，彼らは呆気にとられて後に従い，貯水槽にやって来ると，覆いを取って中へ入る。その中に夥しい金銀を発見し，それは多くの日数をかけて運び出しても，空にはならない程だった。その財

---

[27] 重量の単位。一ケンテナリウムは百リブラ（ローマ・ポンド＝32.6 kg）に相当。

宝を，ティベリウスはほとんどすべて，自らの流儀によって気前よく使い，貧しき者に施した。

彼が皇帝の冠を受けようとしていて，民衆は彼が慣習に則って競技場での興行に姿を見せることを期待していると，皇太后ソピア[28]は，ユスティヌスの孫であるユスティニアヌスを帝位に就けようと陰謀を画策した。ティベリウスは最初に聖所をめぐって進み，その後にコンスタンティノポリスの総大司教を召し出し，執政官や総督たちを伴って進む。紫の装束を纏い，王冠を戴き，玉座に坐した。大いなる称賛を伴い，王権の栄光に包まれ，揺るぎない存在となった。このことを彼の敵対者たちは耳にすると，神に信頼を置いたティベリウスに対し，何ら邪魔だてを犯すことは能わず，当惑して大いなる羞恥で一杯になった。何日か過ごしてから，ユスティニアヌスはティベリウスを訪い，足下にひれ伏し，彼の好意を得るために十五ケンテナリウムの黄金を彼に差し出した。ティベリウスは持ち前の寛恕に従って，彼を助け起こし，宮殿にあって自分の補佐役になるように命じた。

しかし，皇太后ソピアはティベリウスに対して以前行った約束を忘れ，彼にだまし討ちを実行しようと試みた。皇帝の通例に倣って，ティベリウスが葡萄の収穫までの三十日を愉快に過ごそうとして別荘に向かうと，こっそりユスティニアヌスを呼び，彼を帝位に就けることを望んだ。これを知ると，ティベリウスは急いでコンスタンティノポリスに舞い戻った。そして皇太后を拘束し，ただ日々の食い扶持だけを残して，あらゆる財宝を奪った。彼女の下僕たちを遠ざけ，自分の言うことを聞くような忠実な臣下たちから改めて世話係を選ぶと，以前彼女に仕えていた者が誰一人近づくことがないようにと命じた。ユスティニアヌスについては譴責しただけに留めた。その後は，彼の息子に自分の娘を嫁がせ，彼の娘を自分の息子の嫁に求める程，ティベリウスは彼に親愛の情を示したのだった。しかし，どのような理由からか，それらの縁談は実現には至らなかった。

この人の軍隊は，彼の指揮を受けて最強となり[29]，ペルシャ軍を破っ

---

28) Luiselli e Zanella に従って，写本 Vaticanus 3852 にある通り，insidias ei praeparans の直後に Sophia Augusta を補って読む。

29) 「この人の軍隊は，彼の指揮を受けて Huius exercitus ab eo directus」とは，曖昧な

た。彼は勝者として帰還し，二十頭の象を引き連れてたくさんの戦利品をもたらした。こうして彼は，人々の欲望を満たすことができる者だと思われることとなった。

13. 皇帝がヒルペリクスに与えた金貨について。聖グレゴリウスとクラッシスの略奪について。

　ティベリウスにフランク王ヒルペリクスは，自らの使者を派遣し，彼から多くの装身具と各人1リブラの金貨を受け取った。金貨は片面に皇帝の像が描かれており，その像を取り巻くように「永遠なる皇帝，ティベリウス・コンスタンティヌスの（像）TIBERII. CONSTANTINI. PERPETUI. AUGUSTI」と記されていた。またその裏面には，四頭立ての馬車と騎手の姿が描かれ，「ローマ人の栄光 GLORIA. ROMANORUM」と刻まれていた。

　ティベリウス帝の時代，当時助祭で，のちに教皇となった福者グレゴリウスは，教皇大使となり[30]，この帝都にあって，『モラリア』なる書物を著した[31]。また，この都の司教エウティキウスが，主の復活について誤った思想を抱いていたが[32]，グレゴリウスは彼を，他ならぬ皇帝の面前で論破した。

　また同じ頃，スポレティウムの初代の公ファロアルドは，ランゴバ

表現ではあるが，「この人（の）huius」はティベリウス（もしくはユスティニアヌス），「彼 eo」はユスティニアヌスを表すと思われる。ビクラルムのヨハンネス Iohannes Biclarensis『年代記 Chronica』（Th. Mommsen, in MGH AA XI 1, Berlin 1893, p. 214）によれば，戦争後にユスティニアヌスがペルシャの領域を略奪し，多くの戦利品を持ってビザンティウムに帰還した。その戦利品には，24頭の象も含まれていたことになっている。

　30）当時のローマ教皇ペラギウス Pelagius 二世（在位579-590年）のために，コンスタンティノポリスに在留した（579-585年）。ペラギウス二世の後任として，教皇となった（590-604年）。グレゴリウス一世については，本巻第24章も参照。

　31）ここで言及されている書物は，『ヨブ記注解 Expositio in Job』であり，『モラリア Moralia』の名でよく知られている。なお，ベーダ Beda『大年代記』（Chronica Maiora, ed. Th. Mommsen, in MGH AA XIII 2, Berlin 1895, p. 308）によれば，ビザンティウムにいた頃に起筆し，ローマにて595年に完成させた。

　32）エウティキウスは，コンスタンティノポリスの総大司教。Capo によれば，彼は復活に際してキリストの肉体には，触れることができないと考えた。

ドの軍勢を従えてクラッシス〔クラッセ〕[33]に侵攻し，あらゆる富を奪い，裕福だったこの都市を身ぐるみ剥いだ。

14. 総大司教プロビヌスの死とその後継者ヘリアスについて。

　一方アクイレイアでは，一年教会を指揮した総大司教のプロビヌスが没し[34]，ヘリアス[35]がこの教会の総大司教に任ぜられた。

15. 皇帝ティベリウス・コンスタンティヌスの死とマウリキウスの治世について。

　ティベリウス・コンスタンティヌスは七年間統治した後，自身に死期が迫っていることを悟ると，皇太后ソピアの意見に同意して，マウリキウスを皇帝に選出した[36]。マウリキウスはカッパドキアの出身で，精力的な人物だった。ティベリウスは自分の娘を皇帝の装飾品で飾り，彼女を彼に娶せた。そして言う。「この娘と共に，我が帝位をあなたに委ねます。恵み深くこの統治権を行使し，公正と正義を愛するよう心がけなさい。」

　このように述べて，この世を後にし永遠の国へと渡ったが，その死を悼む民には大いなる悲しみを残した。というのも，彼は最高善の持ち主であり，喜捨には躊躇なく，裁判においては公正で，判断においては極めて慎重であり，誰をも蔑ろにせず，あらゆる人々を厚意をもって迎え入れ，あらゆる人を愛し，彼自身もまた誰からも愛された。彼が亡くなってから，マウリキウスは紫の装束を身につけ，王冠を戴き，競技場へと向かった。彼は称賛を浴び，人々には贈り物を惜しみなく与え，ギリシアの出自を持つ最初の人物として統治権を確立した。

33）　クラッセは，ラヴェンナから五キロ離れた軍港。
34）　本書第Ⅱ巻第 25 章を参照。
35）　総大司教在位，571-587 年。彼は司教座を正式にアクイレイアからグラードに移した。
36）　582 年 10 月 13 日。

16. アウタリが王位に就いたこと。彼の治世にどれ程王国が安全であったか。

　一方，ランゴバルドは十年間にわたって諸公の下に治められていたが，ついに全体の同意によって，先に名前を挙げた君主クレフォ[37]の息子であるアウタリを王位に就けた[38]。権威づけのためにも，彼にフラウィウスの称号を与えることにした。以後ランゴバルドの王になった者は，喜んでこの名前を用いた[39]。彼の時代に，王位の復興を理由として，当時公だった者は，自らの財産の半分を王家の出費のために寄付した。これは，王自身が暮らして行くための予算源，また王のお付きの者，様々な務めを全うするため王に奉仕する人たちを抱える予算源を，確保することが目的だった。しかし被征服者たる民は，移住してきたランゴバルドの間で配分された。ランゴバルドの統治においては，この配分は驚くべきことであった。というのも，何ら暴力を伴わず，また陰謀も企てられなかったからである。誰も他人から不正に徴発することはなく，誰も略奪を行わず，窃盗も強奪もなく，誰でも好きなように，安全に暮らしていた。

17. キルデベルトゥスがイタリアに侵入したが，講和をなして帰国したこと。

　この頃[40]，皇帝マウリキウスはフランク王のキルデベルトに五万ソリドゥスを，自らの使者を通じて送ったが，それは王が軍を率いてランゴバルドを襲い，彼らをイタリアから追い出すことを目的としていた。キルデベルトはフランクの大軍を率いて，突如イタリアに侵攻した。ランゴバルドは都市に結集して自衛を試み，使者が両軍のあいだを行き来し，貢ぎ物がもたらされた。こうして，彼らはキルデベルトと講和し

37）　本書第Ⅱ巻第31章参照（「クレフ Cleph」と称されている）。
38）　584年頃。
39）　フラウィウスはローマの氏族名であり，1世紀のローマ皇帝ウェスパシアヌスおよびその息子で，やはり皇帝となったティトゥス，ドミティアヌスはフラウィウス氏に属していた。フラウィウスの名は，過去に東ゴートや西ゴートのあいだでも，権威づけ，ローマとの結びつきのために用いられた。
40）　583年もしくはその翌年。

た。フランク王がガリアに戻ると、マウリキウス帝は王がランゴバルドと盟約を結んだことを知り、ランゴバルドを破滅させるために送った資金の返還を求めた。しかし、王は自らの力に自信を持っていたので、この要求に返答することすらなかった。

18. ブレクシッルスの戦いについて。ドクトゥルフス（＝ドロクトゥルフト）公の退却について。

かくして、王アウタリはパドゥス川の畔に位置する都市、ブレクシッルス〔ブレシェッロ〕[41]を攻略し始めた。この都市には、ドロクトゥルフト公がランゴバルドを避け、皇帝派に身を寄せていたが、軍事支援を受け、ランゴバルド軍に勇敢に抵抗した。彼はスアウィ族、すなわちアラマンニ族の出身であったが、ランゴバルドのあいだで育った。彼は身体に恵まれていたので、公の地位を獲得していたが、かつて捕虜とされたことの復讐の機会を得たので[42]、このときランゴバルドの軍勢に抵抗したのだった。ランゴバルドは、彼に対して苛酷な戦争を行ったが、やっとのことで彼とその援軍を破り、ラウェンナに退却するよう強いた。ブレクシッルスは陥落し、その城壁もすっかり破壊された。この後、王アウタリは、ラウェンナを治めていたパトリキウスのスマラクドゥスと三年に及ぶ講和条約を結んだ。

19. ドクトゥルフス公の死について。いかになる墓碑銘によって、彼が讃えられているか。

ラウェンナの軍勢〔東ローマ帝国の軍〕は、しばしば上述のドロクトゥルフトを支えとして、ランゴバルドと戦った。彼らは軍船を建造し、クラッシスを占拠していたランゴバルドを、ドロクトゥルフトの援助を得て駆逐した[43]。そこで彼が最期を迎えたときに、立派な墓所を殉

---

41) 現在のレッジョ・エミリア県の町。
42) Gasparri (p. 54, n. 48) は、ドロクトゥルフト自身が捕虜だったというよりも、捕虜の子孫だったと考えられるとしている。
43) クラッセは当時、ランゴバルドのスポレート公ファロアルドによって占拠されてい

教者聖ウィタリス教会[44]の敷居に寄贈し，以下のような墓碑によって彼に対する称賛を築いた。

 ドロクトンは，この墓所に閉じこめられている。とはいえ，それは亡骸のみ。
 なぜならば，彼自らの功績故に全世界に生きているから。
 彼は〔ランゴ〕バルドとともに暮らしたが，それは彼がスアウィ族だったから。
 そしてあらゆる民にとって好ましかった[45]。
 見た目は恐ろしいが，心は慈悲深く，
  頑丈な胸にまで長い髪が伸びていた。
 彼は常にローマの，帝国の紋章を愛し[46]，
  自らの民に対して，略奪者として近づいた。
 私たちを愛する間，肉親を侮蔑し，
  この国，ラウェンナを，自分の祖国と考えた。
 この者の最初の栄光は，ブレクシッルスを奪ったことにあり，
  その地を本拠地として，あらゆる敵に対して脅威となった。
 その地にあって権勢を揮い，ローマの軍旗を助け，
  キリストは彼が先頭に立って幟を手にすることを許した。
 その後もまたファロアルドがクラッシスを占拠している間，
  クラッシスを解放しようとして，艦隊[47]によって軍備を整えた。
 わずかな船でバドリヌス川[48]で戦い，
  多くのランゴバルドの軍勢を破った。

た（本巻第13章参照）。この奪還は585-586年頃と思われる。
 44）525年に着工され，547-548年頃に聖別された。ユスティニアヌス一世やテオドラ皇妃を描いた有名なモザイク壁画でも知られる。以下に言及されている碑文は残っていないが，Parisinus 528（10世紀）とPalatinus 833（9-10世紀）の二つの写本がこれを伝承している。
 45）「好ましい」は，原語でsuavis（スアウィス）であるが，これは直前の行の「スアウィ族（Suavi）」にかけた言葉遊びである。
 46）東ローマ帝国に従ったことを意味する。
 47）「艦隊」は，原語でclassibus（クラッシブス，代表形となる単数主格はクラッシス）であるが，これは直前の「（地名）クラッシスを（Classem）」にかけた言葉遊びである。
 48）ポー川河口の三角州で分岐する川の一つで，ラヴェンナを通過する。

そして再び東の地でアウァレス族を破り，
　自分の仕える君主たちにこの上ない栄光をもたらした。
殉教者ウィタリスの加護を受けて，勝者として
　その凱旋式へとしばしば歓喜して向かった。
そのウィタリスの聖堂に自分の肉体を横たえることを望み，
　自分が死後にこの場所を墓所として得ることになるよう命じた。
彼は，死に際してこのことを祭司ヨハンネス[49]に求め，
　その敬虔なる愛によってこの土地に戻ってきた。

20. ペラギウスの教皇在位と総大司教ヘリアスの謬説について。
　そして，教皇ベネディクトゥスの後，ローマ教会の教皇としてペラギウス[50]が皇帝の命令なしに任命されたが，それはランゴバルドがローマの周囲を封鎖していたからであり，誰もローマから出ることはできなかったからだとされている。このペラギウスは，カルケドン公会議の「三章書」を受け入れることを拒んだアクイレイア総大司教ヘリアス[51]に，たいそう有益な書簡を送った。この手紙は，当時助祭だった聖グレゴリスが記したものである[52]。

---

49)　ラヴェンナ司教（578-595年）。本巻第26章も参照。
50)　ペラギウス二世（579-59年）
51)　本巻第14章を参照。
52)　ネストリウス派と見なされていたモプスエスティアのテオドロス，キュロスのテオドレス，エデッサのイバスの三人の教説を，便宜上「三章書」と言う。彼らの説はカルケドン公会議（451年）において認められたが，543-544年にユスティニアヌス帝は単性論を擁護する立場から「三章書」を異端と断じ，皇帝は当時の教皇ウィギリウス（537-555年）をローマからコンスタンティノポリスに召喚し，拘束した。553年のコンスタンティノポリス公会議の審議を受けて，同教皇に「三章書」が異端であることを認めるよう強要したので，カルケドン公会議を尊重する西方地域（アフリカ，イリュッリア，ダルマティア，イタリア北部）の教会の反発を招いた。また，これによってローマ教会の権威は失墜し，ミラノは6世紀終わりまで，アクイレイアは7世紀の終わりまでローマ教会から分離することになった。

21. ヒスパニア人に対するキルデペルト（＝キルデベルト）の戦争とイングンディスの死について。

　その間，フランク王キルデベルトは，ヒスパニア人[53]を相手に戦争を行い，彼らを兵力によって破った[54]。この戦いの原因とは，以下のようなものである。王キルデベルトが自分の姉妹イングンディスを，ヒスパニアの王レウィギルドゥス[55]の息子ヘルミニギルドゥスに娶せた。このヘルミニギルドゥスは，ヒスパリス〔セビリア〕の司教の教えと妻の勧めによって，自分の父を迷わせていたアリウスの異端派から正統派の教えに改宗した。不敬なる父は，息子をこともあろうに聖なる復活祭の日に，斧で打って殺害した。イングンディスは，夫であり殉教者である人の死後，ヒスパニアを離れガリアに戻ろうとしていたところ，ヒスパニア・ゴート族に対して国境を守るべく駐屯していた〔東ローマの〕兵士たちの手に落ち，幼き我が子とともに囚われの身となった。彼女はシチリアに送られ，そこで最期を終えた。しかし，息子はコンスタンティノポリスの皇帝マウリキウスの許に移送された。

22. イタリアにやって来たフランク軍について。フランク軍が成果なく帰国したこと。

　皇帝マウリキウスは再びキルデベルトに使者を派遣し，イタリアのランゴバルドに対して軍を送るよう説得した。キルデベルトは，そのとき自分の姉妹がコンスタンティノポリスで生きていると考えていたので，彼女を取り戻そうとしてマウリキウスの使者を歓待し，再びランゴバルドに対してフランクの軍勢をさし向けた。しかし，彼らに対してランゴバルドが軍備を急いで整えている間，フランク族とアラマンニ族がお互いに不和に陥り，何の益を得ることもなくそれぞれの国に戻ってしまった。

53）　あとにもあるように，イベリア半島にいた（西）ゴート人。
54）　585 年頃。
55）　在位 568-586 年。

23. 洪水について。聖ゼノ教会で起きた奇跡について。

　その頃[56]、ウェネティアとリグリアの国々、その他のイタリアの諸州で洪水が生じたが、それはノアの洪水以来なかったと思われる規模のものだった。地所でも屋敷でも地滑りを起し、生きとし生ける者のあいだに一様に多大な犠牲が出た。道路は破壊され、道は水に浸かり、アテシス〔アディジェ〕川は氾濫し、ウェロナの城壁の外にあった殉教者聖ゼノの教会堂の周囲では、水が上部の窓にまで及ぶほどだった。もっとも、のちに教皇になった聖グレゴリウスも記しているように[57]、その聖堂の内部にはまったく水が入ることはなかった。ウェロナの町の城壁も、ある部分では氾濫のために、破壊された。この氾濫が起きたのは、十月十七日である。しかし、夏にも滅多にないほどに、稲妻や雷鳴が起きたのである。この二か月後には、同じウェロナの町の大半が火事によって燃えた。

24. 聖グレゴリウスの教皇在位とその当時にローマで起きた大量死について。

　この洪水において、ローマの町ではティベリス〔テヴェレ〕川は増水し、その水は町の城壁を越え、町の大部分を占めることになった。そのとき、川を多数の蛇と共に、驚くべき大きさの龍が泳ぎ、町を通って海まで下って行った。間もなくこの河川の氾濫に続いて、疫病が猖獗を極めた。これは、「イングイナリア（鼠蹊部病）」と呼ばれる。この疫病は多くの人々を死に至らしめ、数え切れない程いた人口のうち、辛うじてわずかな数だけが生き残った。病は、最初尊者たる教皇ペラギウスを襲い、すぐにその命を奪った[58]。ついで司教が没し、人々のあいだにも広がる。この災いにあって、聖グレゴリウスは——当時助祭であったが——満場一致で教皇に選ばれた。彼は「七形の連祷」をなすように命じ、彼らが神に祈っていた一時間のうちに、突如八十人が地面に倒れ、息を引き取った。

---

56) 589年。
57) 『対話』第3巻第19節。
58) 590年。

「七形の連祷」と呼ばれるのは，すべての市民がグレゴリウスによって，神に祈るために七つに分けられたからである。最初の集団にはすべての聖職者が含まれ，第二の集団には修道士とともに修道院長が，第三の集団には女子修道院長とその配下にある者たちが，第四の集団には子供が，第五の集団にはあらゆる世俗信者たちが，第六の集団にはあらゆる寡婦たちが，第七の集団には結婚した女たちが属した。しかし，聖グレゴリウスについては，もうこれ以上語るのは控えよう。というのもすでに何年も前に，彼の生涯については，神の御加護を受けて，まとめたからである。この伝記のなかに，語るべきことは——もともと微力ながらもそれが及ぶ限り——すべてを記した[59]。

25. いかにして聖グレゴリウスがアングリ人を改宗させたか。

この頃聖グレゴリウスは，アウグスティヌス，メッリトゥス，ヨハンネスをその他の多くの神を畏れる修道士たちと一緒に，ブリタニアに派遣し，彼らの教えによってアングリ（ブリタニアの住民）をキリスト教に改宗させた[60]。

26. 総大司教ヘリアスの死，セウェルスの総大司教在位，彼の謬説について。

この頃アクイレイアの総大司教ヘリアスが，十五年間その地位にあった後亡くなり，セウェルスが後任を引き継いだ。ラウェンナからグラドゥスにやって来たパトリキウスのスマラクドゥス[61]は，自らの権限でセウェルスを連れ去り，彼をヒストリアからやって来た三人の司教同様，不法にもラウェンナへ連れていった。その内訳は，パレンティウム〔パレンツォ〕のヨハンネス，セウェルス，ウィンデミウスであり，さ

---

59) 『ローマ教皇聖グレゴリウス伝 Vita beatissimi Gregorii papae urbis Romae』のこと。

60) 教皇は，596年にこの宣教に旅立ち，フランク王国から妃を迎えていたケントの王エテルベルトに歓迎され，一定の成果を収めた。しかしブリタニアの決定的かつ完全な教化には，なお歳月を要し，667年に教皇聖ウィタリアヌスによる宣教を待たねばならなかった（本書第V巻第30章参照）。

61) 本巻第18章参照。

らに教会の守護者[62]にしてすでに老境にあったアントニウスだった。スマラクドゥスは彼らに追放刑をちらつかせ，暴力を加え，ラウェンナ司教ヨハンネスと聖体拝領をすることを強いた。このラウェンナ司教は，「三章書」[63]を異端視する者であり，教皇ウィギリウスもしくは教皇ペラギウスのときにあって，ローマ・カトリック教会から袂を分かった人物だった[64]。

　一年が過ぎ，ラウェンナからグラドゥスに彼らは戻った。しかし民衆は彼らと聖体拝領をすることを望まず，また他の司教たちも彼らの復帰を認めなかった。パトリキウスのスマラクドゥスは，悪魔に取り憑かれたのも当然の報いだったが，パトリキウスのロマヌスを後継者として受け入れると，コンスタンティノポリスへと戻った[65]。これらのできごとの後，十人の司教による公会議がマリアヌス〔マラーノ〕[66]で行われ，そこでアクイレイア総大司教セウェルスの復帰は受け入れられた。セウェルスは，ラウェンナで「三章書」を否定する者と交流した自らの過ちを記した書を著した。この分裂（シスマ）から我が身を遠ざけた司教の名前は，以下の通りである[67]。アルティヌムのペトルス，コンコルディアのクラリッシムス，サビオネ[68]のインゲヌイヌス，トリデントゥムのアグネッルス，ウェロナのユニオル，ウィケンティアのホロンティウス，タルウィシウムのルスティクス，フェルトリア〔フェルト

---

　62)　「守護者 defensor(e)」は，司教と共に教会財産の経済的運営に当たり，法律問題全般で教会を代表する世俗信徒。

　63)　本巻第 20 章参照。

　64)　Capo によれば，ラヴェンナ司教がローマ・カトリック教会から分離しようと思ったことはなく，またペラギウス以降の教皇らは「三章書」排斥の立場をとっている。どうもパウルス自身は「三章書」容認の立場をとっているように，あるいはそのような立場の史料を用いているように思われる。

　65)　スマラクドゥスの更迭は 589-590 年頃。

　66)　タリアメント川とイゾンゾ川のあいだにある潟湖（せきこ）をマラーノ潟と呼ぶが，ここに面する現在の Marano Lagunare のことか。590 年に開催。なお，この公会議の議事録は残っていないが，Capo によれば，ヴェネツィア司教らがマウリキウス帝に宛てた書簡のなかでそのことは確認できる。

　67)　パウルスは，公会議の出席者を 10 人と言っているが，以下に名前が挙がっているのは，「分裂から我が身を遠ざけた人」12 人に加えて「総大司教と一緒に聖体拝領に与った」5 人である。公会議にこそ出席はしなかったが，自分の立場を表明した人がいたことを意味するのだろう。

　68)　現在のブレッサノーネ（ブリクセン）近く。

レ〕のフォンテイウス，アキルム〔アゾロ〕のアグネッルス，ベッルヌム〔ベッルーノ〕のラウレンティウス，ユリウム〔ズリオ〕のマクセンティウス，ポラ〔プーラ〕のアドリアヌス。一方，総大司教と一緒に聖体拝領に与った司教は，以下の通りである。セウェルス[69]，パレンティウムのヨハンネス，パトリキウス[70]，ウィンデミウス[71]，ヨハンネス[72]。

27. アウタリ王がヒストリアに派兵したこと。フランキオについて。

この頃[73]，王アウタリはヒストリアに軍勢を送った。この軍勢の指揮官を務めたのは，トリデントゥム公エウィンであった。彼らは略奪と放火の後，一年間の講和を結び，多額の賠償金を王にもたらした。その他のランゴバルドたちは，コマキナ島[74]の司令官フランキオを包囲した。フランキオは，この時までナルシス派に属し，すでに二十年間にわたってコマキナ島に居続けていた。彼は六か月の包囲の末，ランゴバルドに島を明け渡し，彼自身は望み通りに王によって解放され，妻や家財道具と共にラウェンナに逃げ去った。この島には，多くの富が発見されたが，それらは諸都市からこの島に委託されたものであった。

28. アウタリ王が，いかにキルデペルトの姉妹に求婚したか。

一方，王フラウィウス・アウタリは，キルデペルトに使節団を派遣し，彼の姉妹を自分の結婚相手に求めた。キルデペルトは，ランゴバルドからの貢納品を受け取り，彼らの王に自分の姉妹を与えることを約束した。にもかかわらず，ゴートの使者たちがヒスパニアからやって来ると，その同じ姉妹を彼らに約束した。それというのも，ゴート族が正統

---

69) テルゲステ〔トリエステ〕のセウェルス。
70) アエモナのパトリキウス。
71) キッサのウィンデミウス。
72) ケレイアのヨハンネス。
73) 年代は諸説あるが，580年代の後半らしい。
74) コモ湖のなかにある島。現在はコマチーナと呼ばれる。

派信仰に改宗したことを知ったからである[75]。

29. いかにフランクがイタリアに侵入し，ランゴバルドに敗れたか。

　この間，フランク王は皇帝マウリキウスに使節団を送ることにして，それ以前には差し控えていたが，今この時点でランゴバルドに対する戦争を引き受け，皇帝の意図に沿ってイタリアからランゴバルドを駆逐するつもりであることを伝えるよう命じた。フランク王は躊躇なく，自らの軍勢をランゴバルド討伐のためにイタリアに派遣した[76]。これに対し，王アウタリとランゴバルドの軍勢は遅滞なく進軍してフランク軍を迎え討ち，自由のために勇敢に戦った。この戦闘でランゴバルドは勝利を得て，フランクは惨敗し，少なからぬ者が捕虜となり，大多数の者も退却中に総崩れとなり，命からがら祖国に戻った。フランク軍の犠牲は，これまでの他の戦闘で伝えられていない程に大きなものとなった[77]。実に驚くべきことだが，ランゴバルドについて記述しているセクンドゥスの『歴史』において，フランクの敗北にかんして上述したことがほぼ同じ言葉で記されているのを読みとることができるのに，ランゴバルドのこれ程の大勝利については何も言っていないのである。

30. いかにアウタリ王がバイオアリアに，自分の花嫁を見るために赴き，いかに彼女を妻として迎え入れたか。

　その後，王フラウィウス・アウタリはバイオアリア〔バイエルン〕に使者たちを派遣し，王ガリバルドの娘を自分の妻に求めようとした。ガリバルドは使者たちを厚遇し，自分の娘テウデリンダをアウタリに与えることを約束した。使者たちがこのことをアウタリに伝えると，彼は自

---

75) レウィギルドゥスの息子にして，王位継承者であるレッカレドゥスの改宗を意味する。当時ランゴバルドはアリウス派を信仰していた。
76) 588 年のできごと。
77) トゥールのグレゴリウスも，この敗北がフランクにとって空前絶後のものだったと言っている（『フランク人の歴史』第 9 巻第 25 章）。

分で花嫁となる女性を見てみたいという気持ちになり，少数のしかし俊敏なる者をランゴバルドから選び出して，自分に対して忠実なることこの上なく，またほとんど長老格ともいえる人物を伴って，すぐにバイオアリアへ向かった。ガリバルド王の謁見に与ると，外交の礼節に従って招き入れられ，くだんのほとんど長老格としてアウタリと同行していた人物が，作法通り，挨拶に引き続き言葉を掛けた。アウタリは，バイオアリアの民の誰一人彼のことを知らなかったので，王ガリバルドに歩み寄り，こう言った。「我が主君アウタリは，あなた方の娘，彼の花嫁，我々の王妃となる方にお目にかかるべく，そして彼女のお姿がいかなるものかを主君にしかとお伝えできるよう，私を派遣しました。」

　王はこれを聞いて娘に来るように命じると，娘はたいそう美しい姿であったので，アウタリは彼女を見つめて無言のままに良いと思った。すべての点にわたって，彼には彼女がいたく気に入り，王に言った。「御息女に然るべくして我々の王妃になっていただけるよう，御本人に直接お目にかかったのでありますから，もしあなた方が良いと思われるならば，将来も我々にそうしていただけますよう，御息女の御手から葡萄酒の杯を受けることを望んでおります。」そして，王ガリバルドが求めに応ずるよう娘に頷くと，彼女は葡萄酒の杯を受け取り，最初に年長者と思われる者に酒を注ぐ。それから，本当の結婚相手だとは知らないが，アウタリに酒を手渡した。彼はそれを飲み干し杯を返したあと，誰に見とがめられることもなく，彼女の手に指で触れた。そして，右手で自らの額から始まり，鼻や顔を撫でた。王女は恥ずかしさで一杯になると，このことを乳母に告げた。乳母は言った。「もしそのお方が王であり，婿様でないならば，決して姫様に触れることはございません。しかし，このことがお父上に気付かれないよう，暫くは黙っておりましょう。実際，彼こそが王権を掌握し，姫様との結婚によって結ばれるに相応しい人物です。」

　一方，アウタリは若さの盛りであり，身の丈も立派であり，金髪が豊かで，外観の点で申し分なかった。彼はバイオアリ王に暇乞いをすると，ただちに帰国すべく道を急いだ。そして，ノリクムとの国境から遠ざかった。さて，バイオアリ族が住むノリクム地方は，東においてはパンノニアに，西においてはスアウィアに，南においてはイタリアに，北

においてはドナウ川の流れに隣接していた。そこで，アウタリはすでにイタリアとの国境のあたりにやって来て，彼を案内していたバイオアリ人がまだ一緒にいるときに，皆の先頭にあって，騎乗していた馬からできる限り高く身体を起こし，携えていた小さな斧を全力で投げて，近くの木に突き刺した。そして突き刺したままに放置し，その上このように言い放った。「アウタリは，いつもこのように傷を与えるのだ。」彼がこう言うと，同行していたバイオアリ人は，彼が王アウタリ本人であることを悟ったのである。

こうして，それから間もなく，フランク人の攻撃故に，王ガリバルドに混乱が押し寄せたので，彼の娘テウデリンダは，兄弟グンドアルドと一緒にイタリアに逃げ，許婚であるアウタリに自分が到着したことを報せた[78]。ただちにアウタリは，婚礼を行うべく賑々しい行列を伴って彼女を出迎え，ウェロナの北に位置するサルディスの野へと赴き，五月十五日に皆の祝福を受けて彼女を娶った[79]。

さてその婚礼の折，そこに他のランゴバルド諸侯のあいだに，トリノの君主アギルルフがいた。婚礼の最中天気が崩れて，王宮の生け垣にあった一本の樹木を，大いなる雷鳴を轟かせ，稲妻が打った[80]。アギルルフは身内に占い師の少年を抱えていたが，この者は悪魔の術によって，稲妻がどんな未来を示しているかを理解した。アギルルフが憚りのため中座したとき，占い師は彼に耳打ちした。

「我らの王に嫁いだばかりのあの方は，程なくあなた様の妻となりましょう。」

これを聞くと，アギルルフは，もしこの件にかんしてこれ以上何か言おうものならば，首を切り落とすぞと脅した。しかし，占い師は言った。

---

78) アウタリは，グンドアルドをアスティの公とした（本書第Ⅳ巻第 40 章参照）。
79) 589 年のできごと。「サルディスの野」が現在のどの地名に相当するのかは不明。
80) 雷鳴に打たれた樹木が何を意味するのかは不明。ただ，それが何らかの神意の表徴であり，また不幸の先触れであることは，ウェルギリウス『牧歌』第 1 歌 16-17 行でも言われている（「しばしばこの不幸を我々に──ああ我が精神がまともだったならば（気付いたのに）──天（の雷）に打たれたカシワが予言したのを私は思い出す」）。

「あなた様は，私を殺すことはお出来でしょう。しかし，運命は変えられません。なぜなら，あの方はまさにあなた様と婚姻によって結ばれるべくして，この国へとやって来たのですから。」

彼の言ったことは，後にその通りに実現したのである。このとき，理由は不明であるが，アウタリ王の親族，アンスルがウェローナで殺害された[81]。

31. 再びフランク軍がイタリアにやってきたこと。赤痢病が彼らを襲ったこと。彼らの帰国について。

この頃，フランク王キルデベルトの使者，グリッポがコンスタンティノポリスから戻って来た。そして，自らの王に，いかに皇帝マウリキウスに丁重にもてなされたかを，自分がカルタゴで受けた不当な仕打ちに対し，キルデベルト王の思い通りに処罰がなされるよう，皇帝が約束したことを報告した[82]。ただちにキルデベルトは，再びイタリアにフランクの軍隊を二十人の指揮官とともに派遣し，ランゴバルドを撃退しようとした。これらの指揮官の中でもアウドゥアルドゥス，オロ，ケディヌスが抜きん出ていた。

しかし，オロはビリティオの要塞〔ベッリンツォーナ〕に不用意に近づいたとき，乳の下を投げ槍で傷付けられ，倒れ，亡くなった。残ったフランク族が略奪の目的で出陣すると，ランゴバルドが突如現れる。フランク兵があちらこちらに分散しているのを見るや，彼らを打ち倒し始めた。そして実際アウドゥアルドゥス他六人のフランクの指揮官たちは，メディオラヌムにやって来て，町からやや離れた野に陣営を設け

---

81) アンスルについては，ここで言われている以外のことは不明。

82) 590年の出来事。ビザンティン帝国と同盟を結ぶために，グリッポは外交使節として派遣されたが，その途上に帝国領内のカルタゴに立ち寄った。随行した一人の下僕が窃盗と殺人を犯したため，現地の治安部隊がフランクの使節団の駐留する宿舎を包囲し，全員に武器を放棄して外に出るように呼び掛けた。事情のよくわからないまま，外に現れた使節団のうちの二人が殺される事態となった。このためグリッポは激怒し，同盟破棄も辞さないという強硬姿勢を示したところ，皇帝マウリキウスが人的犠牲に対する賠償責任を認めた（トゥールのグレゴリウス『フランク人の歴史』第10巻第2-3章参照）。

そこへ皇帝の使者たちがやって来て，彼らの援軍となる軍勢が近づいていることを伝え，また次のようにも言った。「三日後に我々はこの軍勢と共にやって来る。その合図は，こうだ。あなた方は，山の上にあるこの村の家が燃え火事の煙が天に昇るのを見たら，私たちが約束した兵を率いて到着したと思うがよい。」しかし，フランクの指揮官たちは六日間ずっと待ってから，皇帝の使者たちが約束した軍隊は誰一人来ないと考えた。ケディヌスは十三人の指揮官と共にイタリアの東側を攻撃し，五つの砦を手に入れた。ケディヌスはこの砦から服従の誓いを求めた。フランク軍はウェロナまで到達し，講和のために服従の誓いを受けた後にも，極めて多くの要塞都市を破壊した。これは住民たちが，彼らから欺瞞を受けることを予想しておらず，彼らを信用したためであった。フランク族がトリデントゥム地方で破壊した要塞の名前は以下の通りである。テサナ〔テジモ（ティゼンス）〕，マレトゥム〔マレ〕，セルミアナ〔シルミアン〕，アッピアヌム〔ホーフ・エッパン〕，ファギタナ〔ファエード〕，キンブラ〔チェンブラ〕，ウィティアヌム〔ヴェッツァーノ〕，ブレムトニクム〔ブレントニコ〕，ウォラエネス〔ヴォラーノ〕，エンネマセ〔ノイマルクト〕，アルスカ〔ヴァル・スガーナ〕の二つの要塞，それにウェロナの一つの要塞である。これらの要塞が破壊されると，住民たちは皆捕虜として連行された。だがフェッルゲの要塞[83]については，サビオネのインゲヌイヌス司教[84]，トリデントゥムのアグネッルス司教の調停によって，この要塞と引き替えに，市民一人あたり一ソリドゥスずつ，計六百ソリドゥス支払われた。
　この間，季節が夏であったので，不慣れな気候に因って健康を害し，フランク軍は赤痢の病にひどく苦しめられることとなった。この病によって彼らのうちの極めて多くの者が亡くなった。さて，これ以上何を付け加えることがあろう。三か月の間フランク軍は，イタリア中をさまよい，何も利するところはなかったし，敵は極めて堅固な場所に籠ったので，報復を行うこともできなかった。報復すべき相手であるランゴバルドの王は，ティキヌムの城壁の中にいたので，攻めることはできな

---

83) 現在の Doss Trento（トレントの市を見下ろす丘）のことか。
84) 本巻第26章参照。

かった。そして上述のように，気候の苛烈さによって身体が弱り，飢えのために苦しめられたこともあり，フランク軍は自分たちの国へ戻ることを決意した。彼らは，祖国に戻る際飢えによる困窮を味わい，故郷の土を踏むまでに自分たちの服を，さらに武器までも手放す破目になった。

32. いかにして，アウタリ王がベネウェントゥムにやって来たか。

アウタリ王について言われている出来事があったのは，この頃と考えられている。すなわち伝承によると，他ならぬこの王がスポレティウムを通ってベネウェントゥムに到達し，この地方を手に入れ，レギウム〔レッジョ・ディ・カラブリア〕に至るまで，すなわちイタリア半島の南端で，シチリアに近接している都市まで巡ったとされているのである。そしてその同じ時に，海の中にある柱が立てられたと言われている。王はその柱まで馬に乗ったまま近づき，柱を自らの槍の穂先で突くと，こう言った。「ランゴバルドの領土はここまで延びるであろう。」この柱は今日に至るまで残り，「アウタリの柱」と称されているとのことである。

33. ベネウェントゥムの初代の公，ゾットについて。

一方，ベネウェントゥムにおける最初のランゴバルドの君主は，ゾットと言い，彼は二十年間にわたってこの地を統治した[85]。

34. いかにしてアウタリ王はグントラムヌスに使節を派遣したか。グントラムヌスが見た不思議な幻影について。

その間，アウタリ王は講和の言葉を託して使節を，フランク王グント

---

85) ゾットについては，本書第Ⅳ巻第18章で亡くなったことが言及されているが，それ以外のことは不明。没年が590年頃だとすると，570年頃にはすでにベネヴェントの支配者になっていたはずである。

ラムヌスの許に送った。グントラムヌスはキルデベルト王の伯父であった。使者たちは彼から歓待を受けたが，その兄弟方の甥にあたるキルデベルトの許に送られた。これは，キルデベルトの承認を受けて，ランゴバルドとの間に講和が締結されるためであった。上述のグントラムヌスは平和的な王であり，あらゆる善良さにおいて秀でていた。彼のとても驚くべき行いを一つ，この歴史書に簡潔ながら挿入しておきたい。というのも，特にこの話は，フランクの歴史書に全く含まれていないからである。

さてグントラムヌスは，あるとき森へ狩に出かけた。いつものように，御付きの者たちがあちらこちらを駆け巡っているとき，彼は一人の最も忠実な臣下と留まっていたが，強い睡魔に屈して，彼の忠実なる家臣の膝を枕にして眠ってしまった。王の口から蜥蜴のような小さな生き物が現れ，その傍を流れていた小川を横切ろうとして，もがき始めた。

そこで王に膝枕を与え休ませていた者は，自らの剣を鞘から抜き放ち，小川の上に架けた。蜥蜴はその橋を伝って反対の側に渡った。その先，遠からぬ所にある丘の穴へと入ったが，しばらくしてから引き返し，同じ剣を伝って小川を渡り，また先刻そこから出てきたグントラムヌスの口の中に入った。グントラムヌスはその後目を覚まし，不思議な夢を見たと語った。彼が言うには，自分は夢の中である川を鉄の橋を通って渡り，ある山の下に入った。そこで大量の黄金を見たということである。一方，王が眠っていた間膝枕を与えていた者は，彼の口から出てきたものについて，順序立てて話した。

これ以上，何を付け加えることがあろう。その場所が発掘され，そこに古くから置いてあった計り知れない財宝の山が発見された。その黄金を用いて，王は驚くべき大きさと大層な重さを持つ金無垢の聖体容器を作り，これを大層貴重な珠玉で飾り，主（イエス）のエルサレムの墓所へ送ることを望んだ。しかし，それはとても叶わなかったので，殉教者聖マルケッルスの亡骸の上に置かせた。亡骸はカバッロヌム〔シャロン・シュル・ソーヌ〕に埋葬されていたが，そこに彼の王国の都もあったのである[86]。そしてこれまでも，この作品に比肩し得るような美術品

---

86) トゥールのグレゴリウス（『フランク人の歴史』第9巻第3節）によれば，聖マルケッルス教会において，暗殺を免れたこともあり，感謝の奉納物としてこの教会に安置され

は黄金によって作られてはいない。しかし，我々は，語るに値することに簡単に触れることができたので，本題の歴史に戻ることにしよう。

35. アウタリ王の死とアギルルフが王位に就いたこと。

　他方，アウタリ王の使節がフランスに滞在している間，伝承によれば王はティキヌムで九月五日[87]に，毒殺された。その治世は六年間であった。直ちにランゴバルドは，アウタリ王の死を伝えて講和を求めるべく，フランク王キルデベルトに使節を送った。これを聞くと，キルデベルトは使者たちを受け入れ，今後講和に応じることを約束した。しかし，数日後に王は講和を約束したままこの使者たちを帰国させた。ランゴバルドは王妃テウデリンダを大層気に入っていたので，彼女を妃の地位に留めることを許し，すべてのランゴバルドの男たちから望む者を，すなわち良く王国を統治できるような人物を選ぶように説き伏せた。

　彼女は識者たちと相談した上で，トリノの君主アギルルフ[88]を自らの伴侶として，またランゴバルド族の王として選んだ。その人物は精悍で，戦いに秀で，心も容姿も王国の支配にふさわしかった。ただちに女王は彼に自分の許に来るように命じ，彼女自身も彼をラウメッルム〔ロメッロ〕[89]の町まで迎えに出た。彼は彼女の許にやって来ると，彼女は二三言葉をかけた後，葡萄酒を持ってくるように命じた。女王が先に飲んだ後，残りをアギルルフに飲むように手渡した。彼は杯を受け取ると，女王の手に敬意を込めて接吻したので，女王は頬を赤らめて微笑み，こう言った。「口に接吻すべき方が，手に接吻なさってはいけません。」すぐに彼を立たせて口づけし，彼と結婚することと彼に王位を与えることを打ち明けた。

たようである。
　87）　590 年。
　88）　『ゴート写本のランゴバルドの歴史』（第 6 章）によれば，アギルルフは，「トリノ出身にしてトゥリンギ族の君主」と称されている。つまり，「アウタリ王と血縁関係にあった」と言われているが，彼の血統はランゴバルドでないことになる。なお，トゥリンギについては，本書第Ⅰ巻第 21 章参照。ランゴバルドの王ヴァコがトゥリンギ族の妻を娶ったとされている。そのことが，アウタリの血筋とどうかかわっているのかは，不明である。
　89）　現在のパヴィーア県の町。

これ以上何を語るべきだろうか。大いなる歓喜をもって結婚は祝された。アウタリ王と血縁関係にあったアギルルフは，はや十一月に入るや王権を掌握した。しかし，王に昇進したのは，その後ランゴバルドが一堂に会した翌年五月のことであり，メディオラヌムにおいてであった。

第Ⅳ巻

1. アギルルフ王が，人質のためにフランスに使者を派遣したこと。

さて，アゴとも呼ばれたアギルルフは，王としての権威を確かにすると，フランク族が捕虜としてトリデントゥムの要塞から連れ出した人々の救出のために，トリデントゥムの司教だったアグネッルスをフランスに派遣した[1]。彼はその後帰還したが，フランクの王妃ブルニヒルデ[2]が自らの出費で贖った人々を一緒に連れ戻した。トリデントゥムの君主エウィンもまた講和のためにガリアへと赴き，和平を実現すると戻ってきた。

2. 同じ年にあった旱魃とイナゴの大群について。

この年，甚だ深刻な旱魃が一月から九月まで続いた。そして大きな飢餓による貧窮が生ずることになった。さらに，イナゴの大群がトリデントゥムの地域に来襲した。それは，他のイナゴよりも大きなものだった。驚くべきことに，大群は草地や沼地を食い尽くしたが，畑の収穫はわずかに食い荒らしたに過ぎなかった。その翌年も，やはり同じように群れはやって来たのである。

3. アギルルフがミムルフスを殺したこと。ガイドゥルフスとウルファリの謀反について。

この頃，アギルルフは聖ユリアヌス島[3]の君主ミムルフスを殺した。それは，以前に彼がフランクの諸公の側に寝返ったからであった。ベルガムムの君主ガイドゥルフスは，自身の治める都市で謀反を起こし，王に対抗して防備を固めた。しかし，人質を差し出し，王と講和することになった[4]。他方，ガイドゥルフスはコマキナ島[5]に立て籠った。王ア

---

1) 591年の出来事だと考えられている。
2) 本書第Ⅲ巻第10章参照。
3) オルタ Orta 湖（イタリア北部，マッジョーレ湖の付近）のなかにある島。
4) 592年のできごと。
5) 本書第Ⅲ巻第27章を参照。

ギルルフはコマキナ島に進軍し，ガイドゥルフスの手勢を駆逐し，島にローマ人が秘匿してあった宝物を発見すると，これをティキヌムへと持ち帰った。だが，ガイドゥルフスは再びベルガムムに逃げ込み，そこでアギルルフ王の手に落ち，再び寛大な処遇を受けた。ウルファリ公もまたタルウィシウムにおいて王に反旗を翻したが，彼も包囲され，王の捕囚となった。

4. ラウェンナにおける疫病について。キルデペルトとヒルペリクスの息子との戦争について。奇跡的なできごとについて。

この年，鼠蹊部の疫病がラウェンナ，グラドゥス，ヒストリアにおいて再び深刻化し，それは三十年前に生じたのと同じような状況となった[6]。この頃[7]，アギルルフ王はアウァリ族と講和を結んだ。キルデペルトもまた自分の従兄弟，すなわちヒルペリクスの息子と干戈を交えた。この戦争で殺された人々は，三万にも上った。一方，この年の冬はあまりにも寒く，過去にこれほど寒い冬があったとは誰一人記憶していない程だった。ブリオネスの地方[8]では，雲から血が流出した。また，レヌス川[9]の水には血の流れが噴出した。

5. 聖グレゴリウスが，王妃テウデリンダに『対話』なる書物を送ったこと。

この頃，この上なく賢明で至福なる教皇，ローマのグレゴリウスは，聖なる教会のために多くの書を著したが，聖人の伝記についても四巻の書物を成した[10]。その書は『対話』，すなわち二人の人物の言葉と呼ばれているが，グレゴリウスがこれを公にするにあたって，助祭のペトルスと話したことに由来する。教皇は，序文でこの本をテウデリンダに捧げ

---

6) 本書第Ⅱ巻第4章を参照。
7) 593年頃。
8) 現在のティロル，ブレンナー Brenner のあたり。
9) ライン川ではなく，エミリア州を流れるレーノ川のこと。
10) 593-594年に著された。幅広く読まれることを目指したものであり，文体は簡潔平明，一種の聖人伝である。本書第Ⅰ巻第26章にもこの著書への言及がある。

たが，それはとりわけ彼女が敬虔なキリスト教徒であり，よき行為において際立っていたことを知っていたからである。

6. 王妃テウデリンダの善き行いについて。

またこの妃のお蔭で，神の教会は大いなる益を得た。実際，依然として異端の誤りに囚われていたこと故に，ランゴバルドはほとんどすべての教会の財産を侵害した。しかし妃の健全なる嘆願に心を動かされ，王は正統派の信仰を得たのであり，キリスト教会の多くの所有財産を惜しみなく返還し，抑圧され貶められていた司教たちをかつての権威に復帰させた。

7. タッシロが，フランク族の王キルデペルトによって，王位を賜ったこと。

この頃，フランク族の王キルデペルトによって，タッシロがバイオアリアの王に任ぜられた[11]。彼は軍を率いてスクラウィ族（＝スラヴ）の国へ侵入し，勝利を得ると，大いなる略奪品を手にして故郷に帰還した[12]。

8. パトリキウスのロマヌスが，ランゴバルドが占領していた都市を侵略したこと。アギルルフ王が，マウリシオ公を殺したこと。王が聖グレゴリウスとローマ人と講和をなしたこと。

やはりこの頃，パトリキウスにしてラウェンナの総督のロマヌスが，ローマに向かった。彼はラウェンナに戻る間に，ランゴバルドに占領されていた都市を取り戻した[13]。それらの都市の名前は以下の通りである。ストリウム〔ストリ〕，ポリマルティウム〔ボマルツォ〕，ホルタエ〔オ

---

11) 591-592 年。
12) 592 年頃と考えられる。
13) 591-592 年に，スポレティウム公アリウルフスがローマとラウェンナの交通を遮断すべく，占領した。アリウルフスについては，本巻第16章を参照。

ルテ〕，トゥデル〔トーディ〕，アメリア，ペルシア〔ペルージャ〕，ルケオリス〔カンティアーノ〕[14]，その他いくつかの都市。この出来事がアギルルフに伝えられると，ただちに彼はティキヌムを出発し，強力な軍勢を率いてペルシアの町を目指した。そこで何日かのあいだ，ランゴバルドの公でマウリシオなる人物を包囲した。マウリシオはローマ人の側に寝返ったのであり，アギルルフは彼を捕らえると躊躇なく殺してしまった[15]。

　この王の侵攻に，教皇聖グレゴリウスは大層恐れおののき，彼自身が説教のなかで述べてもいるように，エゼキエル書に認められる神殿にかんする注釈を中断する程だった。アギルルフ王は，事態を収拾すると，ティキヌムへと戻った。その後間もなく，妻であり王妃であるテウデリンダが大いに勧めたことにより――それは，教皇聖グレゴリウスが書簡によって，しばしば彼女に忠告した通りであるが――王は，聖なることこの上なき教皇グレゴリウスとローマ人とのあいだに堅い和平を締結した。この王妃に崇高なる教皇は，感謝の言葉として，以下のような書簡を送った。

9. 聖グレゴリウスの王妃テウデリンダ宛の書簡。聖グレゴリウスのアギルルフ王宛の書簡。

　「グレゴリウスからランゴバルド王妃テウデリンダへ。あなた方が講和に積極的に，いつもの如く慈悲深く御献身なさったことを，我が息子である僧院長プロブスの報告を受けて知りました。他でもない，平和の大義において，あなた方が労苦と善意をあらゆる者に示したからこそ，あなた方の信仰は信頼すべきものとなったのです。このことにより，我々は全能の神に感謝します。神は御慈悲によってあなた方の心を導かれ，そうして，正しい信仰をお授けくださったように，神御自身によきと思われることをお二人がいつもなさる

---

14)　本巻第34章参照。
15)　ただちに出陣したようにパウルスは述べているが，実際にはアギルルフの軍事行動は593-594年のことである。また間もなく594年には，再度ペルージャはビザンティン帝国に奪還された。

ようお認めになるのです。この上なくすぐれた娘よ、双方から流されるはずだった血を回避したことで、あなたが得た報償はわずかだと考えることのないように。

　このことから、あなた方の行為について感謝しつつ、神があなたのなした善の見返りを、心身両面において、現在も将来も与えてくださるよう、我々は我々の神の御慈悲に祈願する次第です。この他、あなたにご挨拶しつつ、父の喜びをもって促したいのは、キリスト教国家の連帯を拒絶することのなきよう、いとも優れた夫君に働きかけることです。というのも御承知のように、夫君がそのような〔キリスト教国家の〕友愛に向かう気持ちになれば、それは様々な点で有益であるからです。したがって、あなたが御自身のやり方で、双方の友好に関わることを常に追求なさり、報償を受ける機会が生ずるときには、全能の神の御前で自身の善行を一層充分に託すことになるよう〔死後に生前の善行が一層評価してもらえるよう〕努力しなさい[16]。」

また、王アギルルフ宛ての同教皇の書簡は以下の通りである。

「グレゴリウスからランゴバルドの王、アギルルフへ。貴殿のすぐれた行いに感謝いたします。というのも、貴殿は、我々の要求を聞き入れ、双方にとって有益となるべき平和を、貴殿について我々が信用していた通りに、御命じになったからです。このこと故に、貴殿の賢明と善良を大いに賞賛します。それというのも、平和を愛することで、自身の主である神を愛していることを明らかになさったからに他なりません。実際、(そうあってはならないことですが) もし平和が達成されなかったならば、双方の過誤と危険とともに、双方がその労働に恩恵を被っている哀れむべき百姓衆の血を流す以外、一体何がなされ得たことでありましょうか。

　しかし、我々には平和が有益であることを、貴殿によって実現されたとおり、我々が実感できるように、父の情愛を込めて挨拶しつ

---

16)　『書簡集』にも収められている (*MGH Epistolae* II, IX 67, pp. 87-88 = ed. Norberg, IX 68, II. p. 624)。発信時期は598年11月もしくは12月。

つ，以下のことを求める次第です。貴殿の指揮官たちは様々な場所に，とりわけ当地に配置されているので[17]，どうか機会があるごとに，書状を以って彼らにご命令いただきたい。約束どおりに，彼らがひたすらこの平和を守るよう，そして何か紛争や忘恩が生ずるいかなる機会も求めることのないよう，おとり計らいください。そうすれば，我々は貴殿のご厚意に感謝することになるでしょう。

　この手紙を届ける者をば，実際あなたにお仕えする人物として，私たちは然るべき愛情をもって迎えました。というのも，我々が賢明なる者らと恵深い神によって成された平和を報ずる者らとを大切に迎え，送るべきことは，当然であったからです[18]。」

10. 彗星と司教ヨハンネスの死，エウィン公の死について。バイオアリ族について。

　この間，翌一月にはまるまる一か月間流れ星が朝夕に現れた[19]。この月に，ラウェンナの大司教ヨハンネス[20]が没した。その後継者として，ローマ人のマリアヌスが任ぜられた。トリデントゥムの君主エウィン[21]も亡くなった。その後継者に任ぜられたのは，ガイドアルドであり，彼は善良で信仰においても正統派であった。この頃兵力二千にも及ぶバイオアリ族がスクラウィ族を襲撃したが，カカヌス[22]が攻めてきて全員殺された。そのとき初めて野生の馬や野生の水牛がイタリアに持ち込まれ，イタリアの民らの驚きの的となった。

---

17)　スポレティウム公やベネウェントゥム公を意味する。

18)　テオデリンダ宛て同様，『書簡集』にも収められている（*MGH Epistolae* II, IX 66, pp. 85-86 = ed. Norberg, IX 68, II. pp. 621-622）。発信時期は598年11月もしくは12月。

19)　595年頃。フレデガリウスは同様の現象を『年代記』第4巻第15章で（594年11月のこととして）伝えている。

20)　本書第III巻第26章を参照。

21)　本書第III巻第9章，第10章，第27章を参照。

22)　民族の首長としての称号，「汗（khan，ハン）」のこと。

11. フランクの王キルデペルトの死について。アウァリとフランクの戦争。グントラムヌス王の死について。

この頃,フランク族の王キルデペルトは,25歳で妻とともに,噂によれば,毒殺された[23]。アウァレスとも呼ばれたフン族も,パンノニアからトゥリンガに侵入し,フランク軍と激戦を行った。女王ブルニキルディスは,甥で,まだ子供であったテウデペルトとテオドリックとともにガリアを統治していたが,フン族は彼らから金を受け取ると自分の領土に戻った。フランク族の王のグントラムヌスも亡くなった。彼の領地は,女王ブルニキルディスが,キルデペルトの息子であり,まだ幼かった甥たちとともに継承した[24]。

12. カカヌスがアギルルフに使者を派遣したこと。パトリキウスのガッリニクス[25]との講和について。

同じ頃フン族の王,カカヌスはメディオラヌムのアギルルフに使者を派遣し,彼との講和を成立させた[26]。パトリキウスであったロマヌスは没した[27]。彼の後継者となったのはガッリキヌスであり[28],アギルルフと平和協調の関係に入った。

13. アギルルフとフランク族との講和について。ザングルフス[29]とウァルネカウティウスの死について。

またこの頃,アギルルフはフランク族の王,テオドリックと恒久的な平和関係を樹立した[30]。この後,アゴ王は自身に刃向かうウェロナ公,

---

23) Capoによれば,キルデペルトは597年に27歳で亡くなった。
24) Capoによれば,グントラムヌスは593年にすでに亡くなっており,その時点でキルデペルトがブルグンディアの統治を継承している。
25) 本文ではガッリキヌス。
26) 596年もしくは597年。
27) 596年。
28) 597年。
29) 本文ではザングルルフス。
30) ブルグンディア王テウデリクスとは597年に,アウストラシア王テウデペルトゥスとは604年にそれぞれ平和条約を結んだ。

ザングルルフスを殺した。それまでにすでに二度も容赦したベルガムムの君主, ガイドゥルフスをも滅ぼした。同じようなやり方で, ウァルネカウティウスをティキヌムの近くで殺した[31]。

14. ラウェンナの疫病について。ウェロナにおける病気の犠牲者について。

このあと, 再びラウェンナと海岸のまわりにいた人々を重い疫病が襲った。その翌年もまた激しい疫病が, ウェロナの諸住民を苦しめた[32]。

15. 天に現れた血の徴とフランクの部族間の戦争について。

やはりその頃のことであるが, 一晩中血のような徴が天に現れるのが認められた。それは, 血塗れた槍と輝く光のようであった。フランク王のテウデペルトはこのとき[33]伯父のクロタールと干戈を交え, その軍勢を大いに苦しめた。

16. スポレティウム公, アリウルフスの死について。テウデラピウスの公国統治について。

翌年[34], スポレティウムにおいてファロアルド[35]を継承していたアリウルフスは, 亡くなった。この人物は, ローマ人たちとカメリヌム〔カメリーノ〕[36]において戦い勝利を収めたとき, 臣下の者たちに尋ねた。あの戦争でとても勇猛に戦う一人の人物を彼自身見たが, あれは誰だったのかと。対して臣下の者たちが, 殿様御自身よりも勇敢に戦う者は一人として見ませんでしたと答えると, 彼は言った。「たしかに私は見届

---

31) これらの討伐も597年頃と考えられる。
32) 598-599年。
33) 600年頃。
34) 601年。
35) ファロアルド公については, 本書第Ⅲ巻第13章及び第19章を参照。
36) 現在のマルケ州の町で, ウンブリア州との境の近くにある。

けたぞ。私よりもはるかに，そしてあらゆる点ですぐれた者が別にいたのだ。その者は，敵方の誰かが私を討とうするたびに，果敢にも楯によって私を守ってくれた。」

君主がスポレティウムの近くにやって来ると，そこには殉教した司教聖サウィヌス[37]の教会があった。教会には，彼の神聖なる亡骸が眠っていた。君主は，このように大きな館は，誰のものかと尋ねた。彼に忠実な部下たちが答えた。「ここには殉教者サウィヌスが眠っております。キリスト教者らは，これまで敵と戦争するたびに，自分を助けてくれるようにサウィヌスを呼び込むことを習慣としているのです。」アリウルフスは，その時点では，まだ異教徒だったので，以下のように返答した。「死んだ人間が生きた人間に助けを施すことなどあり得ようか。」彼はこう言うと，馬から降りて，この教会を見るために中に入った。そのとき，他の人々は祈っていたが，彼は教会の絵画に賛嘆した。殉教者聖サウィヌスの肖像を見ると，ただちに彼は誓って断言した。「戦争のあいだ私を守ってくれた人は，まったくこのような姿をしており，このような装束をまとっていた。」こうして彼は，殉教者聖サウィヌスが戦いのあいだ彼に救いをもたらしたということを，理解した。それからアリウルフスの没後，先の君主ファロアルドの二人の息子が互いに君主の座を争い，そのうちの一人，テウデラピウスなる者が勝利し，君主の座についた。

17. ランゴバルドが福者ベネディクトゥスの修道院で行った略奪について。

この頃，カシヌムに置かれた父なる福者ベネディクトゥスの修道院が，夜ランゴバルドに襲撃された[38]。彼らはすべてを破壊したが，修道士の誰一人として捕らえることはできなかった。こうして，だいぶ前に父なる福者ベネディクトゥスが与えておいた預言が，実現することとなった。預言においてこう言ったのである。「この場所から私の魂らが

---

37) マッシミアヌス帝の治世の頃（286-305年）殉教した聖人。
38) Capo や Luiselli e Zanella によれば，581-589年。

脱出できるよう，私はやっとのことで神の承認を得た[39]。」修道士たちはこの場所から逃げて，ローマに向かった。彼らが持ち出したのは，福者ベネディクトゥス直筆の『神聖規範』の写本，その他の書物を何冊か，1リブラのパンと一定量のぶどう酒，およそ調度品のうちで，持ち出すことのできたものであった。福者ベネディクトゥスの後はコンスタンティヌス，その後はシンプリキウス，その後はウィタリス，そして最後にボニトゥスがこの修道会を指導していたが，彼の時代に上記のような破壊がなされた。

18. ゾットの死とアリキスの公国統治について。

ベネウェントゥムの君主ゾットが没すると[40]，王アギルルフから派遣されたアリギスが後継者となった。アリギスはフォルム・ユリイの出身で，その都市の君主ギスルフの息子たちを教育し，ギスルフと血縁関係にあった。このアリギスに宛てた聖なる教皇グレゴリウスの書簡が残っている[41]。それは，以下の通りである。

19. 教皇福者グレゴリウスのアリキス宛書簡。

「グレゴリウスからアリギス公へ[42]。殿下について，本当に，我が息子のように我々は信頼しているので，我々はあなた方に一つお願いしようという気持ちになっております。思うに，あなた方は我々が憂き目に会うのを決して許してはならないと考え，とりわけ，あなた方の魂が大いに益を受けられるような事柄にあっては，そうお考えのことでしょう。さて，我々が示しているように，聖ペトルスと聖パウルスの教会[43]のために，相当数の梁が必要です。それ故に，

---

39) 大グレゴリウス『対話』第2巻第17章第1節。
40) 590-591年頃。
41) Gregorius Magnus, *Registrum* IX 26 in *MGH Epistolae* II, pp. 126-127.
42) Capo は，599年2-4月の時期に書かれた手紙とみなす。
43) ローマのサン・ピエトロ・イン・ヴァティカーノ教会とサン・パオロ・フオーリ・レ・ムーラ教会。

我々は副助祭サウィヌスに、ブリッティ族の領土[44]からかなりの木材を切り出すよう、そして海辺まで、適切な場所に運搬するように命じたのです。現状では必要な助けを欠いており、殿下にご挨拶しつつ、父の親愛を込めて求める次第です。どうぞ、この地域の監督官にご命じになり、彼らの配下にある者が牛を連れて、輸送の助けを引き受けるよう手はずを整えていただきたい。そうすれば、サウィヌスは我々に命じられたことを、あなたの協力を得てよりよく達成することになりましょう。我々はお約束しますが、このことが達成された暁には、あなたに立派なお礼となる贈り物を（それは決してあなたにふさわしからぬものではありません）お渡しします。実際我々はこのようなことを考え、自分に対して好意を示してくれる息子たちに返礼することができるのです。そこでもう一度お願いしますが、栄えある息子よ、我々があなたから与えられた厚意の受け手となるように務めなければならないし、またあなたは聖人たちの教会と引き換えに見返りを受けるがよい。」

20. アギルルフ王の娘が捕虜となったこと。アギルルフ王がカカヌスに職人を派遣したこと。

この頃、アギルルフ王の娘[45]が、彼女の夫グデスカルクスと共に囚われの身となった。グデスカルクスはパルマの出身であった。二人はパトリキウスのガッリキヌスの軍隊に捕まったのであり、ラウェンナへと護送された。また同じ頃、アギルルフ王は、アウァリ族の王カカヌスへ船の製造のために職人を派遣した。この船によって、カカヌスはトラキアのとある島[46]を攻略した。

---

44) 現在のカラブリアのあたり。

45) 本巻第47章に出ているグンディベルガではなく、アギルルフと先妻とのあいだの娘だろう。

46) おそらくは、ドナウ川沿いのウィミナキウム Viminacium（ベオグラード南東、今日の Kostolac）の島。アウァリは601年にプリスクス率いるビザンティン帝国軍とたたかう。

21. 王妃テウデリンダが建てた，モディキアにおける聖ヨハンネス教会について。

　同じ頃，王妃テウデリンダは洗礼者聖ヨハンネスのために教会を奉じた。メディオラヌムの北，十二マイル離れたモディキア〔モンツァ〕にこれを建立し[47]，多くの金や銀の装飾によって飾った。そして，地所を与えて富ませた[48]。モディキアは，かつてゴート族の王テオドリックも宮殿を築いた場所であった。というのも，夏季にこの地は，アルプスに近いため，気候が冷涼で，健康に良いからだった。

22. 彼女が建てた宮殿について。

　この場所に，女王は自分用に宮殿を建築した。この宮殿内には，ランゴバルド族の勲功についてもいくつか描かせた[49]。この絵画のなかで，

　47）現在のモンツァ市のドゥオーモ，サン・ジョヴァンニ・バッティスタ教会の起源となる教会。なお，若干の写本（F2 Vaticanus reginae Christinae 710; F2ª Modoetiensis 135; F*2 Parisinus 6159）では，以下のような一節がこの後に加えられている。「自身，夫，息子たち，娘たち，そしてイタリアにいるすべてのランゴバルドのために，聖ヨハンネスが主への仲介者になってくれることを目的としていた。そして互いに心を一つにして，年長者たちが王や王妃テウデリンダと一緒になって，こう言った。『もし聖ヨハンネスが我々のために我らの主，イエス・キリストの仲介をしてくださいますならば，我々は心を一つにして毎年彼のためにその誕生日，つまり6月24日には，我々の財産から彼の誉れにふさわしく，教会に奉納を行うことを約束します。これは，聖ヨハンネスの仲介によって，戦争においても，またどこに向かうにせよ，あらゆる場所で我々がイエス・キリストの助力を得ることを目的としています。』この日から，彼らは何をするときも，聖ヨハンネスの名を呼ぶようになった。それは聖人がイエス・キリストの力によって，彼らに助力をもたらしてくれるようにするためである。そして，彼らは皆無事であり続け，あらゆる敵に対して勝者になったのである。」

　48）若干の写本（F2 Vaticanus reginae Christinae 710; F2ª Modoetiensis 135; F*2 Parisinus 6159）では，以下のような一節がこの後に加えられている。「多くの家族と所有財産を，洗礼者聖ヨハンネスの名誉として，その場所に委ねた。以下を，テウデリンダ妃の文書の寄進と呼ぶことにしよう。『この上なく栄えあるテウデリンダ妃は，その息子アダルウァルド（アダロアルド）王とともに，守護聖人である聖ヨハンネスに，神への奉献とみずからの持参金によって，この寄進状を，その臣下の前で書かせて奉納した。もし誰かが，いつの日にか，自分の意思に基づいて書かれたこの寄進状の約束に違うことがあれば，その人は最後の審判の日において，裏切者ユダとともに断罪されよう。』実際には，さらに以下のような命令があった。『聖ヨハンネスにかかわる事柄には，いかなる場合でも，聖職者を除き，何人たりとも口を挿んではならない。聖職者は，下僕や端女と同様，昼夜教会で仕える。下僕や端女は教会に従属し，共同生活をしなければならない。』」

　49）この宮殿は，602年には完成していた（本巻第25章参照）。宮殿や絵画は，現存しない。

ランゴバルドが当時どのように散髪し,どんな服装をし,どんな衣装をまとったかが,はっきりと示されている。というのも,彼らは後頭部まで剃り上げて首をあらわにし,前髪は口許まで垂らし,額に来る分け目で左右に分けていた。服はゆったりとしたもので,大抵は亜麻製だった。アングリ・サクソネス[50]がするように,幅の広めの多彩な縁飾りで装飾されている。彼らの靴は,親指の先まで開いており,交差する靴紐で縛るようになっている。しかし,後になってからズボンを身につけるようになり,馬に乗る人はそのうえに羊毛のゲートルを重ねる[51]。しかし,これはローマ人の習慣に由来するものであった。

23. パタウィウムの町の破壊について。

この頃までパタウィウムは,この上なく手ごわい兵が抵抗し,ランゴバルドに逆らった。しかし,ついに火が放たれ,町全体が貪るような炎によって焼かれ,アギルフ王の命令によって,更地になるまで徹底的に破壊された。しかし,町の中にいた兵士たちは,ラウェンナに行くことを許された[52]。

24. アウァリ族との講和について。ランゴバルドがヒストリアに侵入したこと。

この頃,アギルフの使者たちがカカヌスの許から戻り,アウァリ族とのあいだに恒久の平和条約を結んだことを告げた[53]。彼らに同行したカカヌスの使者は,ガリアに到達し,フランクの王たちに,アウァリ族と結んだようにランゴバルドとも和平を結ぶように命じた。この間,ランゴバルドはアウァリやスクラウィとともにヒストリアの国境を侵し,炎と略奪によって全域を荒廃させた[54]。

---

50) 本箇所が,知られる限りでは,「アングロサクソン」なる民族名称の初出である。
51) 本書第Ⅰ巻第 24 章参照。
52) 601 年頃の出来事とされ,ビザンティンがアギルフの娘を拘束したことに対する報復(本巻第 20 章)とみなされている。
53) Capo は,本巻第 12 章で言われている条約の正式な締結のことと解している。
54) 602 年頃。

25. アギルルフの息子，アダロアルドの生誕とモンス・シリキスの攻略。

アギルルフ王には，モディキアの宮殿にいたテウデリンダとのあいだに息子が誕生し[55]，アダロアルドと呼ばれた。その後，ランゴバルドはモンス・シリキスの城砦を攻略した。その頃，ガッリキヌスはラウェンナで更迭され，スマラクドゥスが戻ってきた[56]。彼は以前のラウェンナのパトリキウスだった。

26. 皇帝マウリキウスの死。

そして皇帝マウリティウスは，21年の治世の後，息子のテオドシウス，ティベリウス，コンスタンティヌスとともにフォカスに暗殺された[57]。フォカスはパトリキウスのプリスクスの侍従であった。その一方で，国家には有用な人材であった。というのも，しばしば敵と戦い，勝利を収めたからである。アウァレスとも呼ばれていたフン族は，彼の武勲によって敗北を喫したのである[58]。

27. ガイドアルドとギスルフの両公について。アダロアルドの洗礼について。

この年[59]，トリデントゥムの君主ガイドアルドとフォルム・ユリイの君主ギスルフは，それ以前アギルルフとの同盟関係には反対していたが，戦わずしてアギルルフに降参した。この頃，上述のアギルルフ王の息子アダロアルドは，モディキアの聖ヨハンネス教会[60]で洗礼を受けた。彼の洗礼に立ち会ったのは，キリストの下僕，トリデントゥムのセクン

---

55) 以下に述べられるモンス・シリキスの占領とともに，アダロアルドの誕生は602年。
56) スマラグドゥスの更迭については，本書第Ⅲ巻第26章参照。
57) 602年9月。
58) テオピュラクトス・シモカテス Theophylactos Simocates（7世紀の歴史家）『歴史』第8巻第2-3章は，601年にフン族がプリスクスによってドナウやティサ河畔で制圧された出来事に触れている。
59) 603年。
60) 本巻第21章を参照。

ドゥスであったが，この人物についてはすでにしばしば述べた[61]。この洗礼は，復活祭の日のことであり，同じ年の四月七日のことである[62]。

28. クレモナとマントゥアの攻略について。王女の死について。フランク族の戦争について。

　一方この頃，依然としてランゴバルドとローマ人とのあいだに，王の娘が拘束されたこと[63]をめぐって確執があった。このことが原因で，アギルルフは七月[64]にメディオラヌムを出発し，アウァリ族の王，カカヌスが援軍として送ったスクラウィ族とともにクレモナ〔クレモーナ〕を包囲した。そして，八月二十一日にこの町を攻め落とし，更地になるまで徹底的に破壊した。同じようにマントゥアを攻め，城壁を破壊槌によって切り崩し，なかにいた兵士たちにラウェンナに戻るよう赦しを与え，マントゥアに入ったのが九月十三日であった。

　そのときにも，ランゴバルド方に，ウルトゥリナ[65]と呼ばれる要塞都市が寝返った。実際兵士たちは，ブレクシッルム市を焼き払い，逃げてしまった。これらの町をランゴバルドが掌握すると，パトリキウスのスマラクドゥスは，王女をその夫や子供，あらゆる資産とともに返還した。講和が成立したのは，この年の九月から第八インディクティオ[66]の四月一日までであった。たしかに王女は，ラウェンナからパルマに直ちに戻ってきたものの，難産のために危険な状態に陥り，すぐに死んでしまった。この年[67]，フランク族の王テウデペルトとテオドリックは，伯父のクロタールと戦った。この戦いで，両軍で何千という人が亡くなっ

---

　61)　「ノンの」もしくは「トリデントゥムの」セクンドゥスと呼ばれる人物は，7世紀はじめアギルルフ王，テオデリンダ妃の宮廷に仕えた。歴史家でもあり，パウルスの典拠にもなっている。本書第Ⅲ巻第29章を参照のこと。
　62)　603年。
　63)　本巻第20章参照。
　64)　603年。
　65)　今日のマントヴァ県，ポー川左岸のヴィアダーナ Viadana のことだと考えられている。パルマの北東約20キロに位置する。ブレクシッルム Brexillum（今日のブレシェッロ Brescello）は，この町とポー川を挟んで対岸にある。
　66)　604-605年。
　67)　604年。

た。

29. 聖グレゴリウスの死について。彼の高徳について。

　なおこの頃、教皇聖グレゴリウスが、神に召された[68]。第八インディクティオで、すでにフォカスが二年目を治めていたときであった。彼の後継者として、使徒の務めにサウィニアヌスが任命された[69]。その冬はとても寒く、あらゆる地域でほとんどの葡萄の樹が死に絶えた。小麦も、一部は野鼠に荒らされて、一部は病害を被って枯死した。実際、この頃人々は、飢えと渇きとに苦しんでいたはずだが、それはあのような賢人が世を去り、人々の心を精神的な飢餓と、渇きと衰弱とが蝕んだときでもあった。

　私は、この教皇聖グレゴリウスのとある書簡から、わずかな抜粋をこの拙著に是非挿入しておきたい[70]。この方がどんなに控え目な人物で、どんな無垢と敬虔さを備えていたか、より明確に知ってもらうためである。彼は、マルクスなる司教を牢獄において金と引き換えに殺したとして、皇帝マウリティウスやその息子たちに批判されたとき、そのことで在コンスタンティノポリスの教皇特使だったサウィニアヌスに手紙を書き、他のことにまじえて以下のように語った。

　「あなたが我らのいとも晴朗なる陛下らに忠告できることは、たった一つしかありません。それは、もし私が陛下らの下僕として、ランゴバルドの死にすら関与するのを望んだとしたならば、今日ランゴバルドの民は、王も公も伯も持つことはないでしょう。そして、彼らはこの上ない混乱のうちに分裂することでしょう。

　しかし、私は神を懼れるので、どのような人物の死に巻き込まれるのも恐れています。一方、司教マルクス[71]は投獄されもしなかっ

---

68)　604年3月12日。
69)　後続部分に引用された聖グレゴリウス教皇の彼宛ての書簡からも察せられるように、教皇になる前は、助祭、コンスタンティノポリスの教皇特使を勤めていた。606年に死去。
70)　Cf. *Registrum* (*MGH Epistolae* I), V 6（594年9-10月）。
71)　ダルマティアの司教。教会の財産の運営に際して、自らの利益のために不正行為を

たし，拷問を受けることもなかった。しかし，彼は申し開きを行い裁きを受ける日に，私に知られることなく，書記官のボニファキウスの家に連れて行かれ，そこで昼餐を摂り，彼に丁重にもてなされ，その夜突然亡くなったのです。」

見よ，なんという謙譲の持ち主であろう。彼は崇高なる教皇であったのに，自分を下僕と言っているのだ。なんという罪なき心の持ち主だろう。彼は，不信心ですべてを破壊するランゴバルドの死にも，かかわりたくなかったのだから。

30. アダロアルドの統治について。フランク族との講和について。

続く夏，七月には，アダロアルドがランゴバルドを統べる王として選出された[72]。その場所は，メディオラヌムの円形競技場であり，父の王アギルルフ，フランク王テウデペルトの特使たちの面前においてであった。この王家の息子にはテウデペルトの娘が嫁ぎ，フランク族とのあいだに恒久の平和が結ばれた。

31. フランク族とサクソネス族との戦争。

同じ頃，フランク族はサクソネス族と戦い，両軍ともに多大な犠牲者が出た[73]。ティキヌムでは，使徒聖ペトルス教会において，ペトルスなる聖歌隊長が雷によって打たれた。

働いたとして告訴された（cf. *Registrum* [MGH Epistolae I], I 36, II 22, III 22)。「書記官のボニファキウス」については，不詳。
 72) 604年。
 73) 605年頃。

32. パトリキウスのスマラクドゥスとの講和成立について。トゥスキアの諸都市の攻略について。

ついにその翌月、十一月にアギルルフはパトリキウスのスマラクドゥスと一年間の講和を結び、ローマ人から一万二千ソリドゥス受け取った[74]。トゥスキアの都市、すなわちバルネウス・レギス〔バニョレージョ〕とウルブス・ウェトゥス〔オルヴィエート〕が、ランゴバルドによって侵略された。それから、四月と五月にも天に「コメテス（＝彗星）」[75]と呼ばれる星が現れた。その後アギルルフはローマ人と三年にわたって講和を更新した[76]。

33. 総大司教セウェルスの死、ヨハンネスとカンディディアヌスの聖職位について。

この頃総大司教セウェルスは死に[77]、彼の後継者として僧院長ヨハンネスが、古きアクイレイアにおいて、王とギスルフ公の同意によって任命された。一方、グラドゥスでも、ローマ人のために、司教としてカンディディアヌスが任命された。十一月および十二月には再び彗星が現れた。カンディディアヌスもまた没すると、グラドゥスでは、総大司教として、筆頭書記であったエピパニウスが、ローマ人に服していた司教たちによって任命された。このときから、総大司教は二人存在するようになった[78]。

---

74) Capoによれば、後続で言われているバルネウス・レギス、ウルブス・ウェトゥスの攻略の方が、講和よりも先。これは605年の出来事である。

75) cometes とは、本来はギリシア語で「長髪の（人）」という意味。

76) この三年間の講和は606年に成立した。

77) 606年。

78) アクイレイアの総大司教座については、その後最初はコルモンス、次いでチヴィダーレに移るが（本書第Ⅵ巻第51章参照）、1348年からウディネに置かれるようになる。グラードの総大司教座は、12世紀にヴェネツィアに移った。

34. ネアポリス侵攻について。偽の皇帝エレウテリウスの死について。

この頃,コンシア〔コンツァ〕[79]のヨハンネスがネアポリスに侵入した[80]。パトリキウスのエレウテリウスは,それから幾日も経たないうちに,この都市から彼を追い出し,殺した。その後エレウテリウスは,宦官だったが,統治権を掌握した。しかし,彼がラヴェンナからローマに向かうとき,ルケオリス[81]の要塞で兵士たちに殺された。彼の首はコンスタンティノポリスの皇帝に届けられた。

35. 皇帝との講和について。

この頃王アギルルフは,自身の書記官スタブリキアヌスをコンスタンティノポリスのフォカス帝の許に送った。彼が皇帝の使者と共に戻ってくると,年次の講和を結び,使者たちはアギルルフ王に皇帝からの贈り物を手渡した[82]。

36. 皇帝フォカスとその殺害,ヘラクリウス帝の治世について。

前述したように,フォカスは,マウリキウスとその息子たちを亡き者にした後,ローマ人の統治権を我が物にし,八年間元首の座にあった[83]。彼は,ボニファキウス[84]の求めによって,ローマの使徒教会の座がすべての教会の頭であると定めた。それというのも,コンスタンティノポリスの教会が,自らをすべての教会の第一位と記していたからである。それから,別のボニファキウス教皇[85]の求めに従って,パンテオン

---

79) 南イタリアは現在のアヴェッリーノ市近郊の地。
80) 以下の一連の出来事616-19年に起きている。パウルスは,実際よりも10年以上も前の事件として扱っている。
81) 現在のグッビオ(Gubbio)とカッリ(Cagli)の間にあったと考えられる。
82) ビザンティン皇帝とランゴバルドの王が直接に平和条約を結んだ例として,注目すべきである。それ以前は,在ラヴェンナのビザンティン総督を介して結ばれるのが通例だった。Capoは,この出来事を609-10年以前ではあり得ないとしている。
83) 602-610年。
84) ボニファキウス三世(607年)。
85) ボニファキウス四世(608-615年)。

と呼ばれる古い神殿に，汚れた偶像崇拝の汚点を取り除いた上で，永遠の処女聖母マリアとすべての殉教者たちの教会を建てるように命じた。それは，かつて神々ではなく，あらゆる悪魔の崇拝がなされていた場所で，以後あらゆる神聖なる人々の記憶が生まれるためであった。

　この頃緑組（プラシニ）と青組（ウェネティ）がオリエントとエジプトで内乱を繰り広げ，双方ともに殺戮によって殲滅し合った[86]。ペルシャ人もローマ人に対して苛烈極まりない戦争を仕掛け，多くの属州と他ならぬエルサレムを奪った[87]。そして教会を破壊し，神聖なるものを冒瀆し，聖所や公共の場所の装飾品のなかから主の十字架の幟すらも奪ったのである。フォカスに対し，アフリカを治めていたヘラクリアヌス[88]は謀反を起こし，軍勢を率い，彼から帝位と生命を奪った。そして，ローマの国を手に入れ，息子のヘラクリウスに統治させた[89]。

37. ギスルフ公の死について。フォルム・ユリイの略奪について。ランゴバルドがフン族から被ったその他の災厄について。

　この頃[90]，自国の言葉ではカカヌスという名称で呼ばれるアウァリの王は，多くの軍勢を率いて襲来し，ウェネティア地方に侵入した。カカヌスに対し，フォルム・ユリイのギスルフ[91]は持てるだけのランゴバルドを引き連れて，果敢に対抗した。しかし，ギスルフが多勢に無勢で蛮勇を奮い，干戈を交えたにもかかわらず，四方八方を敵に囲まれ，ほと

---

86)　二つの党派は，ともにコンスタンティノポリスの馬車競争の主要な応援団体であり，それぞれ民衆を統合する組織となった。競技の場を越えて，激しく対立し，抗争や殺戮を繰り返した。本来この他にも赤，白の二組があったが，上記の二つの党に吸収された。それぞれの党派は，政治的かつ軍事的な機能をも帯びるようになり，両者の反目は帝国の秩序を揺るがすような暴動（たとえば532年のいわゆるニカの乱）や（ここで言われているような）内乱の引き金となった。

87)　エルサレムが奪われたのは，実際にはヘラクリウス〔ヘラクレイオス〕帝の時代である（614年）。

88)　実際にはヘラクリウス帝の父の名前も，ヘラクリアヌス〔ヘラクレイアノス〕ではなく，ヘラクリウスである。

89)　610年。

90)　610年頃。

91)　本書第Ⅱ巻第9章および同巻第32章にフォルム・ユリイの君主として登場する同名の人物ではなく，その後継者であろう。

んど全滅した。一方、ギスルフの妻はロミルダといったが、避難してきたランゴバルドや戦死した人々の妻子とともに、フォルム・ユリイの要塞を作る城壁の内部に立て籠った。彼女には息子がおり、タソとカッコはすでに成人しており、ラドゥアルドとグリムアルドはまだ子供の年齢にあった。また四人の娘がおり、そのうちの一人はアッパ、別の一人はガイラといったが、残りの二人の名前は伝わっていない。彼らの近くにある他の城砦にも、ランゴバルドは立て籠った。その城砦とは、コルモネス〔コルモンス〕、ネマス〔ニミス〕、オソプス〔オソッポ〕、アルテニア〔アルテーニャ〕、レウニア〔ラゴーニャ〕、グレモナ〔ジェモーナ〕、イブリギス〔イブリゴ〕[92]である。イブリギスの場所はどこから見ても難攻不落であった。

　その他の要塞でも、フン族、すなわちアウァリ族の餌食にならないようにと、同じように籠城が行われた。一方、アウァリ族は、フォルム・ユリイの全地域を駆け巡り、あらゆるものを火と略奪によって荒廃させ、フォルム・ユリイの町を包囲し、あらゆる戦力を傾けて攻め落とそうとした。彼らの王、カカヌスが武装して城壁を、多数からなる騎馬隊を伴って巡り、どの部分を攻めればより簡単であるかを調べていると、城壁の内部から彼の姿をロミルダが目に留めた。王が若さの盛りであることを認めると、禍々しき娼婦は欲情し、ただちに彼に使者を通じて、もし自分と結婚すれば、彼にこの町と町にいるもの全員を引き渡すことを告げた。

　野蛮なる王はこのことを聞くと、悪意に満ちた企みによって彼女に命じたことを行うと約束し、彼女を娶ることを誓った。そこで彼女は、まったく躊躇せずに、城砦の門を開け、自身とすべての同朋に破滅をもたらすべく敵を引き入れた。アウァリはその王と共にフォルム・ユリイに侵入し、手当たり次第すべてのものを略奪し、町に火を放ち、出会う者すべてを捕虜として連行した。捕虜には偽りの約束をなし、彼らのもともとの出身地[93]であるパンノニアに住まわせると約束した。しかし、

---

92) イブリゴは、現在のジェモーナ（Gemona）とオソッポ（Osoppo）の北、トルメッツォ（Tolmezzo）近く、現在のインヴィッリーノ（Invillino）の近くにある城塞と考えられている。

93) 本書第Ⅱ巻第7章参照。

フォルム・ユリイの市民たちが祖国に戻り，「聖なる野」[94]と呼ばれるところに到着すると，アウァリたちは，すでに成人に達していた全ランゴバルドを刃で皆殺しにすることを決め，女たちや年少者は奴隷として籤で分配した。

　タソ，カッコ，あるいはラドゥアルドといったギスルフとロミルダの息子たちは，アウァリの悪意を知ると，ただちに馬に乗って，逃亡する。彼らのなかの一人が，幼き弟グリムアルドはまだ小さく，走る馬にはしっかり跨っていることができないと考えたので，この子が捕虜の軛に耐えるよりも刃によって死に絶えた方がましだと思い，殺そうとした。兄が刺そうとして槍を持ち上げると，この子は涙ながらに叫んで言った。「僕を殺さないで。だって僕はちゃんと馬に跨れるんだから。」そこで兄は手を伸ばし，彼を腕に抱えて，鞍のない馬の背に乗せ，出来る限りしがみついているように命じた。

　この子供は，素早く馬の手綱を手にとって，逃げて行く兄弟を彼自身も追いかけた。アウァリはこのことに気づくと，ただちに馬に乗り，彼らを追いかけた。他の兄弟たちは素早い遁走によって逃げ果した。だが，幼いグリムアルドは，より速く走ったアウァリの一人に捕らえられた。しかし彼を捕まえた者は，年齢の幼さ故に剣で傷つけるのは，相応しいことではないと考え，むしろ彼を自分の下僕にしようとして殺さなかった。捕縛者はグリムアルドを連れ，捕まえた馬の手綱を摑んで陣営に戻って来た。そしてかくも高貴な戦利品に上機嫌であった。幼児は，美しい姿をしており，目はきらめき，輝くような髪を靡かせていた。彼は自分が囚われの身なって連れて行かれるのを悲しみ，「小さな胸の内に大きな勇気を奮い起こし[95]」，この年齢の子供にも許されている剣を引き抜くと，子供の力ながら思いっきり，捕縛者の頭上に振り下ろした。

　突如脳髄に打撃を被ったので，敵は馬から崩れ落ちた。少年グリムアルドは馬の向きを変えると，喜び勇んで疾駆し，ついに兄たちに合流した。敵から逃れたことはもちろん，その上敵を倒したことを話し，グリ

　94）　その場所は不明。
　95）　ウェルギリウス『農耕詩』第4巻83行（蜜蜂の戦いの場での描写に用いられている）。

ムアルドは彼らに限りない喜びを与えた。実際，アウァリは成人に達していたランゴバルドを皆殺しにし，女たちや子供たちを隷属の軛に繋いだのであったから。一方あらゆる悪行の根源であったロミルダを，アウァリ族の王は，誓願を立てたことから，約束通り妻として迎えたが，それは一夜限りのことだった。ついには，彼女を十二人のアウァリに譲り渡してしまった。彼らは順番に従い，一晩中欲望の赴くままに彼女を強姦した。最後には，野原の真ん中に杭を立てるように命じ，この女をその先端に突き刺させた。その上，彼女を罵って言った。「お前にはこのような夫を持つのがふさわしい。」かくして，忌まわしい売国女はこのような結末で滅んだ。彼女は，市民や一族の安全よりも，自らの欲望に顧慮したのだから。

　一方，彼女の娘たちは母親が抱いた欲望には囚われず，貞潔に対する愛故，蛮族に汚されることのないように努めた。彼女たちは生の鶏の肉を帯の下，乳房の間にはさんだ。この肉が暑さのために腐敗し，悪臭を放った。そしてアウァリが彼女たちに触れようとしても，悪臭に堪えられず，この女たちは生まれつきこのように臭いのだと考え，彼女たちを罵りながら退散した。そしてすべてのランゴバルドの女たちは臭いのだと言った。このような手段によって，高貴な乙女たちはアウァリの欲望を回避し，自らの純潔を守った。そして，もし女たちがこのような目に合った場合に，純潔を守るために有用な手本を伝えたのであった。彼女たちは，後に様々な地域に売られたが，その高貴さに則して相応しい婚姻を得た。例えば，彼女たちのうちのある者は，アラマンニ族の王に，また別の者はバイオアリ族の君主に嫁いだと言われている。

　さて，本題の歴史記述はひとまず措くとして，今この場を借りてこれを書いている私の家系について個別に少しでも語っておくのが良いだろうし，主題がそうするように求めているので，上に述べた経緯をもう一度振り返っておくのが良いだろう。ランゴバルド族がパンノニアからイタリアに来たとき，同じそのランゴバルド族の出身である私の高祖父レウプキスも，彼らと一緒にやって来たのであった。彼はイタリアに何年か暮らしたのち，我が子を5人儲けて，彼らがまだ幼いうちに他界した。上述の捕囚の動乱が彼らを襲い，皆フォルム・ユリイの要塞を出て，アウァリの祖国へ難民として送られた。

彼らは多年にわたってその地域で捕虜の悲哀に堪え，すでに成人に達していたが，他の四人（彼らの名前は伝わっていないが）が隷属の苦しみに留まる一方で，ロピキスという五番目の末っ子は（彼は私の曾祖父になるのだが），思うに憐れみ深い父（神）に吹き込まれ，隷属の軛を振り払うことを，そしてランゴバルド族が住んでいると記憶していたイタリアを目指すことを決意し，自由の権利を求めることに努めた。

彼は歩み，逃亡した。携えていたのは，箙と弓と旅のための食糧を少し。どこに進んでいるのかもまったく見当もつかなかった。すると，彼の前に狼が現れ，彼の道連れと案内役になった。狼は彼の前を進み，しばしば後ろを振り返り，彼が立ち止まっているときは止まり，彼が進んでいるときは先に行くので，自分の知らない道を教えるように，この狼を神が自分に与えてくれたのだと考えた。何日かのあいだ山の人気のない場所をこのように進み，もともとわずかしか持っていなかったパンはまったく尽きてしまった。

彼は空腹を抱えながら道を歩み，すでに飢えのために衰弱し，疲労困憊に達した。そこで自分の弓を張り，食用に得ようとして，くだんの狼を矢で殺すことを望んだ。しかし狼は矢をかわし，彼の視界から消え去ってしまった。一方，狼がいなくなってしまったので，彼は自分がどこへ進んだら良いのかわからず，加えて空腹の苦しみによってすっかり弱り果て，生きる望みも失い，大地に身を倒れ伏した。そして眠りに就くと，ある人物が夢のなかで次のような言葉を語っているのを見た。

「起きよ。なぜお前は眠っている？　お前が進んでいる方向と反対に，急いで進め。そちらに，お前の目指すイタリアがある。」

彼はただちに起き上がり，夢のなかで聞いた通りの方角に進み始めた。すると間もなく，彼は人家に着いた。それは，スクラウィ族の住居であった。

彼の姿を一人の年老いた女性が見て，ただちに彼が逃亡奴隷であり，飢えの苦しみに苛まれていることを悟った。彼に対する憐憫の情に導かれ，彼女は彼を自分の家に匿い，こっそりと少しずつ食べ物を与えた。もし彼に満腹するまで食事を与えれば，彼の命をすっかり奪いかね

なかったからである。こうして彼女は彼に食物を適切に与え，彼は回復し，体力を取り戻すことができた。彼女は彼が旅をすることが出来るくらい元気になったのを見ると，食糧を持たせ，どの方角に進むべきか忠告した。彼は数日後にイタリアに入り，自分の育った家にたどり着いた。家はすっかり荒れ果て，屋根が無いばかりか，茨や蕀で一杯になっていた。それらを切り開き，壁のあいだに大きなトネリコの樹を見つけ，その樹に自分の箙をぶら下げた。

彼はその後近親者や友人たちの贈り物を得て，家を再建し，妻を迎えた。しかし彼の父親が持っていた資産は，何一つ得ることはできなかった。長期間の継続した所有によって父親の所有物を占有した者たちに，妨げられたのである。彼こそが，すでに上述したとおり，私の曾祖父である。そして，この人が私の祖父アリキスを儲けた。アリキスはウァルネフリトを儲け，ウァルネフリトはテウデリンダを妻として私パウルスと私の弟アリキスを成したのである。アリキスは，我々の祖父の名前を受け継いだのである。私の家の系譜について，少し語ったところで，本題の歴史叙述の道筋に立ち返ることにしよう。

38. タソとカッコの治世とその死について。

上述のように，フォルム・ユリイの君主ギスルフが没し，彼の息子であるタソとカッコが，この公国を治めることになった[96]。彼らは，その治世において，ゼッリア[97]と呼ばれるスクラウィ族の地方を，メダリア[98]と呼ばれる場所まで所有した。それで，ラトキス公の時代まで，スクラウィ族は，フォルム・ユリイの君主たちに租税を納めていたのである。この二人の兄弟を，ローマ人のパトリキウスであるグレゴリウスは，オピテルギウム〔オデルツォ〕[99]の町で巧妙な奸計によって滅ぼし

---

[96] 614年頃。

[97] ドラヴァ川の支流であるガイル川（Gail）の渓谷に相当。現在のイタリアとオーストリアの国境の東部分に沿い，オーストリア側の土地である。

[98] 現在のオーストリアのマグレルン Maglern（イタリアのタルヴィジオ Talvisio 近く），もしくはメルデルンドルフ Mörderndorf に相当すると見なされている。

[99] 現在のヴェネト地方の町，ヴェネツィアから北東に40キロ離れた地点にある。

た。というのも、自分は慣例に従って髭を落とし[100]、彼を自分の息子にするという約束をタソになし、タソ本人が兄弟のカッコと選り抜きの若者たちを連れて、何の悪巧みも恐れずにこのグレゴリウスの許に行ったのである。彼が身内を率いてオピテルギウムに入ると、ただちにパトリキウスは城門を閉ざすように命じ、タソと彼の仲間に対して武装した兵士たちを差し向けた。

　タソ一同はこのことを察知すると、勇敢に戦いに臨んだ。最後に接吻を交わし別れの挨拶をすると、市中の一つ一つの広場にあちこちと散らばり、出会う者たちは片っ端から斬り殺し、ローマ人の兵士たちを血祭りに挙げたが、最終的には自分たちも殺された[101]。パトリキウスのグレゴリウスは、立てた誓いのために、タソの首を持ってくるように命じた。そして裏切り者は、タソの髭を約束通りに剃り落とした。

39. フォルム・ユリイ公グラスルフについて。ロドアルド[102]とグリムアルドがベネウェントゥムにやった来たことについて。

　彼らがこのように亡くなると、ギスルフの弟グラスルフ[103]がフォルム・ユリイの君主となった。しかし、ラドアルドとグリムアルドは、伯父のグラスルフの治世の下で生きることをつまらないと思い、もうすでに青年期に近づいていたので、船に乗って漕ぎ進み、ベネウェントゥムの国境まで到達した。そこから、かつての自分たちの教育係であり、今やベネウェントゥムの君主となっていたアリキスの許へと急いだ。そして彼に暖かく迎えられ、息子のようにもてなされた。この頃[104]、バイオアリの君主タッシロが亡くなり、その息子ガリバルドは、アグントゥム[105]でスクラウィ族に敗れ、バイオアリの領土は蹂躙された。しかし

---

100)　背景には、おそらくビザンティンとランゴバルドのあいだの同盟関係があるのだろう。

101)　625 年。

102)　本文ではラドアルド。

103)　フォルム・ユリイ公として、在位は 625-653 年頃。しかし彼についての伝記的情報は殆どない。ラドゥアルドとグリムアルドというギスルフの息子がおり、しかも成人していたのに、グラスルフがタソの後継者となった理由は不明。

104)　Capo によれば、これは実際には 610 年頃に遡るできごと。

105)　Foulke によれば、現在のオーストリア国境にある町、インニヒェン Innichen（イ

ながら，バイオアリ族は巻き返し，敵から戦利品を奪い返し，自分たちの領邦から敵を駆逐した。

40. 皇帝やフランク族との講和について。ヒストリアの略奪について。グンドアルドの死について。

　アギルルフ王は皇帝と一年間，そして再び翌年も和平を成立させ，フランクとも平和協定を更新した[106]。それにもかかわらず，この年スクラウィ族が兵士たちを殺害し，ヒストリアを悲惨なほどに略奪した。続く3月には，トリデントゥムでキリストの下僕，セクンドゥスが亡くなった[107]。彼のことについてはすでにしばしば述べたが，彼自身の時代に至るまでのランゴバルドの歴史を，簡潔に著している[108]。この頃，アギルルフは再び皇帝と和平を更新した。また，フランクの王テウデペルトはこの頃に亡くなり，彼らのあいだで大変深刻な戦闘が生じた。テウデリンダの兄弟であるグンドアルドは，アスティ公であったが，やはりこの頃に弓矢で射殺された。彼を殺した人物は不明である[109]。

41. アギルルフの死とアダロアルドの統治について。アダロアルドが王位を追われたこと。アリオアルドの統治について。

　アゴとも呼ばれた王アギルルフは，二十五年の治世の後，生涯を終えた[110]。王国には，母テウデリンダとともに，その息子でまだ少年のアダロアルドが遺された。彼らの指揮によって，教会は改修され，神聖なる場所には多くの喜捨が施された。しかし，アダロアルドは精神錯乱によって発狂し，母とともに十年間統治した後[111]，王位を追われた。そし

タリアではサン・カンディド San Candido）に相当する。ただ，オーストリアのリエンツ付近には，この地名が残っているようである。
　106）　610-611 年。
　107）　612 年。
　108）　本書第Ⅲ巻第 29 章，第Ⅳ巻第 27 章（注 61）を参照。
　109）　フレデガリウスによれば（第 4 巻第 34 章），彼のランゴバルドのあいだの人望を恐れたアギルルフとテウデリンダによって，暗殺された。
　110）　590 年頃に王位に就き，616 年頃亡くなった。
　111）　616-626 年。王の乱心については，フレデガリウス（第 4 巻 49-50 章）にも証言

てランゴバルド族は，アダロアルドの後継者として，アリオアルド[112]を王位に就かせた。この王の事績については，我々にはほとんど伝わっていない。

　この頃，スコッティ族出身の福者コルンバヌスは，ガリアのルクソウィウム〔リュクスイユ〕に修道院を設立した後，イタリアにやって来てランゴバルドの王に歓待された[113]。アルペス・コッティアエにボビウムという修道院を建てた。この修道院は，ティキヌムの町から四十マイル離れていた。その場所には個々の君主たちやランゴバルド族から，多大な所有物が喜捨され，そこの修道士の共同体は大きなものになった。

42. アリオアルドの死とロタリの統治について。アリキス公が自分の息子アイオを王に派遣したこと。

　アリオアルドはランゴバルド族を十二年間支配した後，この世を去った。ランゴバルドの王国を継承したのは，アロドゥス家のロタリであった[114]。彼は武力において優れ，正義の道に従っていたが，キリスト教の正道を信仰しているわけではなかった。異端であるアリウス派の邪宗に染まっていたのである。というのも，アリウス派は罰当たりにも，子が父よりも劣り，聖霊は父や子よりも劣ると言っているからである。一方，我々正統派（カトリック）は，父と子と聖霊とは三つのペルソナにおいて一つの真なる神であり，等しい力と同じ栄光に与っていると告白するのである。この頃，この王国のほとんどすべての各都市に，二人の司教が存在した。一人は正統派で，一人はアリウス派であった。ティキ

がある。王は，ビザンティン皇帝マウリキウスからの使者，エウセビウスなる者によってとある香油を塗られ，エウセビウスの言うことしか聞かなくなった。王は，ランゴバルドの王国の貴族，有力者を殺害し，国をビザンティンに譲り渡そうとしたことになっている。

　112）　フレデガリウス（第4巻第50章）によれば，アリオアルドはトリノ公で，アダロアルドの姉妹のグンディペルガを妃としていた。なお，同じくフレデガリウスによれば，アリオアルドは毒殺された。Gasparri（pp. 51-52）によれば，正統派信仰のテウデリンダ派に対して，アリウス主義を信仰するアリオアルド派が反抗した。なお，イタリア侵攻当時，ランゴバルドはアリウス派を信仰していた。

　113）　実際には，アギルルフの存命中，612年頃にイタリアに到達した。

　114）　もとはブレーシャ公で，636年に王位に就く。アリオアルドの統治は，実際には10年間であろう。

ヌムの町でも，このことは現在に至るまで認められる。アリウス派の司教は，聖エウセビウス教会にあって洗礼を行う。一方，正統派教会の別の司教も存在する。

とはいえ，ティキヌムにいたアリウス派の司教は，その名をアナスタシウスと言い，彼は正統派に改宗し，後にキリスト教の教会を指導した[115]。このロタリ王は，それまでただ記憶と慣行によってのみ維持されていたランゴバルドの法律を，一連の文書によって編纂し，この文典を『法令』と呼ぶように命じた[116]。それは，ランゴバルドがイタリアにやって来て77年目のことであり，王自身が『法令』の序文で述べている通りである。この王に対して，ベネウェントゥムの君主アリキスは，自分の息子アイオを派遣した。彼はティキヌムに向かう途中ラウェンナに寄ったが，そこでローマ人の奸計によって毒を盛られ，毒は彼を精神的に狂わせてしまった。そしてこれ以降，彼は健全な精神状態になることはなかった。

43. ベネウェントゥム公アリキスの死とアイオの公国支配について。

アリキスは，今述べたところの人物の父であり，すでに晩年を迎え，死期に近づいていたが，実子アイオが精神的に錯乱したことを知り，すでに若さの盛りを迎えていたラドアルドとグリムアルドを，あたかも我が子のように，自分の許にいたランゴバルドに推挙した。そして，実子アイオよりも，彼ら二人の方がより良くランゴバルドを統治するだろうと言った。

44. アイオの死とラドアルドの公国支配について。

公国を五十年間統治したアリキスが没すると[117]，彼の息子アイオはサ

---

115) 正統派に改宗したのは，ロタリの死後であろう。679年には，パヴィーアの正統派司教として単性論を反駁する公会議に出席した。
116) 643年11月。
117) 640-641年頃。

ムニテス（ベネウェントゥム）公となった。とはいえ、ラドアルドとグリムアルドは、彼が自らの兄や君主であるかのようにずっと彼に服した[118]。アイオはベネウェントゥム公国をすでに一年と五か月支配していたところ、大艦隊を伴ってスクラウィが襲来し、セポントゥム[119]から遠くないところに陣営を設けた。彼らは陣営の周囲に隠れた落とし穴を掘った。ラドアルドとグリムアルドが不在のときに、アイオがやって来て彼らを撃退しようとしたが、彼の馬がこの落とし穴の一つに落ちてしまった。スクラウィは彼に向かって突撃し、アイオは他の何人かの者たちと一緒に殺されてしまった[120]。このことがラドアルドに伝えられると、彼はすぐにやって来て、スクラウィに彼らの母国語で話しかけた。それ故に、彼らが戦いに戻るのが緩慢になると、彼らにただちに襲撃を仕掛け、大いに殺しまくって滅ぼした。アイオの死の復讐をはかり、残っていた敵たちがこの国から敗走するように追い込んだ。

45. ロタリの奪った都市について。

　ロタリは、トゥスキアの都市ルナ〔ルーニ〕[121]からフランク族の国境に至るまでの、海岸沿いに位置するすべてのローマ人の諸都市を掌握した。タルウィシウムとフォルム・ユリイのあいだに位置するオピテルギウムも、同様に攻略し破壊した。ラウェンナにいたローマ軍とも、スクルテンナ〔パナロ〕と呼ばれるアエミリアの川のほとりで干戈を交えた[122]。この戦争で、ローマ側で八千人が死に、残りは敗走した。この頃、ローマでは大きな地震が起き、そのとき大きな津波も発生した。続いて、疥癬が流行した。炎症を起こしたひどい腫瘍のために、誰一人として死者が自分の身内であることにすら気づかない程であった。

　118）　上述のように、アイオは精神に異常をきたし（第42章）、また父アリキスもアイオよりラドアルドやグリムアルドの方が君主にふさわしいと考えていた（第43章）にもかかわらず、ラドアルドやグリムアルドがアイオを奉った、ということ。
　119）　南イタリア、プーリア州、ガルガーノ半島のあたり。
　120）　641-642年頃。
　121）　現在のラ・スペツィア（La Spezia）のあたり。
　122）　644年頃。

46. ラドアルド公の死について。公国において彼の弟グリムアルドが兄の跡を継いだこと。

ベネウェントゥムでは、五年間公国を支配した君主ラドゥアルドが没し[123]、彼の弟であるグリムアルドが君主となり、サムニテスの公国を二十五年間治めた[124]。彼は捕虜でありながら、高貴な血筋で、その名をイタという女性とのあいだに息子ロムアルドと二人の女児を儲けた。グリムアルドは極めて好戦的な人物であり、どこにあっても著名だった。この頃、ガルガヌス山[125]に置かれた聖天使の聖所を略奪するためにギリシア人が来たが、グリムアルドは兵を率いて彼らに襲い掛かり、一人残らず殺してしまった。

47. ロタリ王の死とロドアルドの支配について。

ロタリ王は十六年と四か月のあいだ在位した後[126]、死去し、ランゴバルドの王国を息子ロドアルドに遺した。ロタリは洗礼者聖ヨハンネス教会の隣りに埋葬された[127]。ところが、しばらく後に、ある者が忌まわしい欲望に焚き付けられ、夜陰に乗じて墓所を暴き、見つけ出した遺体の副葬品を悉く奪った。この者にヨハンネスが幻視を通してあらわれ、彼をひどく怯えさせ、言った。

「何故お前はあの人の亡骸に触れる気になったのだ。彼は確かに正しい信仰は持っていなかったが、それでも私に自分を委ねたのだ。お前はこのようなことを仕出かしたのだから、私の聖堂には今後決して足を踏み入れないように。」

---

123) 646-647年頃。
124) 646/647-671年（パウルスは、グリムアルドがランゴバルドの王だった時代も含めて数えている）。
125) 現在の南イタリア、ガルガーノ半島に聳えるサンタンジェロ山（Monte Sant'Angelo）。5世紀に起源を発する聖ミカエルの聖域がある。
126) 636-652年。
127) モンツァ（モディキア）のサン・ジョヴァンニ・バッティスタ教会。本巻第21章参照。

そして，言われたとおりにこのことは実現した。彼が聖ヨハンネスの聖堂に入ろうとする度に，喉がこの上なく強い拳固で殴られたように，彼はたちまち仰向けにひっくり返り，教会から追い出されたのだった。私はキリストの御名において真実を語っている。これを私に報告した者は，他ならぬこのことが起きたのを自分の目で目撃したのである[128]。

ロドアルドは，父の葬儀の後，ランゴバルドの王国を継承し，アギルルフとテウデリンダの娘グンディペルガを妻に迎えた[129]。この王妃グンディペルガは，自分の母に倣って，母がモディキアで行ったのと同様に，彼女はティキヌムの城壁の中に洗礼者聖ヨハンネスを讃える聖堂を建立し，これを驚くべきやり方で金と銀と掛け布で飾り，個々の装飾を十全に施した[130]。そこに彼女の亡骸も埋葬されている。彼女が不義の罪で夫の許にあって告発されたとき，彼女の側近である下僕（名前はカレッルスと言ったが）が，王妃に罪を負わせた人物と，主人の貞節のために自分が一騎打ちで戦うことができるよう，王に求めた。彼はこの罪深い人物と決闘し，彼をすべての民衆の見ている前で殺した。王妃はこのことにより，以前の権威を取り戻した。

48. ロドアルド王の死とアリペルトの支配について。

ロドアルドもまた，伝承によれば，ある人物の妻を犯しているときに，その夫に殺された。七日と五箇月[131]統治した後のことだった。王

---

128) このエピソードは，ヤコブス・デ・ウォラギネ『黄金伝説』（第119話「洗礼者聖ヨハネ刎首」，前田敬作・山口裕訳，平凡社ライブラリー版第2巻，p. 356）においても引用されている。

129) フレデガリウス（第4巻第70章）によれば，ロタリは（アリオアルド王の妻だった）グンディペルガに呼び出され，王位に就いた。ブレーシャ公だった彼は自らの妻を捨てて，グンディペルガを娶った。だとすれば，（ロタリが先妻とのあいだに儲けた）ロドアルドが，継母のグンディペルガ（600年頃の生まれか？）と結婚したとは考えられない。これは，パウルスの誤謬だろう。

130) サン・ジョヴァンニ・ドミナルム（San Giovanni Dominarum）教会。

131) 写本は「五年」と伝えているが，『ランゴバルドの起源』はロドアルドの短い治世には触れず，『ゴート写本のランゴバルドの歴史』（第8節）は「六箇月」としている。そこで，近年の刊本では，「年 annis」の代わりに「月 mensibus」としている。7日という日数への言及もあることからも，この介入は妥当だろう。

国の統治者として彼の後継者となったのは，アリペルトである[132]。彼は，テウデリンダ妃の兄弟であるグンドアルドの息子であった。アリペルトは，ティキヌムに救世主の聖堂を建てた。これは，マレンカ門と呼ばれる西側の門の外にあるが，彼は様々な装飾によって飾り立て，奉納の品で豊かにした[133]。

49. ヘラクリウス帝と彼の後継者コンスタンティヌス帝の死について。次代のコンスタンティヌス帝の統治について。

この頃[134]，皇帝ヘラクリウスがコンスタンティノポリスで亡くなり，その息子のヘラクロネスが，母親マルティナとともに統治権を引き継ぎ，二年間支配した。彼が亡くなると，彼の兄弟であったコンスタンティヌスが帝位を襲った。コンスタンティヌスは，ヘラクリウスのもう一人の息子であり，六か月支配した。その彼も亡くなると，その息子のコンスタンティヌスが帝位に就き，二十八年間にわたって統治した[135]。

50. ペルシャ人の王妃ケサラについて。

この頃，ペルシャ王の妻でケサラという方が，ペルシャから離れ，わずかな忠実な側近を連れ，お忍びの服装でコンスタンティノポリスにやって来た。これは，キリスト教への愛故のことだった。彼女は皇帝によって丁重に迎えられ，何日かの後に，希望通りに洗礼を受け，皇后によって洗礼盤から助け起こされた。このことを彼女の夫，ペルシャの

---

132) 653年。

133) マレンカ門は，1823年に取り壊された。なお，修道院（Monastero di S. Salvatore）は18世紀に一度廃されたが，その後20世紀初頭に再建された。この聖堂建立をもって，ランゴバルドに初めて正統派信仰を持った王が現れたと見なされている。

134) 641年。

135) 実際には，ヘラクリウスの死後，コンスタンティヌス三世とヘラクリウスの息子であるヘラクロネスが帝位を継承した。しかし，三か月後にコンスタンティヌス三世は毒殺される。まだヘラクロネスは少年だったので，母親マルティナとコンスタンティノポリス総大司教であったピッロスが実質的には国政にあたった。しかし，ピッロスはこの機に乗じてキリスト単意説を強要したので，単性論者や正統派の強い反発を招くことになり，641年の終わりには，ヘラクロネスは帝位を追われた。こうして，コンスタンティヌス三世の息子，コンスタンス二世が皇帝となり，668年まで統治した。

王が耳にすると，妻を自分の許に還してもらうために，コンスタンティノポリスの皇帝に使者たちを派遣した。皇帝の許にやって来た使者たちは，妃を捜しているペルシャ王の言葉を伝えた。皇帝はこれを聞いたが，事態がまるで呑み込めず，彼らに次のように返答した。

「お尋ねになっている王妃については，私たちは何も知らないと言うしかない。ただ，ここ我々の所には，とある女性がお忍びの姿でお出でであるが。」

そこで使者たちは答えて曰く，

「もし御意に適えば，仰せの女性にお目にかかりたく存じます。」

女性は皇帝の命令を受けてやって来ると，使者たちは彼女の姿を見るや否や，その足元に平伏し，丁重に王が彼女を捜していることを申し上げた。彼女は彼らに対して答えた。

「さあ，行ってそなたらの王，そなたらの君主に伝えるが良い。私が入信したように王もキリスト教に入信することがなければ，彼はもはや私をこれ以上閨の伴侶にしておくことはできないでしょう。」

これ以上は多言を要さないだろう。彼らは祖国に戻ると，聞いたことをすべて王に報告する。王は躊躇うことなく，六万の人々を率い，平和を保ってコンスタンティノポリスの皇帝の許にやって来た。彼は，皇帝によって歓喜と充分な敬意をもって迎えられた。王は同行したすべての人々と共にキリストを主と信じ，すべての人々と一緒になって洗礼の水に浸り，皇帝によって洗礼盤から助け起こされた。彼は正統派の信仰によって確かめられ，皇帝から多くの贈り物を受けて讃えられ，妻を迎え入れ，喜びいさんで本国へ戻った[136]。

---

136) ペルシャ皇帝の改宗の物語は，民間伝承に基づくものだろう。フレデガリウス（第4巻第9章）にも同種の出来事が記載されているが，同書によれば587年，マウリキウス帝の治世のこととされている。ただし，六世紀のペルシャ皇帝（とくにホスロー二世）は，

この頃，フォルム・ユリイでは君主グラスルフが没し，公国領をアゴが継承した[137]。スポレティウムでもテウデラウプスが亡くなり，アットがこの都市の君主になった[138]。

51. アリペルトとその後継者である息子ゴディペルト（＝ゴデペルト）の死について。グリムアルドの統治とガリパルド公の死について。

アリペルトはティキヌムでランゴバルドを九年間統治した後[139]，死去し，王国を継ぐべきものとして，すでに成人した二人の息子たち，ペルクタリトとゴデペルトに遺した。ゴデペルトはティキヌムを，他方ペルクタリトはメディオラヌムを根城にした。悪意を持った人々が暗躍し，二人の兄弟のあいだには不和や憎悪の火付け木が積み上げられ，互いに互いの王権を侵害しあうことになった。このことで，ゴデペルトはトリノ公ガリパルドを，当時ベネウェントゥムの勇壮なる君主であったグリムアルドに派遣し，できるだけ早く来て，兄弟ペルクタリトと争うにあたって助けるように誘おうとした。引き換えに先王の娘，自分の妹を彼に与えることを約束した。しかし，使者は不正にも彼の主君の意向に背いて行動し，グリムアルド自身がやって来て，青二才の兄弟の取り合っている王権を奪取するように推奨した。グリムアルドは年齢的に成熟しており，賢明さとすぐれた武力を備えていたからである。

グリムアルドはこれを聞くと，ただちにランゴバルドの王国を獲得することに心を奮い立たせた。ベネウェントゥムは息子のロムアルドを君主として定め，彼自身は精鋭部隊を率いて，ティキヌム目指して急行した。そして，道中の多くの都市を王権獲得のための味方や協力者として自分の側に取り込んだ。他方，カプア伯のトランセムンドをスポレティウム公国やトゥスキア公国へと派遣し，この地域のランゴバルドを自分

領内のキリスト教徒に寛容な政策をとっていたことから，こうした物語が形成される土壌はあったのだろう。

137) 653年頃。
138) 653年頃。テウデラウプス（もしくはテウデラピウス）については，本巻第16章を参照。
139) 652-661年。

たちの同盟に取り込もうとした。トランセムンドは命じられたことを武力を揮って実行し，多くの援軍を引き連れて，アエミリアにおいてグリムアルドの行軍に合流した。こうして，グリムアルドは屈強な戦士たちの大群を率いてプラケンティアの近くまでやって来て，ゴデペルトが彼に使者として派遣したガリパルドをティキヌムへ先遣し，ゴデペルトに自分の到着を知らせようとした。

　彼はゴデペルトの許に来ると，グリムアルドは間もなく到着するだろうと言った。ゴデペルトがガリパルドに，どこでグリムアルドを迎える準備をするべきかと尋ねると，ガリパルドはこう返答した。グリムアルドは，ゴデペルトのために来たのであり，また妹君を妻に迎えることになっているのだから，宮殿のなかでおもてなしするのが筋でしょうと。こうして，その通りに事が運んだ。グリムアルドはやって来て，宮殿のなかに滞在の場を与えられた。悪事の張本人であるこのガリパルドは，服の下には必ず胴鎧を身に着けてグリムアルドとの会談に臨むように，ゴデペルトを説き伏せた。グリムアルドは彼を殺そうとしているからだと言った。そして欺きに長じたこの策士は，グリムアルドのもとに戻って言った。もししっかり武装していなければ，ゴデペルトは剣であなたを倒そうとすることでしょう，と。彼と話すためにやって来るときには，ゴデペルトは服の下に胴鎧を身につけているはずだ，と言った。

　これ以上何を付け加えることがあろう。翌日会談の場に二人が赴き，グリムアルドがゴデペルトを挨拶の後に抱き締めると，たちまち彼が服の下に胴鎧を纏っていることを悟った。躊躇なく，剣を抜き放って彼の命を奪った。彼の王国とすべての権力を横取りし，それらを自分の支配下に置いた。その当時ゴデペルトにはすでに幼い息子がいた。その名をラギンペルト[140]と言い，彼はゴデペルトの忠臣たちによって救い出され，こっそりと養育された。グリムアルドも彼を追及しようとはしなかった。というのも彼がまだ子供だったからである。このことを聞くと，メディオラヌムで統治していたペルクタリトは，自分の兄弟が殺されたので，可能な限り迅速に逃亡し，アウァリ族の王カカヌスの許にまでたどり着いた。彼は，妻のロデリンダとクニクペルト[141]という名の

---

140) のちにランゴバルドの王となる（本書第Ⅵ巻第18章参照）。
141) のちにランゴバルドの王となる（本書第Ⅴ巻第35章参照）。

幼い息子をメディオラヌムに残したが、グリムアルドは彼らを追放し、ベネウェントゥムに送った。

　こうしたことがなされ、その後のガリパルドについての話である。彼は人をそそのかし、戦わせて上に述べたような成果を達成したが、これだけを行うに留まらず、使節の任務に際しても欺瞞を働いた。それは、彼がベネウェントゥムに運ぶことになっていた贈り物を、すべては届けなかったのである。こうした所業の担い手は、長くは喜んでいられないものである。トリノに、本来ゴデペルトの家に仕えていた一人の侏儒があった。彼は、ガリパルドが他ならぬ聖なる復活祭の日に聖ヨハンネス教会[142]に祈祷に出かけるのを知っていたので、聖なる洗礼盤の上に乗り、天蓋を支えている小柱に左手で摑まった。ガリパルドがその小柱の脇を通りかかることになっていたから。侏儒は抜き身の剣を外套の下に隠し持ち、ガリパルドが通り過ぎようと彼の傍らにやって来ると、外套を捲り上げ、力いっぱい相手の首に目掛けて剣を打ち込み、たちまち首を刎ねてしまった。ガリパルドに同行していた者たちは、彼に駆け寄り、膾の如く斬り苛み殺してしまった。彼は死したが、それでも主君ゴデペルトが受けた不正を立派に晴らすことになった。

142）　現在の大司教座聖堂（Cattedrale di San Giovanni Battista）。

第Ⅴ巻

1. いかにしてグリムアルドが，王権を固めた後に，アリペルト王の娘を娶ったか。

かくして，グリムアルドは，ティキヌムにおける王位を確立すると[1]，その後程なくして，すでに約束されていた王アリペルトの娘を妻として迎えた。もっとも，彼は彼女の兄ゴデペルトを殺していたのであるが[2]。王位を獲得するのに助けとなったベネウェントゥムの軍勢を，多大な贈り物を与えて本国へ還した。しかし，そのなかの何人かは自分と一緒に暮らすべき者たちとして留め，大層気前よく彼らに財産を分与した。

2. ペルクタリトの逃亡について。いかにして彼がグリムアルドの許に戻り，そして再びフランスに逃げたか。

この後，彼はペルクタリトが逃亡し，スキュティア[3]に向かい，カカヌスの許で滞在していることを知ると，アウァリの王カカヌスに使節を通じて，もしペルクタリトをその王国に留めるのであれば，これまで保ってきたランゴバルドと彼らのあいだの平和は，保てなくなると通告した。アウァリの王はこれを聞いて，ペルクタリトを呼び寄せ，彼のためにアウァリがランゴバルドとのあいだに敵対関係を作り出さないようどこでも望むところに行くように命じた。一方，ペルクタリトはこれを聞くと，イタリアのグリムアルドの許へ戻るべく出発した。というのも，グリムアルドはとても寛大な人物だと聞いていたからである。そこで，ラウス〔ローデイ〕の町に着くと，自らの到着をグリムアルド王に告げるべく，一足先にウヌルフスを王の許へ遣わした。彼はペルクタリトにたいへん忠実な人物であった。実際ウヌルフスは，王の許へやって来て，ペルクタリトが王を信頼して参上することを告げた。これを聞くと，自分を信じてやって来た彼は何ら危害を蒙ることはないだろう，と

---

1) 662 年。
2) 本書第Ⅳ巻第 51 章参照。
3) スキュティアなる地名は，ギリシア・ローマの古典の伝統に従えば，黒海の北や北東地域を漠然とさしている。ペルクタリトはアウァリの許に逃げたが，アウァリはスキュタイではなく，また当時黒海北側に住んでいたという訳でもない。本書第Ⅳ巻第 37 章を見る限り，パンノニアが彼らの居住地だったようである。

誠実に約束した。

　とかくするうちに，ペルクタリトはやって来て，グリムアルドの前に進み出た。王の足下に平伏そうとすると，王は彼を寛大にも引きとめて，そして口づけせんとして助け起こした。

　ペルクタリトは，「私は陛下の下僕です」と言った。

> 「陛下が立派なキリスト教徒であり，篤い信仰をお持ちであることを存じ上げておりますので，異教徒のあいだでも生きてゆくことができますけれども，私は陛下の御寛大さを信頼して御足下に参じたのでございます。」

　彼に対し，王はしきたり通り，誓いを立て以下のように約束して言った。

> 「そなたは私の庇護に信頼を寄せてやって来たのであるから，私をこの世に誕生させられた方（神）に誓って，ひどい目に遭うことはない。それどころか，私はそなたがその身に相応しく暮らせるよう，そなたのために配慮するつもりである。」

　こうして，王は彼に広い邸を与えてもてなし，長旅の労苦の後だから休まれるが良いと命じた。さらに，公費によって彼に食事や必要物資がふんだんにあてがわれるよう指示した。ペルクタリトが王から自分のために用意されたもてなしを受けるようになると，ただちに彼に面会したり旧交を温めようとして，大勢のティキヌムの市民たちが押し寄せるようになった。

　しかし，いったい悪しき舌が何を壊しえないことだろうか。悪意を抱いたおもねり連中が王の許に来て，讒言した。曰く，ペルクタリトを一刻も早く始末しないと，王様の方が王位と命を失われることでしょう。さらに，このために全市民はペルクタリトの許に集まっていると力説した。この話を聞いてグリムアルドは，すっかり彼らの言を鵜呑みにしてしまい，約束したことを忘れて，ただちに罪なきペルクタリトに対する殺意に燃え上がった。そして，いかにして翌日に（その日はもう時刻が遅

かったので）彼の命を奪うか計略を練った。夕暮れに様々な料理，極上の葡萄酒，いろいろな種類の飲み物をペルクタリトの許に送った。その夜，彼が大量の飲み物で酩酊し，葡萄酒で前後不覚に陥り，我が身の安全を考えられなくなるほどに酔わせることが狙いだった。このとき，以前彼の父に仕えていた者が一人いた。ペルクタリトに王からの晩餐を運んで来たとき，あたかも彼に挨拶しようとするように，頭を食卓の下に隠れる程下げ，そっと王が彼を殺そうとしていることを告げた。

　ペルクタリトはただちに酌の係りに命じ，自分の銀の杯には，少量の水以外は何も注ぐことのないように言った。様々な飲み物を王の許から運んできた者らは，王の命令どおりに彼に杯を飲み干すように求め，彼も王の名誉のために飲み干すことを約束したが，ほんの少しの水を銀の杯から飲むだけだった。従僕たちがこのことを王に伝え，彼はがぶがぶ飲んでいたと言えば，王は上機嫌でこう言った。

　　「大酒飲みのあの者には飲ませるがよい。明日は血の混じったその
　　葡萄酒を，そっくり吐き出すことだろう。」

　一方ペルクタリトは，素早くウヌルフスを呼び寄せ，王が自分を殺す計画を立てたことを知らせた。ウヌルフスはすぐ自分の下僕を家へ送り，自分のために寝具を持ってこさせた。そして，自分の寝台をペルクタリトの寝床の隣りに置くように命じた。
　即座に，王グリムアルドは，自分の家来を差し向けた。ペルクタリトが休んでいる家から決して逃げることのないよう，その家を監視する必要があったからである。晩餐が終わると，すべての者は出て行き，ペルクタリトの他，ウヌルフス，そしてペルクタリトの近習だけが残った。二人がペルクタリトに忠実なことは，明らかだった。ペルクタリトとウヌルフスは，近習に一計を打ち明け，ペルクタリトが逃亡する際に，彼が寝室で休んでいるかのようにできるだけ長く芝居を打つよう願った。近習がそうすることを約束すると，ウヌルフスは自分の寝具類と熊の毛皮でペルクタリトの背中と首を覆うと，はかりごと通り彼を田舎者の下僕であるかのように戸口から追い払おうとした。彼に多くの乱暴狼藉を働き，その上頭から鞭打ちを浴びせ掛け，急き立てることを止めず，ペ

ルクタリトは追い立てられ，打擲されしばしば地面に倒れる程だった。監視のために配置されていた王の従者らは，これは何事かとウヌルフスに尋ねると，ウヌルフスは言った。

> 「その愚かな下僕は，酔いどれのペルクタリト様の寝室に，私の寝台を置いてしまったのです。あの方は葡萄酒をたくさん聞こし召され，死んだように横になっています。しかし，ここまであの方の気狂い沙汰に付き合えばもう充分です。最早今後は，我が主君が生きている限りは，私は自分の家に留まることにします。」

彼らはこれを聞くと，自分の耳にしたことが本当だと信じ込み，喜んだ。そして，彼とペルクタリト（彼らは下僕だと思ったし，正体を悟られないように顔を隠していたから）を通し，立ち去ることを許可した。彼らが立ち去ると，かの忠実なことこの上ない近習は，念入りに入り口を塞ぎ，その中に独り留まった。ウヌルフスは，ティキヌス川に面した角の城壁から綱によってペルクタリトを下ろし，彼のために出来る限りの同志たちを集めた。彼らは放牧地で見つけた馬を奪い，その晩のうちにアスティの町へと急いで向かった。そこにはペルクタリトの友人たちが待っており，彼らはその当時まだグリムアルドに抵抗していたのだった。それからできるだけ早く，ペルクタリトはトリノの町を目指し，イタリア国境の峡谷を越えると，フランク族の国に到達した。こうして全能なる神は憐憫を配られることで，無辜の者を死から救い出され，心から善をなすことを望んでいた王を罪からお救いになったのである。

3. ウヌルフスとペルクタリトの近習に対するグリムアルド王の慈悲。

一方，グリムアルドはペルクタリトが彼の住まいで眠っていると考えて，彼の住まいから宮殿に至るまでのここかしこに，多くの人々を立たせ，彼らのあいだを通ってペルクタリトが連行されるようにし，彼が逃亡できないようにした。ペルクタリトを宮殿へ召喚するよう王から派遣された人々が，彼が眠っていると思しき寝室の扉を叩いたので，中にい

た例の近習は彼らに求めて言った。

「どうぞ御慈悲を与えてください。もう少し眠ることをお許しください。お殿様はこれまでの長旅で疲れ，とても深い眠りに陥っているのですから。」

このことを彼らは聞くと，王にそのまま，まだペルクタリトは深い眠りに落ちて眠っている，と報告した。すると王は，

「昨晩彼は酒をしたたか飲んだが，今になっても起きられない程なのか。」

それにもかかわらず彼を叩き起こして宮殿に連行するようにと命じた。
　やって来た彼らは，ペルクタリトが眠っていると思っている寝室の扉を，一層激しく叩き始めた。すると近習は彼らに，ペルクタリトがほんの少しだけでも眠ることを許してくれるよう懇願し始めた。彼らは苛立って，酔いどれはもう充分休んだぞと叫び，直ちに寝室の扉を蹴破り始め，中に入ってペルクタリトを探した。彼を見つけることが出来ないので，さては憚りに行ったのではないかと思った。しかしそこにも彼の姿は見えないので，近習にペルクタリトに何が起きたのかと尋ねると，彼は逃げてしまったと答えた。そこで彼らは近習の髪の毛を摑み，狂ったように彼を鞭で打ちながら，引きずるように宮殿へ連行した。
　彼を王の前に引き連れてきた者たちは，この者がペルクタリトの逃亡に加担していたこと，それ故に死罪に相当することを述べた。王はこの者を放すように命じ，いかにしてペルクタリトは逃げたか，順を追って彼に尋問した。彼は行われた通りに一部始終を王に話した。そこで，王は取り巻きの者たちに問うて言った。

「こんなことをやり遂げたこの男について，お前たちはどう思うか。」

すると一同声を揃えて，この者は多くの拷問をかけて責め苛み，殺すに相当すると答えた。これに対して王は言った。

「私をこの世に生まれさせた人にかけて，その者は主君に対する忠義のために殺されることも厭わなかったのであり，恩恵を受けてしかるべきだ。」

王は彼を自らの近習の一員として加えることを命じた。ペルクタリトに抱いたのと同じ忠誠心を自分に対しても守ってゆくように諭し，さらに，彼に多くの俸給を存分に与えることを約束した。

王がウヌルフスはどうしているか尋ねると，彼は聖天使ミカエル教会に逃げ込んだと言った。王は直ちにウヌルフスの許に使者を派遣し，決して危害を与えないことを自分の方から約束し，自分を信頼するように命じた。ウヌルフスは王のこのような約束を聞くと，ただちに宮殿に赴き，王の足下に身を投じると，王から，いかにしてペルクタリトは逃げることができたのかを，問いただされた。そこでウヌルフスはこのことをすべて順序立てて報告すると，王は彼の忠義と賢明を讃え，寛大にも彼にあらゆる便宜を与え，彼の手にし得るものを何でも授けた。

4. いかにグリムアルドが，ウヌルフスとペルクタリトの近習にペルクタリトの許に行けるよう約束したか。

その後しばらくして，王はウヌルフスにペルクタリトと一緒にいたいと思うか否か尋ねると，ウヌルフスは誓いを立てて，別の場所においてこの上ない快楽のなかで暮らすよりもペルクタリトと死ぬ方を望むと言った。そこで王は近習にも，自分と一緒に宮殿に留まるか，それともペルクタリトと一緒に異国で暮らすのが良いかと言って尋ねた。彼は王にウヌルフスと同じように答えたので，王は彼らの言葉を好意的に受け止め，彼らの忠義を褒め，ウヌルフスに自分の邸から望むものを，つまりは下僕や馬やその他の調度品を，何でも取るように，そして安全にペルクタリトの許に赴くよう命じた。同じようなやり方で，近習も放免した。彼らは王の恩恵に従って必要なものをすべて充分に手に入れると，

他ならぬ王の助けによってフランク族の国へ入り，敬愛するペルクタリトの許へと向かった。

5. グリムアルドのフランクに対する戦争とその勝利について。

　この頃，フランク族の軍勢は，プロヴァンスから出て，イタリアに侵入した[4]。彼らに対してグリムアルドはランゴバルド軍を率いて立ち向かい，次のような策によってたぶらかした。すなわち，彼はフランクの攻撃を逃避するようなふりをし，自分の陣営を，テントやその他の様々な良きものを，とりわけ最高級の葡萄酒を無人の状態で沢山残したまま，離れた。そこにフランクの軍勢がやって来ると，グリムアルドはランゴバルドの軍勢と共に恐れをなして陣営をそっくりそのまま残して行ったのだと考え，ただちに上機嫌になって，先を争いすべてを略奪し，豪勢な晩餐を繰り広げた。彼らは様々な料理と多くの葡萄酒に満たされ，眠りに落ちると，グリムアルドは彼らを真夜中過ぎに襲撃し，大量殺戮によって彼らを殺し，彼らのうち故郷に戻ることの出来た者はほとんどいなかった。この戦闘の行われた場所は，現在までリウス・フランコルム[5]と呼ばれ，アスティの町の境界からさほど離れていない。

6. コンスタンス帝がイタリアに赴き，ベネウェントゥムを包囲したことについて。

　この頃[6]，コンスタンスとも呼ばれていたコンスタンティヌス帝[7]が，イタリアをランゴバルドの手から奪うことを望み，コンスタンティノポリスを離れ，海岸伝いに航路を取り，アテナイに到達した。それから，海を越えてタレントゥムに着いた。しかし，彼はまずとある隠遁の士で，預言者の能力を持っていると言われていた者のところへ赴いた。そして皇帝は彼から，イタリアにいるランゴバルドの民に勝てるか，征服

---

4) 663年頃。
5) 今日のアスティ県，レフランコーレ（Refrancore）。
6) 662年。
7) コンスタンス二世（在位641-668年）。本書第IV巻第49章注135を参照。

できるか熱心に知りたがった。

　神の下僕は，この件のために神に嘆願すべく，一晩だけ猶予を求めると[8)]，翌朝になってから彼に次のように答えた。

「ランゴバルドの民が，今すぐに他の民族に征服されることはあり得ない。というのも，別の地方から来た女王が，洗礼者聖ヨハンネスの教会堂をランゴバルドの国内に建設したからであり，このために聖ヨハンネス御自身が，絶え間なくランゴバルドのために介入しているのだ。しかし，この聖堂が蔑ろにされるときが来るだろう。そのとき，この民族は滅びる。」*

---

　8)　この一節は，ヤコブス・デ・ウォラギネ『黄金伝説』（第119話「洗礼者聖ヨハネ刎首」，前田敬作・西井武訳，平凡社ライブラリー版第3巻，p. 357）でも引用されている。幾つかの写本（F2, F*2, F2ª）では以下＊までの部分を，次のように伝える。
　そして彼は敬虔に振る舞っていたし，熱意をもって主に祈祷の言葉を吐露しながら，言うのだった。「主なるイエス・キリストよ，王たちの王よ，真の光よ，精霊をば炎の外観で使徒らに送った方よ，あなたの名において私のもとに来た人々に，私が正しき思慮を吹き込むことができるよう，我が口にあなたの慰めの精霊を送ってください。」すると同時に，彼の面前に三人の霊的な相貌が現れた。そのうちの一つは聖ミカエルの姿，第二は洗礼者ヨハンネスの姿，第三は使徒ペトルスの姿である。すると三人のうちの一人が，隠遁者に言った。「このようなことを考えている皇帝コンスタンティヌスに言うがよい。『主の御意志は，そこにはない。イタリアに住むランゴバルドの民は，目下誰によっても克服し得ないものである。というのも異邦からさる女王がやって来て，主と洗礼者聖ヨハンネスのために教会を，ランゴバルドの国の中に作った。そしてこれを誉れ高き財力によって飾った。そこでは下僕，端女，その他の者が教会に服し，他ならぬ神殿において聖職者らが主に仕えている。そしてこの故に他ならぬ聖ヨハンネスは，ランゴバルドのために間断なく介入してくる。民自身，また恭しくこの上なく献身的に，人々の財力によって主と洗礼者聖ヨハンネスのために，いつも彼らの誕生日には，モドエティア〔モンツァ〕と呼ばれる場所に奉納を行う。それでもやはり，お前に我々はこう語りかけることになろう――だが，他ならぬくだんの教会を，この地のすべての住人たちが見下し，教会のすべての財産を奪い取り，教会に服する下僕，婢をば，その者らの財産ゆえにしばしば悩まし，教会に仕える聖職者らが昼夜においてあまりに心労を重ね，彼らの有するものが奪われるような時と日が，やって来るだろう。このために彼らは，辛苦のうちに暮らすことだろう。こうしたことが始まり，また汝らもこうしたことが起こるのを目にするとき，必ずやその時はこの民は彼らに帰属するものと共に滅び，彼らの周囲にあるすべての民族の罵倒に遭うことだろう――』」すると隠遁者は，彼らに対してこう言った。「私はあなた方の御慈悲を乞い願います。もし彼らが当初の約束に立ち帰りますならば，赦しを得ることができるでしょうか。」すると彼らは隠遁者に言った。「ご存知か，『真理』がこう言ったことを，『汝ら私に戻るがよい，さすれば私も汝らに戻らん。』」同時に彼らは消えてしまった。朝になると，上述のことを，他ならぬコンスタンティヌス帝に，順序にしたがい，すべてにわたって丹念に申し上げた。すると皇帝は喜んで彼の言葉をお聞き入れになった。

私たちは，この言葉がその通りに実現したことを認めた。私たちの見たことであるが，ランゴバルドが滅亡する少し前に，モディキアと呼ばれる場所に建てられたあの聖ヨハンネスの教会堂が，さもしい人物によって管理された。その結果として，ふさわしくない者たちや不貞を行う連中に，彼らの生前の功徳としてではなく，彼らが寄付を与えたこと故に，この神聖なる場所が気前良く割り当てられてしまった。

　7. いかにグリムアルドが息子ロムアルドに呼びかけられ，ベネウェントゥムにやって来たか。
　そこで，上述のように，コンスタンス・アウグストゥスはタレントゥムに着いた後，ベネウェントゥムの領土を侵略し，通ったランゴバルドのほとんどすべての都市を獲得した。アプリアの豊かな都市，ルケリアも果敢に攻略した。町に侵入して破壊し，町を根こそぎ滅ぼした。アゲレンティアは，たしかに難攻不落の地形をしていたため，攻め落とすことはできなかった。そこで全軍を率いてベネウェントゥムを包囲し，この都市を激しく攻め立て始めた。ここには当時，グリムアルドの息子で，まだ若かったロムアルドが公国を統治していた。彼は皇帝がやって来たのを知ると，ただちにセスアルドという名の教育係を，パドゥス川〔ポー川〕を越えて父グリムアルドの許へ派遣した。そして，できるだけ早く駆けつけて自らの息子と，かつて自らが育てたベネウェントゥムの人々とに，救いをもたらすよう懇願した。
　グリムアルドはこれを聞くと，ただちに兵を率いて，息子に救援をもたらすべくベネウェントゥムに向かった。ランゴバルドのなかの多くの者たちが，道中離脱し，王は〔ティキヌムの〕王宮を略奪し，最早そこに戻るつもりはなくベネウェントゥムに向かっていると言いながら，自分たちの国に帰ってしまった。その間，皇帝の軍勢は多くの城壁破壊機によって激しく攻撃していたが，これに対してロムアルドもランゴバルドとともに勇敢に持ちこたえた。彼は，兵士の数の少なさ故，自らの軍勢を大きな軍勢にぶつけることはなかったが，それでもたびたび軽装備の若者たちを率いて敵の陣営に突撃を仕掛け，至る所で数多くの殺戮をもたらしていた。

彼の父グリムアルドはすでに近づきつつあったが，上述した教育係を息子に送り，自分の到着を知らせようとした。彼がはやベネウェントゥムに近づいたとき，ギリシア人たちに捕らえられ，皇帝の許に連れてゆかれた。皇帝が彼にどこから来たのか問うと，彼はグリムアルド王の許からやって来て，王が間もなく到着すると伝えた。ただちに，皇帝は恐れをなし，臣下と相談し，ネアポリスには退却できるようロムアルドと和平交渉に入ることとなった。

8. いかに皇帝が，ロムアルドの妹を人質として得たのち，ベネウェントゥムから退却したか。

　ギサという名のロムアルドの妹を人質として得て，皇帝はロムアルドと和平を結んだ。一方，彼の教育係のセスアルドについては，城壁の近くまで連れて行くように命じ，もしロムアルドや市民たちにグリムアルドの到着について語れば，命はないぞと脅した。そして，王は来られないと言うように命じた。セスアルドは，命令通りにすることを約束した。しかし城壁の近くまで来たとき，彼はロムアルドに会いたいと言った。ロムアルドがすぐにやって来ると，彼にこう語りかけた。

「御気をしっかりお持ちなされ，我が君ロムアルド殿。自信を持ち，慌ててはなりません。御父上は間もなく助けに来ます。よろしいですか，今日の晩はサングルス川のほとりに，強い兵とともに留まります。どうかこれだけは聞いてくだされ，我が妻と子供たちを憐れに思し召しください。この不実な輩は，私を生かしては置かないことでしょうから。」

　このように言うと，皇帝の命令通り彼の首は刎ねられ，ペトラリアと呼ばれる戦闘用装置によって城壁のなかへと投げ込まれた。ロムアルドはこの首を彼の許に持ってくるように命じ，涙を流しながら接吻し，然るべき場所に葬るように命じた。

9. いかに皇帝の軍勢をカプア伯ミトラは苦しめたか。

　こうして，皇帝はグリムアルド王の突然の到来に恐れ，ベネウェントゥムの包囲を諦め，ネアポリスに向かった。しかし，カプア伯ミトラが，カロル〔カローレ〕川のほとり，プグナ[9]と今日も呼ばれる場所で，皇帝の軍勢を著しく消耗させた。

10. いかにロムアルドは，皇帝が二万の軍勢とともに派遣したサブッルスを破ったか。

　皇帝がネアポリスにやって来ると，彼の重臣の一人でサブッルスと言う名の者が，皇帝から二万の兵を求め，ロムアルドと戦って勝者となることを約束したそうである。彼が引き受けた軍勢とともに，フォリヌスという名の場所[10]へ行き，そこに陣営を敷くと，すでにベネウェントゥムに来ていたグリムアルドが，これを聞いて彼に対抗することを望んだ。これに対して息子のロムアルドは言った。

>　「その必要はありません。でも父上の軍勢の一部だけを我々に分け与えてください。私は神の加護の下，サブッルスと戦います。そして私が勝ったら，父上の御威光により大きな栄光を帰することになりましょう。」

　彼は願った通りに，父の軍勢の一部を分け与えられ，元からいる自分の軍勢も率いて，サブッルスを迎え撃つべく出陣した。
　ロムアルドはサブッルスとの戦闘に入る前に，四つの方角でラッパを鳴らすことを命じ，ただちに敵に対して果敢に突撃した。両軍が精力を傾けて戦っているときのことだった。王の軍に属する者で，アマロングスという名の兵士がいた。彼は，王の槍を担うのが慣わしだった。あるギリシア人をこの槍によって両手を使って力強く串刺しにし，ギリシア人が乗っていた馬の鞍から取り上げ，彼を自分の頭上で宙吊りにして持ち上げた。これを見たギリシアの軍勢は，たちまち大きな恐怖でおの

---

9) 普通名詞では「戦い」の意。
10) 今日のアヴェッリーノ県内にある場所。

のき，逃亡に転じ，総崩れとなった。そして逃亡によって我が身には死を，ロムアルドやランゴバルドには勝利をもたらすこととなった。こうしてサブッルスは，皇帝のために対ランゴバルドの戦勝記念碑を立てることを約束していたが，彼の許にわずかな兵士を連れて戻り，不名誉をもたらした。一方，ロムアルドは，敵に対する勝利を実現し，ベネウェントゥムに凱旋して戻り，敵に対する恐怖を解消し，父には喜びを，すべての者たちに安泰をもたらした。

11. コンスタンス帝がローマ人にもたらした災いについて。個々の州で行った略奪について。彼がいかにして命を落としたか。

一方，コンスタンス帝はランゴバルド相手に自分が何も成し得なかったことを見ると，自身の残虐さのあらゆる矛先を自分の同朋，すなわちローマ人に向けた。実際彼は，ネアポリスを離れて，ローマに向かった。皇帝を，都市から六マイルの所で，教皇ウィタリアヌス[11]が聖職者とローマ市民を率いて出迎えた。皇帝は聖ペトルス教会の敷居に着くと，そこに黄金で編んだパリウム（肩衣）を奉納した。そしてローマに十二日間滞在し，町の装飾のために古くから置かれているブロンズの製品を剥がし取った。その苛酷さときたら，かつてパンテオンとも呼ばれ，あらゆる神々のために建立され，先代の主君たちの承認により，あらゆる殉教者らの聖所でもあった聖マリア教会の屋根を引き剥がしたほどである。さらにそのうえ，ブロンズのタイルを奪い，それらを他のすべての装飾品と共にコンスタンティノポリスへと送るほどだった。

それから皇帝はネアポリスへ戻り，陸路でレギウム市に向かった。第七インディクティオ〔663年〕にシチリアに入ると，シュラクサエ〔シラクーザ〕に住み，市民や住民たち，カラブリア，シチリア，アフリカ，サルディニアの所有者らに前代未聞の災厄を課した。それは，妻を夫から，子供たちを親から引き離すというものである。そればかりか，他にもそれまで聞いたこともなかった多くの災いに，これらの地域の諸住民は苦しめられ，誰にとっても生命の望みは失われることとなっ

---
11) 在位657-672年。

た。実際，聖なる壺や聖人の教会の宝物は，勅令とギリシア人の貪欲によって奪われた。皇帝はシチリアに第七インディクティオから第十二インディクティオ〔668年〕まで留まった。しかし，このような憎むべき行為の償いをすることとなった。彼は入浴中に，家臣に殺されたのである。

12. メケティウスの統治と死について。

シュラクサエでコンスタンス帝が殺されると，メケティウスがシチリアの支配権を奪った。しかし，これは東方軍の同意を欠くものだった[12]。彼に対してイタリアの軍勢は，ある者たちはヒストリアを通り，ある者たちはカンパニアを通り，ある者たちはアフリカやサルディニアからシュラクサエにやって来て，その生命を奪った[13]。彼に仕えた裁判官の多くの者たちは，手足を切断され，コンスタンティノポリスに送られた。彼らと共に偽りの皇帝の首も運ばれた。

13. いかにサラセン人がアレクサンドリアを来発し，シチリアを略奪し，コンスタンス帝がローマから奪ったものを分捕ったか。

すでにアレクサンドリアやエジプトに侵攻していたサラセンの民は，このことを耳にすると，突如大船団を率いてやって来て，シュラクサエを襲い，市民の大量殺戮を行った。辛うじてごく僅かな人々が，堅固この上ない要塞や山脈に逃げたものの，多くの戦利品をはじめ，コンスタンス帝がローマから奪った例の青銅製のものも，さらに様々な類の装飾品を皆奪った。こうして，彼らはアレクサンドリアに戻った。

---

12) 『教皇伝 Liber Pontificalis』（Adeodatus の項）によると，メケティウスは，「東方軍とともにシチリアにいた」とされる。「東方軍の同意を欠くものだった」とは，彼が殺されたという史実に基づく，パウルスによる推量だろう。

13) 669 年。

14. ロムアルドの妹，ギサの死について。

ベネウェントゥムから人質の名目で連れ去られたと述べた王の娘は，シチリアに行き，亡くなった。

15. 当時頻発した豪雨と雷について。

この頃，かつて誰も記憶がないほど多くの雨と雷があり，数え切れないほどの人や動物が稲妻に打たれて死んだ。この年[14]，洪水のため収穫できなかった豆類が，再び芽吹き，成熟するまで成長した。

16. いかにしてグリムアルドはスポレティウムにトランサムンド公を即位させ，彼に自分の娘を嫁がせたか。

一方グリムアルド王は，ギリシア人からベネウェントゥムの民と彼らの国を取り戻すと[15]，ティキヌムにある自身の王宮に帰還する支度を整え，これまでカプアの伯であって[16]，彼の王権獲得に極めて忠実に従ったトランサムンド[17]に自分の娘，ロムアルドのもう一人の妹を妻として与えた。そして上述のアット[18]の後任として，彼をスポレティウムの公とした。その上で彼はティキヌムに戻った。

17. フォルム・ユリイにおいてグラスルフの後，アゴが公国を継承したこと。彼の後，ルプスが公になったこと。

上述したフォルム・ユリイの君主グラスルフが亡くなると，彼の後継者としてアゴ[19]が君主の座に就いた。今日までフォルム・ユリイのなかに建てられたとある邸は，彼の名前に因んで「アゴの邸」と呼ばれてい

---

14) 676 年。
15) 663 年頃。
16) 本巻第 9 章によれば，カプアにはすでに別の伯がいることになっている。
17) 本書第Ⅳ巻第 51 章参照（なおこの箇所では，トランセムンドと言われている）。
18) 本書第Ⅳ巻第 50 章参照。
19) 在位 653-661/662 年。

る。アゴが死ぬと,ルプスがフォルム・ユリイの君主になった[20]。この ルプスは,アクイレイアからさほど離れていないグラドゥス島に,騎馬 隊を率い,かつて海の真ん中に作られた道を通って侵入した。この町 を略奪した後,引き続きアクイレイアの教会の宝物を奪い,持ち帰っ た[21]。グリムアルドがベネウェントゥムに向かったとき,彼はこのルプ スに王宮を預けたのである。

18. いかにルプス公がグリムアルドに叛旗を翻したか。

ルプスは,王の不在時に,彼が戻らぬものと思い,ティキヌムで大層 尊大に振舞ったので,王が帰ってくると,自分が不正に行ったことが王 の反感を買うと思って,フォルム・ユリイに向かい,自分の邪悪さを知 りつつも王に対して叛旗を翻した。

19. いかにルプス公がアウァリ族と戦ったか。

グリムアルドは,ランゴバルド同士の内乱を起こすことを望まなかっ たので,アウァリ族の王カカヌスに使者を送り,ルプスに対して兵を起 こしてフォルム・ユリイを襲い,彼を戦争で倒すように頼んだ[22]。そし て,その通りになった。カカヌスは大軍を率いてやって来た。フロウィ ウスと呼ばれる場所[23]で,他ならぬこの戦いに加わった先人たちが,私 たちに述べたところによれば,三日間にわたってルプスはフォルム・ユ リイ軍を率い,カカヌスの軍勢としのぎをけずった。そして最初の日

---

20) アゴについては,本書第Ⅳ巻第50章参照。彼の死は,661-662年頃。

21) おそらくは,662-663年頃か。なお,グラードの教会の宝物庫については,本書第Ⅱ巻第10章を参照。

22) 以前にも（610年頃）,アウァリがフォルム・ユリイを侵略したことがある（本書第Ⅳ巻第37章参照）。当時のランゴバルドの王は,アギルルフであった。パウルスはアギルルフの関与について何も言っていないが,そのときにも,ランゴバルドの王がフォルム・ユリイ公の反抗を,同様に同一民族間の内紛を避けるべく,同盟関係にある民族の手を借りて罰したと考える人もいる（Capoの注,第Ⅴ巻第19章の箇所を参照）。なお,このときは幼年のグリムアルドも,アウァリの捕虜になりかけた。アウァリとの同盟関係については,本巻第2章にも仄めかされている。

23) イゾンゾ川Isonzoの支流,ヴィパッコVipacco（もしくはヴィッパハWippach）の渓谷にある場所。

は，自軍は少数の負傷者が出たが，強い敵軍を破った。これに対し，二日目は，自軍から何人かの負傷者と戦死者を出したが，初日同様アウァリの多くの者たちを殺した。しかし，三日目には彼の軍勢のより多くの者が負傷しまた戦死した。それでも，カカヌスの多くの兵士たちを殺し，戦利品をたくさん奪った。しかし四日目には，途方もない大軍が押し寄せて来るのを目にし，彼らは逃げ出し，戦いを避けるのが精一杯だった。

20. ルプス公の死について。いかにアウァリ族が，フォルム・ユリイの領域を略奪したか。

こうしてルプスが殺されると，残された者たちはあちこちの砦に籠った。しかし，アウァリは彼らの全領土をかけめぐり，すべてを略奪によって侵害し，付け火によって焼き払った。アウァリが何日ものあいだこのようにしていると，グリムアルドは彼らに使者を派遣し，もう破壊を止めるように言った。しかし，アウァリはグリムアルドに使者を送り，自分の武力で征服したフォルム・ユリイを去るつもりはないと言った。

21. いかにアウァリ族が，不承不承ながらグリムアルドの機転によってフォルム・ユリイから撤退したか。

そこで，グリムアルドは必要に迫られて，アウァリを自分の領土から追い出すために兵を集めるように命じた。そこで，ある平野の真ん中に自分の陣営とアウァリの使節を迎える場所とを設け，軍勢のごく一部を連れてきたが，連れていた者の装束を変え，多種多様な武具を携えさせていた。何日かにわたり，あたかも続々と新しい兵が到着しているかのように，彼らに使節団の目の前で隊列を編成させ，通過させた。アウァリの使節は兵士が次から次へと違った姿で通り過ぎるのを見ると，ランゴバルドの軍勢は途方もないと考えるようになった。彼らにグリムアルドは言った。

「アウァリがフォルム・ユリイの国から速やかに撤退しなければ，今あなた方が目にしているすべての軍勢を率いて私はカカヌスとアウァリを襲うだろう。」

こうしたことを見聞きして，アウァリの使節団は王に報告すると，ただちに全軍を率いて自分の王国へと戻った。

22. ルプスの息子，アルネフリトについて

ルプスが上述したように亡くなったので，その息子アルネフリトは父の代わりにフォルム・ユリイの君主の座を得ることを望んだ。しかし，グリムアルド王の武力を恐れて，カルヌントゥムの（間違って一般にはカランタヌムと言われているが[24]）スクラウィ族の許へと逃げた。その後，彼はスクラウィとともにやって来て，彼らの力添えで君主の座を掌握しようとしたが，フォルム・ユリイからさほど離れていない要塞都市ネマスにおいて，フォルム・ユリイの軍勢が彼を襲撃し，命を落とした。

23. フォルム・ユリイの君主ウェクタリについて。彼のスクラウィ族に対する勝利について。

そこで，フォルム・ユリイでは君主として，ウェクタリが任命された[25]。彼はウィケンティアの町の出身であり，善良な人物で寛容に民を支配した。この彼がティキヌムに行ったことをスクラウィは知り，精鋭の軍勢を集い，フォルム・ユリイの要塞を襲撃することを望んだ。やって来た彼らは，フォルム・ユリイから遠くないブロクサス〔ブロッサーナ〕と呼ばれる場所[26]に，陣営を敷いた。その一方，天の配剤によって，

---

24) パウルスはこう言っているが，むしろ「カランタヌム」の方が正しい。これは現在のオーストリア南東部およびユーゴスラヴィア北西部に相当する地域である。一方，カルヌントゥム（Carnuntum）は古代に栄えた町で，ウィーンの東，現在のブラティスラヴァの西に位置していた。しかし，4世紀には衰え，5世紀にはフン族の侵入によって廃墟となった。

25) 663年に公となるも，その治世は短く，671年よりも前に没したと思われる。

26) 現在のチヴィダーレ市の東に隣接する，ボルゴ・ブロッサーナ（Borgo Brossana），もしくはブリスキス（Brischis）のことか。後者は，チヴィダーレ市からナティゾネ川に沿っ

たまたま君主ウェクタリは、その前の晩にティキヌムから戻っており、スクラウィはそのことを知らなかった。

　彼に仕える伯たちが、いつもの通り自分たちの領地にすでに戻っていたので、彼自らスクラウィのことを彼らから聞き、少数の士（二十五人であった）を伴いスクラウィに立ち向かった。彼がかように数少ない者らと来るのを目にすると、スクラウィは笑い、総大司教様が司祭たちを連れて向かって来るぞと言った。彼はナティシオ〔ナティゾネ〕川の橋まで近づくと（まさにそこがスクラウィの陣取っていた場所だった）、兜を頭から取り外し、スクラウィに己が顔を見せつけた。彼は禿げ頭であった。スクラウィは彼がウェクタリであることを認識したので、たちまち狼狽し、ウェクタリが来たぞと叫んだ。神が彼らを脅かしたので、彼らは戦闘よりもむしろ逃亡を考えることとなった。そして、ウェクタリが連れていた少数の者と共に彼らに突進し、多くの者を血祭りに上げ、その結果五千人中のわずかの者だけが生き残り、逃げることが出来たに過ぎなかった。

24. ウェクタリの死について。いかに彼の跡をランダリ[27]が継いだか。彼の後、公国を継承したロドアルドについて。

　このウェクタリの後は、ラウダリ[28]がフォルム・ユリイで主君の座に就いた。彼の死後はロドアルドが後継者となった。

25. いかにグリムアルドがルプス公の娘を息子ロムアルドと結婚させたか。

　上述のようにルプスが亡くなると、グリムアルドはルプスの娘で、テウデラダという人をベネウェントゥムを治めていた自分の息子、ロムアルドに娶わせた。彼女からロムアルドは、三人の息子を儲け、彼らはグ

て 10 キロ程上ったところに位置する。

27）本文ではラウダリとなっている。

28）ウェクタリ同様、グリムアルドと同時代の人物。短い治世で 671 年以前に没したと思われる。

リムアルド，ギスルフ，アリキスといった。

26. いかにグリムアルド王が，自分を蔑ろにした者たちに復讐したか。

グリムアルド王は，ベネウェントゥムに向かうとき自分を見捨てた者らに対して，その不当な振る舞いを処罰した。

27. いかにグリムアルドはフォルム・ポプリを攻め落としたか。

しかし，ローマ人側の都市フォルム・ポプリ〔フォルリンポポリ〕[29]については，彼がベネウェントゥムに向かうとき，その市民たちが敵対的な行為をなし，ベネウェントゥムとの間を行き来する使者たちをしばしば負傷させたため，次のようなやり方で滅ぼした。まったくローマ人が知らないうちに，四旬節の頃アルピス・バルドニス〔パルマ近くのアペニン山脈越えの隘路〕を越えてトゥスキアに入り[30]，他ならぬ復活祭前日の土曜日，洗礼が行われる時間に，この都市を何の前触れもなく襲撃した。そして大量殺戮を行い，それは幼児洗礼の最中の助祭司すらも洗礼盤のなかに倒したほどだった。こうしてこの町を滅ぼし，今日に至ってもそこには非常にわずかな住民しか残っていない。

28. グリムアルドがローマ人に抱いていた反感について。

グリムアルドはローマ人に対して激しい憎悪を抱いていたが，それはかつて自分の兄弟であるタソやカッコが裏切りにあったからである[31]。このため，彼らが殺されたオピテルギウムの町を，徹底的に壊滅させ，そこに住んでいた者たちの領土をフォルム・ユリイ，タルウィシウム，

---

29) 現在のフォルリ・チェゼーナ県の町。ボローニャの南東80キロに位置する。

30) Capoによれば，一行はパルマからチーザ峠（Passo della Cisa）でアペニン山脈を越えて，いったんトスカーナに入り，おそらくはフィレンツェの西の辺りから再びアペニン山脈を越えて，ロマーニャ地方に入った。

31) 本書第IV巻第38章参照。

ケネタ[32)]の人々に分与した。

29. ウルガレス族の統治者アルゼコについて。いかに彼が，その臣下とともにベネウェントゥムに任ぜられたか。

この頃，ウルガリの公でアルゼコという名前の人物が，理由は定かではないが，自分の領民から離れ，平和的にイタリアへ入った[33)]。自分の公国の全軍を率いてグリムアルド王の許に来て，王に自分は服従し，その国の中で暮らすことを約束した。グリムアルドは彼を，ベネウェントゥムにいる息子ロムアルドの許に派遣し，彼とその臣民とに住む場所を提供してやるように命じた。君主ロムアルドは喜んでアルゼコ一行を迎え，住むには十分広い場所を与えた。それは，その当時まで人の居住していなかった地域であり，セピヌム〔セピーノ〕，ボウィアヌム〔ボヤーノ〕，イセルニア〔イゼルニア〕[34)]の三州とその他の諸都市及びその周辺地域であった。アルゼコについては地位の称号を変え，公（ドゥクス）の称号を改めガスタルディウスと呼ぶよう命じた。彼らは，今日に至るまで上述の地方に居住し，ラテン語も話しはするものの，本来の自分たちの言語の使用もいささかも失ってはいない。

30. 専制君主メゼティウス亡き後コンスタンティヌスが，コンスタンス帝の代わりにローマ人の君主となったこと。

上述したように，シチリアではコンスタンス帝が没し，彼の後継者となった僭主メゼティウス（メケティウス）も処罰され[35)]，ローマの支配権をコンスタンティウス帝[36)]の息子コンスタンティヌスが継承した。そ

---

32) 現在は，トレヴィーゾ県の（トレヴィーゾから北に約40キロ）ヴィットリオ・ヴェネト市の一街区。

33) ウルガリの移住については，テオパネス（Theophanes, *Chronographia* 6171）および（伝）フレデガリウス（*Pseudo-Fredegarii scholastici Chronicarum Libri*, 4.72）にも記述がある。

34) これらの地名は，現在のモリーゼ州の町の名前として残っている。セピーノ及びボヤーノは現在のカンポ・バッソ県に属する。イゼルニアは，ベネヴェントの北西70キロ。

35) 本巻第11-12章参照。

36) パウルスは「コンスタンティウス」とするが，これは641年から668年まで在位

してローマの君主となること，十七年を数えた[37]。コンスタンティウス帝[38]の時代，大主教テオドルス[39]ならびに同じように学殖豊かな僧院長アドリアヌスが，教皇ウィタリアヌス[40]によってブリタニアに派遣され，数多くのアングリ人の教会を教義の実りによって豊かにした。そして，彼らのうちテオドルスは，大主教として罪人の裁きを，つまりはいかなる者が，一つの罪について何年にわたり服役するかということを，驚くべきそして卓越した考察に基づいて記述した。

31. 彗星について。教皇ドヌス[41]の功績について。

その後八月のことであるが，東の方角に彗星が現れ，尋常ならざる明るい光で輝いた[42]。これは，方向転換すると消えてしまった。その後たちまち，同じ東側から深刻な疫病が後を追うように発生し，ローマの民を苦しめた。この頃，ローマ教会の教皇ドムヌス[43]は，聖ペトルス教会の前にある「パラディスス（天国）」と呼ばれる場所に[44]，白く輝く大きな大理石を，見事に敷いた。

した「コンスタンス」の誤りだろうと推測される。この皇帝が「コンスタンティヌス」とも「コンスタンス」とも呼ばれたことについては，本書第Ⅳ巻第50章の末尾および本巻第11章を参照。「コンスタンティウス」とは一度も呼ばれていない。

37) 在位668-685年。
38) 前の注を参照。ここで言われる「コンスタンティウス」も「コンスタンス」の誤りだろう。
39) タルソス（もしくはカンタベリー）のテオドルス（602-690年）。668年から690年まで，カンタベリー司教の座にあった。
40) 本巻第11章参照。
41) 本文ではドムヌスとなっている。
42) 『教皇伝』によれば，ドヌス（Donus，教皇在位676-678年）の時代のできごとである。
43) パウルスは，このように教皇の名前を伝えている。
44) 『教皇伝』にも同様な言及あり。この Paradisus なる名称が，フランス語の普通名詞 parvis（教会の前庭，広場）の起源となった。

32. いかにペルクタリトは，サクソネス族の王国ブリタニアに赴くことを決心したか。

　この頃，フランクの王国をガリアにおいて支配していたのは，ダギペルトであった。グリムアルド王は，彼と確固たる平和の条約を締結した[45]。ペルクタリトは，このグリムアルドの力をフランクの国にあっても恐れ，ガリアを出て，急いでサクソネスの王のいるブリタニア島に渡る準備をした。

33. グリムアルドの死について。ペルクタリトの帰還とその統治について。

　しかし，グリムアルドは，瀉血の後九日目，宮殿にいるとき弓を受け取り鳩を矢で射止めようとしたときに，腕の血管が破れた。人々の伝えるところでは，医師たちが毒を含ませた薬を彼に投与し，彼の命を完全に奪ったということである。グリムアルドは，ロタリ王が草した『勅令』に，自身にとって有益であると思われた何章かの法律を付け加えた。彼は身体において頑強で，豪胆であることに並ぶ者はなく，頭は禿げており，髭は目立った。武力のみならず策謀においても恵まれていた。彼の亡骸は証聖者聖アンブロシウス[46]教会に葬られた。これは，かつて彼自身がティキヌムのなかに建てたものである。彼は，アリペルト王の死後一年三か月経ってから，ランゴバルドの王権を簒奪し，九年間にわたって統治した[47]。アリペルト王の娘が生んだ息子ガリバルドを王として遺したが，彼はまだ子供だった。

　上述の通り，ペルクタリトはガリアから船に乗り，ブリタニアへ，サクソネスの王の許に赴こうとしていた。そして，すでに海を少し渡ったとき，岸からペルクタリトは船に乗っているかと尋ねる者の声がした。その声に対して，ペルクタリトはいるぞと答えると，叫んだ者が付け加

---

　45) ダギペルト二世は 675-679 年においてアウストラシアの王になっているが，これはグリムアルドの治世とは重ならない。フランクとの間に平和条約を結んだとすれば，その当時のフランクの王とは，クロタール三世もしくはキルデリク二世であろう。
　46) 聖アンブロシウスは，4 世紀にミラノ司教を務めた教父。
　47) 662-671 年。

「彼に祖国に戻るように言ってくれ。というのも，グリムアルドがこの世を去って三日目になるのだから。」

これを聞くと，ペルクタリトは直ちに引き返し岸辺に着いたが，彼にグリムアルドの死について知らせた人物は見つけることができなかった。そこで，これを知らせたのは人間ではなく，神の使いだったと考えた。

直ちに祖国を目指し，イタリアに続く隘路までやって来ると，すでに宮殿全体が彼に対して従順であり，ランゴバルドの民衆と共に，王家の高位高官はすべて準備万端で自分自身を待ち望んでいることを知った。こうしてティキヌムに戻ると，少年であったガリバルドを王位から追い払い，全ランゴバルドによって，グリムアルドの死後三か月目に王位就任を認められた。彼は敬虔な人物で，正統派の信仰を持ち，頑なに正義を守り，貧しき人々のたいへん気前の良い養い手だった。彼はすぐにベネウェントゥムに使者を送り，ロデリンダと息子クニンクペルトを呼び戻した[48]。

34. 彼や彼の妃が建てた修道院について。

彼は王権を得ると，かつて彼がそこから逃亡した，ティキヌス川に面している例の場所に，主であり自らの解放者である方（神）のため，聖母と殉教者聖アガタを讃美して「ノウム（＝新しい）」という名前の修道院[49]を建てた。ここには多くの乙女たちを集め，この場所を，財を投じ，様々な装飾品によって豊かにした。王妃ロデリンダは，ティキヌムの城壁の外に聖母のために「ペルティカの（脇の）Ad Perticas」と呼ば

---

48) 本書第Ⅳ巻第51章を参照。
49) パヴィーアのサンタガタ・イン・モンテ教会（Sant'Agata in Monte）。Waitz は，ペルクタリトがパヴィーアを脱出した日（2月5日）が，聖アガタの祝日だったという伝承を挙げるが，その典拠は（「ティキヌムの出来事の作家（Waitz, 156 n.1）」と言われるのみで）不明。

れる教会堂を，驚くべき工夫を凝らし建立し，目のさめるような装飾で飾った[50]。「ペルティカ（の脇の）」とこの場所が言われるようになったのは，かつてここにペルティカ，つまり杭が立っていたからである。これは以下のような理由から，ランゴバルドの慣習として，置かれるようになったのである。誰かがどこか離れた場所で，あるいは戦争で，あるいはおよそいかなる仕方であれ，亡くなった場合，その人の身内が彼の墓のなかに杭（ペルティカ）を立てることになっている。その杭の先端に木製の鳩を据え付け，それは彼らの愛しき人が亡くなった場所の方に向いており，それはもちろん死んだ人がどこに眠っているかわかるようにするためである。

35. ペルクタリトとその息子にして共同で統治したクニンクペルトの治世について。

ペルクタリトは，単独で七年間統治した後，八年目に息子クニンクペルトを共同統治者として王位に就け，彼と一緒に十年間支配した[51]。

36. アラヒスの第一の謀反について。いかに彼がとりなしを受けたか。

彼らは，大いなる平和のうちに時を過ごし，全面的に，周囲一帯で静寂を保っていたが，彼らに対して敵意の申し子，アラヒスなる人物が攻撃を仕掛け，彼のせいでランゴバルドの王国内で平和が乱され，大規模な市民たちの殺戮が行われた。アラヒスがトリデントゥムの君主だったとき，バウザヌム〔ボルツァーノ〕やその他の要塞を統治していたバイオアリ族の伯であり，「グラウィオ」[52]と称されていた人物と争い，めざましい戦いぶりで打ち負かした。このことが原因で彼は増長し，自らの

---

50) サンタ・マリーア・アッレ・ペルティケ教会（Santa Maria alle Pertiche）。19世紀には壊され，現存しない。レオナルド・ダ・ヴィンチがその素描を残している。

51) ペルクタリトの在位期間は671-688年であるが，実際に共同統治が始まったのは，680年（cf. Capo, p. 554）であるから，パウルスの年代記述にはややずれがある。

52) ドイツ語の名詞 Graf（伯）に相当するのだろう。

王ペルクタリトにすら刃向かい，反乱を起こしてトリデントゥムの要塞に立てこもり，自身の防備を固めた。アラヒスに対して，ペルクタリトは進撃し，彼を包囲すると，突然アラヒスは自軍を率いて町から出撃し，王の陣営を壊滅させ，王自身止む無く敗走することとなった。

　しかしその後，彼に以前から好感を抱いていたペルクタリト王の息子，クニンクペルトのとりなしによって，彼はペルクタリトと和解することになった。王はしばしば彼を殺そうと思ったが，息子クニンクペルトはいつもこれを未然に防いだ。アラヒスが今後は忠実になるだろう，と考えてのことだった。そして，ブレクシアの公国を彼に与えるまで，父に働きかけるのをやめなかった。父がしばしばクニンクペルトに，お前がそのようなことをすれば，敵に統治のための武力を与えてやる訳だから，自身の破滅を招くだろうと言ったが，聞く耳をもたなかったのである。実際，ブレクシアには常に多くのランゴバルド人の貴族が住んでおり，彼らの助けによってアラヒスがより強大になるのを，ペルクタリトは恐れていた。この頃ペルクタリト王はティキヌムで，宮殿に直結しており「宮殿門（ポルタ・パラティネンシス）」と呼ばれる城門を，瞠目すべき技巧を凝らして造った。

37. ペルクタリトの死とクニンクペルトの統治について。テオドテの凌辱について。

　ペルクタリトは十八年間，最初は単独で，後に息子と共に王権を掌握したのち，世を去った[53]。彼の亡骸は，彼の父アリペルトが建てた救世主教会堂の脇に葬られた。彼は申し分ない背丈があり，恰幅が良く，あらゆることにかんして温和で人当たりが良かった。一方，クニンクペルトはアングリ・サクソネス族の出身であるヘルメリンダを娶った。彼女は，浴場でテオドテという，ローマ人の貴族の出身である娘が美しい肉体の持ち主であり，またその髪は黄金で足まで伸びており優雅であるの

53）　本巻第35章参照。グリムアルドの死後，ガリバルドから王位を奪って復位したのが671年，没年が688年だとすると，在位期間は18年にはならない。ひょっとすると，グリムアルドに王位を奪われる以前の僅かな在位期間をも含め，通算18年としているのかも知れない。もっとも，この期間も，ゴデベルトと共同統治していた。

を見て，その美しさを自分の夫，クニンクペルト王の前で褒めた。彼は妻からこのようなことを聞き喜んだが，それを隠し，この娘への思いに大層燃え上がった。ただちに，彼はウルブスという名前の森[54]へ狩に出かけ，妻ヘルメリンダにも一緒に行くように命じた。夜になると彼はそこから戻って，ティキヌムに行き，そしてテオドテなる娘に来させ，彼女と同衾した。しかしその後は，ティキヌムのなかの彼女の名に因んだ修道院[55]に遣ってしまった。

38. いかにアラヒスがクニンクペルトの宮殿に侵攻したか。

一方，アラヒスは長らく孕んでいた憎悪を産み落とす[56]。ブレクシアの市民であるアルドとグラウソをはじめ，他にもランゴバルドの多くの人々から支持されると，クニンクペルトが彼に施したあれほどの恩義を忘れ，自分は王に対してこの上なく忠実になると約束しながらその誓いをも忘れる。クニンクペルトが留守にしているときに，彼の王位とティキヌムのなかに置かれた宮殿を奪った。クニンクペルトはこれを聞くと，すぐコムム〔コモ〕からさほど離れていないラリウス湖〔コモ湖〕のなかにある島[57]へ逃げ，そこで軍備を固めた。このできごとは，彼を愛するすべての人々にとって，とりわけアラヒスが一様に憎んでいた司祭や聖職者たちにとっては，大きな痛手となった。

この頃，ティキヌムの教会の司教であり，神の人であったダミアヌスは，聖人であることこの上なく，自由学芸にも充分に通暁していた。彼は，アラヒスが宮殿を侵害したのを見ると，自分自身や教会が彼から何ら危害を受けることのないよう，助祭のトマスを（もちろん彼も賢明かつ敬虔であった）アラヒスに遣わし，トマスを通じて聖なる教会の祝福を彼に伝えようとした。助祭トマスが入り口に立ち，アラヒスに司教か

---

54) 現在のピエモンテ州アレクサンドリアの近くにあった森。なお，ウルブスは普通名詞にすれば，「都」の意。
55) サンタ・マリーア・テオドテ（Santa Maria Teodote）。別名サンタ・マリーア・アッラ・プステルラ（Santa Maria alla Pusterla）教会。
56) 以下に述べられるアラヒスの反乱は，688 年頃から 698 年頃のあいだに起きたと考えられる。
57) コマキナ島。

らの祝福をもたらしたということが伝えられた。アラヒスは，上述の通り，すべての聖職者を憎んでいたから，彼らに対して次のように自分の側近に言った。

「さあ行って伝えよ，清潔なズボンを身に着けているならば，入るが良い。だがもしそうでなければ，外に留まらせよ。」

トマスはこの言葉を聞くと，こう答えた。「殿に伝えよ，私は清潔なズボンを身につけていると。というのも，今日洗ったものを私は着ているからである。」
これに対して，アラヒスは再び以下のように伝えさせた。

「余が言っているのは，ズボンのことではないわ。ズボンが覆っているもののことだ。」

これに対して，トマスは答えた。

「行って，こう殿に言うが良い。『こうした事柄にかんして，咎を見つけることができるのは，神のみである。殿様にはけっしてお出来にならない』と。」

そこでアラヒスはこの助祭を自分の許に来させると，とても厳しい口調で叱責を加えつつ彼と話した。そして，独裁者に対する恐怖と憎しみがすべての司祭や聖職者の心を襲い，彼らはアラヒスの猛々しさをまったく耐えることができないと考えた。傲慢なる王権の簒奪者を呪えば呪うほど，彼らはクニンクペルトに深い懐かしさを覚えるようになった。しかし横暴と粗暴は，簒奪した王権をそう長くは維持し続けることはできなかった。

39. いかにクニンクペルトが再び自らの宮殿に戻ったか。
ついにある日のこと，アラヒスはテーブルの上でソリドゥス貨幣を数

えていたところ，テーブルから一ソリドゥスと三分の一が落ちた。これをアルドのまだ幼かった息子が拾い，アラヒスに返した。アラヒスは，子供のことだからまだよくわからないだろうと思いながら，次のように言った。

「お前の父さんはこういうものを沢山持っているが，もし神が御望みなら，きっと間もなく私にくれることだろう。」

この子が夕方父の家に戻ると，父は，その日何か王が彼に話したか尋ねた。すると子供は父に事の次第をすべて話し，王が自分に言ったことも話した。これをアルドは聞くと，大変に恐れ，兄弟のグラウソを呼び，彼に王が言った悪い冗談をすべて伝えた。彼らは友人や信頼できる人物を相手に，彼が自分たちに危害を及ぼす前にいかにしてアラヒスから王権を奪うべきか陰謀を画策した。

彼らは早目に宮殿に出ると，アラヒスに次のように言った。

「何故，王様は町に御滞在されるのですか。町全体が，市民全体が王様に忠実であり，あの酔っ払いのクニンクペルトはすっかり堕落し，もはや何の力も持っておりません。町を出て狩にお出かけください。若君たちと自己鍛錬なさいませ。我々は，王様の残った忠実な部下と共に，この町をお守り申し上げます。そればかりか，我々はあなたに，間もなく敵たるクニンクペルトの首をお届けすることを，お約束します。」

アラヒスは彼らの言葉に従い，町を出て，大層広いウルブスの森[58]に向かい，そこで競技や狩猟によって自らを鍛えることとなった。アルドとグラウソはコマキヌス湖[59]へ行き，船に乗り込むと，クニンクペルトの許に向かった。彼の許にやって来ると，足下に平伏し，自分たちが愚かにも彼に敵意をもって行動したことを懺悔し，アラヒスが自分たちに対して悪意をもってどんなことを語っているか，また彼の討伐のために

---

58) 本巻第37章参照。
59) コモ湖。

どんな計画を立てたかを伝えた。

　これ以上何を語る必要があろう。彼らは一緒に涙を流し，お互いに誓いを立てた。ティキヌムの町を引き渡すために，クニンクペルトが来る日を決めた。そして，その通りに事は運んだ。実際，定められた日にクニンクペルトがティキヌムにやって来ると，彼らから歓喜をもって迎えられ，宮殿に入った。そしてすべての市民たちは，とりわけ大司教，聖職者たち，司祭たちなどは，老いも若きも彼に向かって我先に駆け寄り，皆で涙ながらに抱き締め，測り知れない歓びに満たされて，彼の帰還を神に感謝して叫んだ。彼も能う限り，彼らに接吻した。アルドとグラウソの二人が約束を果たしたという知らせは，すぐにアラヒスの許に届いた。クニンクペルトの首はたしかに届けられたが，届けられたのは首だけでなく全身であり，たしかに彼は宮殿に鎮座していると言った。彼はこれを聞くと気が動顛し，アルドやグラウソに対して大いに怒り，歯軋りし，恐ろしい形相をした。そして，ただちに出発した。そして，プラケンティアを通り，王国の東部[60]へと逃げた。一つ一つの町を，あるときは甘言で釣り，あるときは武力を行使して，自分の味方に加えた。

　実際ウィケンティアに来ると，町の市民たちは出撃して彼に抵抗し，戦争の準備を整えた。しかし程なく敗れ，彼の同盟者となった。そこで，彼はここを離れ，同様にタルウィシウムやその他の町を侵略した。そして，クニンクペルトがアラヒスに対抗して挙兵すると，フォルム・ユリイの市民たちも，忠誠心にしたがって，クニンクペルトを助けるべく駆けつけようとした。フォルム・ユリイから四十八マイル離れ，ティキヌムへ向かう途上にあるリクエンティア川〔リヴェンツァ川〕[61]の橋の近くに，カプラヌスと呼ばれる森があった。アラヒスは，その森のなかに隠れた。そして，フォルム・ユリイの軍勢がちらほらやって来ると，やって来るたびごとに皆捕まえて自分に忠誠を誓うよう強制した。そして，彼らのうちの誰一人として後戻りし，後からやって来たものたちにこのことを伝えることのないよう，注意して目を光らせた。こうし

---

[60]　原文では，Austria であるが，この場合アッダ川以東のポー川流域，大まかに言ってイタリアの北東部を指すのだろう。

[61]　フォルム・ユリイとタルウィシウム〔トレヴィーゾ〕の二つの公国を隔てる川。

て，フォルム・ユリイからやって来たすべての者たちが，誓約に縛られることになった。さて，これ以上何を語る必要があろうか。アラヒスは東部全域を率い，これに対してクニンクペルトが味方を引き連れてやって来て，コロナテ[62]という名の平原に陣営を敷いた。

40. アラヒスのクニンクペルトに対する戦争。助祭セノの死。

クニンクペルトは彼に使者を派遣し，自分と一対一で戦い，両者の軍勢を疲弊させることのないよう伝えた。この言葉に対して，アラヒスは同意しなかった。アラヒス側の戦士の一人でトゥスキア生まれの者が，彼を好戦的かつ勇敢な戦士と呼びかけ，クニンクペルトに抗して大胆不敵に立ち向かうよう説き伏せようとすると，アラヒスはこのように答えた。

「クニンクペルトは，大酒呑みであり愚かな心の持ち主であるが，豪胆かつ驚くべき勇敢さの持ち主でもある。我々がまだ若造だった父の治世に，彼は宮殿に驚くべき大きさの去勢した牡羊を飼っていた。そいつらの毛をつかんで背負い込み，腕を伸ばして持ち上げていたものだ。そんなことは，私にはできなかった。」

この言葉をトゥスキア人は聞くと，彼に向かって言った。

「もし王様に決闘をする勇気がないのであれば，私をあなたの援軍のなかに，同志として置いておくことはできないでしょう。」

このように言うと，彼は急いで立ち去り，ただちにクニンクペルトの方へ逃げた。そして，このことを彼に伝えた。こうして，上述したように，双方の軍勢はコロナテの平原において合戦する。さて，すでに両軍が合戦を避けられないほど近づき合っていたときの話である。ティキヌムの教会の助祭で，セノという人がいた。ティキヌムの市中にあり，か

---

62) 現コモ市の近く，コロナーテ・ダッダ（Coronate d'Adda）のこと。

つてグンディペルガ王妃⁽⁶³⁾が建てた洗礼者聖ヨハンネス教会を管理していた。その彼が王を愛するあまりに，そして王が戦争で亡くなるのではないかと心配したので，こう言った。

> 「王様，我々の生死はあなたの命に懸っております。もしあなたが戦争で命を落とされるならば，我々を皆，暴君アラヒスが様々な責め苦によって，滅ぼすことでしょう。ですから，私の申し上げる忠告をお聞き入れください。私に王様の武具を一式御渡しください。私が出陣し，その暴君と戦います。もし私が死んだら，王様は御意の通りになさってください。だがもし私が勝てば，下僕を使ってお勝ちになったのですから，より大きな栄光があなたに帰せられることでしょう。」

王は自分がそのようなことをするのを拒んだが，一緒にいた腹心の少数の者たちが，助祭の言うことに同意するよう，涙ながらに訴えかけた。

王は，篤実な心の持ち主であったので，彼らの懇願と涙に折れ，自分の胴鎧，兜，脛当て，その他の武具を助祭に与え，自分の姿を装った彼を戦闘に送り込んだ。助祭自身が同じ身長であり，同じいでたちだったので，陣営から武装して出て来たときには，皆にクニンクペルト王だと思われた。こうして戦闘が始まり，全力を尽くして合戦が繰り広げられた。アラヒスは王がいると思っている場所に大いに戦力を傾注し，クニンクペルトを討ち取ったと思ったが，彼が殺したのは実は助祭のセノだった。そしてその首を切り落すように命じ，その首を槍に串刺にして高々と持ち上げ，「神に感謝」と叫ぶつもりであったが，兜を剥いでみると，自分が助祭を殺したのだということに気づいた。そこで怒り心頭に発し，叫んで言った。

> 「ああ，なんということ。助祭を殺すためにこんな戦争をしたのであれば，我々は何もしなかったも同然だ。それなら，私は誓いを立

---

63) グンディペルガ王妃は，アギルルフとテウデリンダのあいだの娘。聖ヨハンネス教会の建立にかんしては，本書第Ⅳ巻第47章参照。

てよう。もし神がもう一度勝利を授けてくださるならば，一つの井戸を聖職者の睾丸で一杯にしてやるぞ。」

41. 再びアラヒスとクニンクペルトの戦争。クニンクペルトの勝利について。いかに彼がティキヌムに凱旋入城したか。

　こうしてクニンクペルトは自軍が敗れたのを見ると，ただちに皆の前に姿を現した。そして，恐怖を払拭して全員の心を勝利の希望へと駆り立てた。再び隊列を整え，かたやクニンクペルトが，かたやアラヒスが戦闘に備える。そして両軍が戦闘を開始するほど近づいたとき，クニンクペルトはアラヒスに再び次のような言葉を伝えさせた。

　「見よ，どれだけ多くの人々が両軍にいることだろう！　これほどの軍勢が滅びる程のどんな必要があろうか。我々が，私と彼〔アラヒス〕が，一対一で方をつけようではないか。双方のどちらでも，神が勝利を与えようと望んでいる者に，ここにいる人々を安全かつ無事な状態で所有させるがよい。」

　クニンクペルトが伝えさせた通りにせよと同志たちはアラヒスに励ますものの，アラヒス自身はこう答えた。

　「私にはそんなことはできない。というのも私が彼〔クニンクペルト〕に対し，聖天使ミカエルにかけて誓いを立てたとき，聖天使の姿を彼〔クニンクペルト〕自身の槍の間に見たからだ[64]。」

　すると，彼らのうちの一人が言った。

---

64)　聖天使ミカエルとランゴバルドとの関係については，この他本書第Ⅳ巻第46章（ガルガヌス山の聖ミカエル教会を略奪しようとしたギリシア人を，グリムアルドが滅ぼしたこと），本巻第3章（聖ミカエル教会にペルクタリトの忠臣ウヌルフスが避難したこと），本巻第6章（注8）（東ローマがイタリア半島進出を諦めるよう，隠遁者の前に聖天使が洗礼者ヨハンネスやペトルスと一緒に現れたこと）を参照。ミカエルはランゴバルドの正義の象徴あるいは守護天使としてみなされるようになっていた，と思われる。

「恐れているから，ありもしないものが見える。それに，今さらそのようなことをひたすら思ってみても，もう遅いのだ。」

こうして，角笛が響き渡り両軍が交戦した。どちらの側も譲らず，とても多くの犠牲者が出た。ついには，アラヒスは倒れ，クニンクペルトは，神の助けを受けて，勝利を得た。アラヒスの軍勢は，彼の死を知るや素早い逃走に助けを求めた。彼らのうちで，刃を受けなかった者も，アッドゥア川に命を奪われた。アラヒスの首は切り落とされ，その足は切り離され，かくもぶざまで四肢を欠いた屍が放置された。この戦争には，フォルム・ユリイの軍勢は加わらなかった。というのも，アラヒスには不承不承誓いを立てたので，そのためにクニンクペルト王にも，アラヒスにも加勢をすることなく，戦争が始まると自分たちの国に帰ってしまったからである。こうしてアラヒスは亡くなり，クニンクペルトは助祭セノの亡骸を，彼が管理していた聖ヨハンネス教会の入り口の前に，誉れ高く埋葬するように命じた。他方，君主自身は，あらゆる人々の歓喜と凱旋を伴って，ティキヌムに帰還した。

第Ⅵ巻

1. いかにロムアルドはタレントゥムを攻略したか。いかにテウデラタは聖ペトルスの修道院を建設したか。

パドゥス川の向こうに住むランゴバルドのあいだで上述のようなことがなされている一方、ベネウェントゥム公ロムアルドは、軍勢を集めて、タレントゥムを攻め、これを奪った[1]。そして同様に、ブルンディシウムやその周辺にある極めて広大な領域を自らの傘下に帰属させた。彼の妻であるテウデラタ[2]も、同じ頃、ベネウェントゥムの市外に使徒聖ペトルスを讃えて教会を建設した。この場所には神に仕える多くの侍女らの修道院を築いた。

2. ロムアルドの死について。いかに聖ベネディクトゥスの遺骸がガリアに運び去られたか。

ロムアルドは、十六年間公国を治めた後、他界した[3]。彼の後、息子のグリムアルドが三年間このサムニテスの諸部族を支配した[4]。彼の連合となったのはウィギリンダであり、クニンクペルトの妹、ペルクタリトの娘であった。グリムアルドが他界すると、その兄弟であったギスルフが君主となり、ベネウェントゥムを十七年にわたって治めた[5]。彼と結婚したのは、ウィニペルガであり、彼とのあいだにロムアルドを儲けた。この頃、聖ベネディクトゥスの聖なる遺骸が眠っていたカッシヌムの要塞〔モンテ・カッシーノ〕は、彼の死後何年も経過しており、すっかり寂れてしまっていた。そこへ、ゲルマニキ族の領地〔ルマン〕やアウレリアネンセス族の領地〔オルレアン〕からフランク人がやって来て、聖なる遺骸のある場所で夜を過ごすようなふりをして、この崇拝すべき父（聖ベネディクトゥス）とその妹スコラスティカの遺骨を奪い、自国へと持ち帰った[6]。その地には二つの修道院が別々に、それぞれの

---

1) おそらくは、ロムアルドの死の直前。687年頃。
2) テウデラタ（もしくはテウデラダ）については、本書第V巻第25章参照。
3) 671-687年。
4) グリムアルド（二世）は、689年頃に亡くなっているので、実質その統治は三年未満であろう。
5) 689-706年頃。
6) Capoは、703年頃にオルレアンの南東部に位置するフルリー・シュール・ロワール

栄光を祝して建てられた。すなわち，一つは聖ベネディクトゥスの修道院であり，もう一つは聖スコラスティカのそれである。しかし，あの神々しく，そしてあらゆるネクタル（神酒）よりも甘美なる御口，天に在るものをいつも見つめていらした眼，さらにその他の肉体の部分は，消滅してもなお，我々にとっては残っているのだ。実際ただ主の肉体のみが腐敗を知らないのである。その他の聖人の肉体も，後世に永遠の栄光のために蘇らせるべきものではある。だが，やはり腐敗にはかなわない。もっとも，神の奇跡によって腐敗せずに保たれているものは別である。

3. フォルム・ユリイ公ロドアルドについて。彼の公国領を侵略したアンスフリトについて。

一方，フォルム・ユリイで公国を治めていたと上述したロドアルドのことである[7]。彼がこの町から離れていたときに，レウニア〔ラゴーニャ〕[8]の砦から出たアンスフリトが，王の承諾なしに公国を奪った。ロドアルドは，このことを知ると，ヒストリアに逃亡し，ついで船によってラウェンナ経由でティキヌムのクニンクペルト王の許に行った。アンスフリトはフォルム・ユリイの公国では満足せず，さらにクニンクペルトに対しても抵抗，彼の王権を侵害しようとした。しかし，ウェロナで囚われの身となり，王の許に連行されると，目をくり抜かれ[9]，追放された。フォルム・ユリイの君主の地位には，この後ロドアルドの弟であるアドが就き，代官[10]の肩書きで一年と七か月支配した。

（Fleury sur Loire）から来た修道僧らの仕業ではないかと見ている。
   7）本書第V巻第24章参照。
   8）別名レウナ（Reuna）。現ウディネ市の近く。本書第Ⅱ巻第13章参照。
   9）ビザンティン的な刑罰。本書第Ⅱ巻第30章参照。
   10）原語では loci servator。直訳すれば「場所の守り手」である。ロドアルドが復位しなかった理由について，Capo はこの君主が不人気だったからと見る。また，アドをフォルム・ユリイ公ではなく代官としたことについて，Gasparri（p. 68）は，「このようにして，国境の不穏なる公国を，より緊密に支配しようと考えた」とみなす。

4. コンスタンティノポリスにおいて行われた公会議について。司教ダミアヌスの手紙について。

　このようなことがイタリアで起きている間，コンスタンティノポリスでは異端派が現れ，我々の主イエス・キリストには唯一の意思と行動とが備わっていると主張した[11]。この異端説を興したのは，コンスタンティノポリス総大司教のゲオルギウス，マカリウス，ピュッルス，パウルス，ペトルス[12]であった。このため，皇帝コンスタンティヌスは，百五十人の司教を集めた[13]。集まった者のなかには，教皇アガト[14]の派遣した聖ローマ教会の使者も混じっていた。それは，助祭のヨハンネスとポルトゥス〔オスティア〕の司教ヨハンネスであった。彼らは皆揃ってその異端説を弾劾した。この頃は蜘蛛の巣が沢山人々の間に降ってきたので，皆びっくりした。このことが意味するのは，邪悪な異端の醜さは追い払われる，ということだった。そして総大司教ゲオルギウスは譴責処分を受けたが，他の者たちは自己弁護に拘泥したので，破門に処された。

　この折に，ティキヌムの司教ダミアヌスは，メディオラヌムの大司教マンスエトゥスの名義で，このような主題についてとても有益であり正しい信仰に基づく書簡を記し，上述の公会議に少なからぬ貢献を果たした。この説は正しく，真なる信仰であり，私たちの主，イエス・キリストには二つの属性，つまり神と人間の属性があるように，二つの意思と二つの行為が備わっていると信じ得るのである。

　あなたは，神性に帰属するものについて聞きたいと思わないか？　イエスは言う，「私と父とは，一つです。[15]」あなたは，人間性に帰属する

---

11)　いわゆるキリスト単意説 (monothelitism)。しかし，キリスト単意説が生まれたのは，7世紀前半である。単性説との和解のために，ヘラクリウス一世が，コンスタンティノポリスの総大司教セルギウスの説（単勢説 monoergism とも呼ばれる）を支持し，638年に信仰宣言 (ekthesis) を出した。

12)　マカリウスはアンティオキアの司教。セルギウスをはじめ，すでに没したピュッルス，パウルス，ペトルスらコンスタンティノポリス総大司教を務めた聖職者らは公会議で破門された。

13)　本章末でも言われているように，第6回公会議（680年11月7日～681年9月16日）。

14)　教皇在位678-681年。

15)　『ヨハネによる福音書』第10章第30節。

ものについて聞きたいと思わないか？　イエスは言う，「父は私よりも偉大なる存在です。[16]」彼が人間性に従って舟の上で眠っておられるのを見るが良い。福音書記者が「そのとき主は起き上がり，風と海に命じ，大いなる静寂が生じた[17]」と述べるときに，彼の神性を見るが良い。

　これがコンスタンティノポリスで開催された第六回公会議であり，ギリシア語によって起草された。教皇アガトの時代のことであり，コンスタンティヌス帝が自分の宮殿の城壁内で開催し，同席した。

5. 月食と日食について。ローマとティキヌムで起きた疫病について。

　この頃，第八インディクティオに，月食があった[18]。ほとんど同じ頃，日食も五月三日の第十時に起きた[19]。その後直ちに極めて深刻な疫病が生じ，三か月にわたって——すなわち，七月，八月，九月であるが——続いた。死者の数は多く，ローマ市では親は息子と，兄弟は姉妹と，二人ずつ一つの棺に入れられ，墓地に運ばれる程だった。同じように疫病がティキヌムをも襲い，その人口を奪ったので，すべての市民は山脈やその他の様々な場所を逃げ回り，町の中心街区や広場などには雑草や灌木がはびこる程だった。

　このとき，多くの者たちにはっきりと見えたことであるが，善い天使と悪い天使が夜町中を闊歩し，善い天使の命令によって，手に狩猟用の槍を携えた悪い天使は，どの家も槍によって叩き，叩いた数だけ翌日その家から死者が出るのであった。そして，ある者に啓示によって，「アド・ウィンクラ（鎖につながれた）」と呼ばれる聖ペトルスの教会に殉教者聖セバスティアヌスの祭壇が設けられないうちは，他ならぬ疫病は終息しないだろうということが告げられた。その通りに事は運んだ。ローマの町から殉教者聖セバスティアヌスの亡骸が持ち去られて上述の教会

---

16)　同上第14章第28節。
17)　『マタイによる福音書』第8章第26節。
18)　680年6月17日。
19)　ベーダ Beda（*Chronica Maiora* 553 および *Historia Ecclesiae gentis Anglorum* III 27）によれば，日食は664年5月1日である。

に祭壇が設えられると，疫病は収まった。

6. いかに，以前の敵によってアルドとグラウソに，クニンクペルトが彼らを殺そうとしていることが告げられたか。

　一方，クニンクペルト王はこの出来事のあと，ランゴバルドの言語で「マルパヒス」[20]と呼ばれる側近とティキヌムの町で，アルドとグラウソ[21]をどのようにして殺すべきか策謀を企てていた。そのとき突然，彼らの近くにあった窓に，一匹の大きな蝿が止まった。これを殺すために，クニンクペルトはナイフで叩き斬ろうとしたが，その足を切り落としただけだった。さて，アルドとグラウソは，陰謀は知らずに王宮に向かっていたが，宮殿の近くにあった聖ロマヌスの教会に近づいたとき，突如彼らの行く手に，片方の足を欠いた一人の跛が現われた。その跛曰く，もしクニンクペルトの許に行くならば，王は彼らを殺すだろうと。これを聞いた二人は，大きな恐れに憑かれ，この教会の祭壇の後ろに逃げ込んだ。

　ただちにクニンクペルト王に，アルドとグラウソは殉教者聖ロマヌスの祭壇に逃げ込んだということが，伝えられた。そこでクニンクペルトは，なぜ策略を暴露する必要に迫られたのかと，その側近を問い詰めた。彼に対して，側近は答えた。

「我が主君たる王様，御存知でしょう，このことを我々二人で計画してから，私は王様のおそばを離れておりません。それに，私がどうやって誰かにこのことを話すことができましょうか。」

そこで王はアルドとグラウソに使いを送り，なぜ聖所に逃げ込んだのかと尋ねた。彼らが答えて曰く，

---

20)　本書第Ⅱ巻第9章では，アルボインによってフォルム・ユリイの支配を託されたギスルフがやはり「マルパヒス」と呼ばれている。
21)　アルドとグラウソのクニンクペルト王に対する謀反，そしてその後の帰順については，本書第Ⅴ巻第38-39章を参照。

「王様が我々を殺そうとしていると,我々は告げられたからです。」

そこで王は再び彼らに使いを送り,彼らにそのことを告げたのは誰であったかを知ろうとした。そして,もし自分に告知者を明かさなければ,自分から恩寵を得ることはないだろうと言い渡した。そして,彼らは事の次第を王に伝え,彼らは跛の人間に出会い,その人は片方の足を欠いており,膝まで木製の義足を用いていたこと,この人が自分たちの破滅を告げたことを述べた。そこで王は,自分が足を切った例の蠅が悪霊だったこと,それが自分の秘密の計画を暴露したのだと理解した。彼は,ただちに誓いを立ててアルドとグラウソとを教会から迎え入れ,彼らの罪を赦してやり,以後は彼らを信用できる人物とみなした。

7. 文法学者である助祭フェリックスについて。

この頃文法の分野でフェリックス[22]が花開いた。彼は,私の師フラウィアヌスの伯父だった。王は彼を大層寵愛し,銀と黄金とによって装飾した杖を,贅を尽くした他の贈り物と共に与えたほどだった。

8. ベルゴマの司教ヨハンネスについて。

同じ頃,ベルゴマ〔ベルガモ〕の司教ヨハンネスがいた[23]。彼は驚くべき聖人であった。彼は宴の席で話している間,クニンクペルトの機嫌を損ねてしまい,王は彼が宿泊施設[24]に戻るときに,粗野で馴らされていない馬を準備させた。この馬は大きな嘶きを上げ,自分の上に乗っている者を大地に投げ出す癖があった。ところが上に司教が乗ると,馬はおとなしくなり,司教を気遣うような足取りで彼の家まで送り届けた。これを聞いた王はその日から彼を然るべき名誉を与えて尊んだ。そし

---

22) このフェリックスについては,ここでパウルスが言及している以外のことは不詳である。

23) ベルガモ司教ヨハンネスは,単意説糾弾のために教皇アガトの呼びかけで開催されたローマの教会会議(680年)に出席している。

24) パヴィーアの宿泊施設。

て，自らの乗用に仕立てたその馬を，司教に贈り物として気前よく与えた。

9. 当時現れた暗黒星について。ベビウス火山の噴火について。

この頃，夜の晴れた天に，クリスマスと公顕節のあいだの頃，プレイアデス星団の隣に一つの星が現われた[25]。それは全体的にぼんやりしていて，ちょうど雲の陰に月が隠れたような具合だった。この後，二月の真昼間に星は西から現われ出て，大きなきらめきを伴って東に沈んでしまった。それから翌月に，ベビウス〔ヴェズビオ火山〕が何日かにわたって噴火し，周辺のすべての植物は，噴火の煤や灰のために死滅した。

10. いかにサラセン人がアフリカを攻略し，カルタゴを滅ぼしたか。

この頃，不敬で神に敵対するサラセンの民がエジプトからアフリカへと大軍を連れて進み，カルタゴを包囲したのち攻め落とし，攻め落とした町を残酷にも荒廃させ，根こそぎにした[26]。

11. コンスタンティヌスの死，ユスティニアヌスの治世について。彼のサラセン人に対する勝利。

この間，コンスタンティヌス帝はコンスタンティノポリスで亡くなった。彼の年少の息子ユスティニアヌス[27]がローマ人の統治を継承し，十

---

25) 『教皇伝』のベネディクトゥス二世（684-685 年）の項にも，これに相当する記述がある。

26) 同上書のヨハンネス五世（685-686 年）の項には，ビザンティン皇帝ユスティニアヌス二世が北アフリカの領土を取り戻し，アラブ人と結んだ和平条約に言及がある（次章を参照）。ベーダ（*Chronica Maiora* 564）もこの記述を踏まえている。したがって，ここで言われている「サラセンの民」による攻撃，破壊行為は 685 年以前のことであり，ビザンティンによる奪回にも先立つ 683 年頃のことだろう。

27) パウルスは典拠にしたと思われる史料を誤解しているようである。ベーダ（*Chronica Maiora* 563）には，Iustinianus minor filius Constantini とあるが，minor はむしろ Iustinianus

年間にわたって支配し続けた[28]。この皇帝はアフリカからサラセンを駆逐し，彼らと海と陸において講和を結んだ。彼は，コンスタンティノポリスで行われたかの誤謬にまみれた公会議[29]で，教皇セルギウスが自分を支持し承認しようとしなかったので，親衛隊長ザカリアスを派遣し，教皇をコンスタンティノポリスに連れ戻すように命じた。しかしラウェンナやその近隣地方の軍は，君主の忌まわしい命令を蔑ろにし，このザカリアスに中傷と侮辱を加え，ローマの町から追い出した。

12. いかにレオは，ユスティニアヌスを追放し，その統治権を奪ったか。

このユスティニアヌスに対し，レオは帝権を簒奪し，彼の皇位を奪った[30]。三年にわたってローマ人の帝国を支配し，ユスティニアヌスを黒海地域に追放した[31]。

13. いかにティベリウスは，レオを破り彼を投獄し，皇帝となったか。

代わって，ティベリウス[32]がこのレオに対して立ち上がり，彼の帝権を奪い，自分が支配した時代に，同じ都市（コンスタンティノポリス）で

にかけて，secundus の意味で用いられているのだろう。

28) 685-695 年。

29) 691 年にユスティニアヌス二世によって開催され，（会議の行われた建物の名にちなんで）トゥルルス会議もしくは（第五，第六公会議の結果の調整を目指したものとして）五六会議（Quinisestus）とも呼ばれる。ローマ教会と相容れない東方教会の習慣（たとえば聖職者の婚姻）などを主張として含むものだった。ローマ教会側の参加者はなく，教皇セルギウス一世は会議結果を承認しなかった。

30) 『教皇伝』のセルギウスの項目（第 9 節）に含まれ，ベーダ（*Chronica Maiora* 567-568）も記載している。

31) 695-698 年。通常レオンティウスと呼ばれる。レオンティウスは，ユスティニアヌスを殺しはしなかったが，彼の鼻を削いだので，ユスティニアヌスは，「鼻を削がれた（rhinotmētos）」という綽名がつけられた（本巻第 32 章参照）。

32) ベーダ（*Chronica Maiora* 571, 577）にも同様の記述あり。皇帝在位 698-705 年。レオンティウスを，その体の一部を切断した上で，コンスタンティノポリスの修道院に幽閉した。

彼を監禁した。

14. いかに教皇セルギウスが，聖なる第五公会議を支持することを望まないアクイレイア公会議を正したか。

この頃[33]アクイレイアで教会会議[34]が行われたが，信仰に対する無知故に，第五公会議[35]を支持することに逡巡した。最終的には，教皇聖セルギウスの健全なる戒告によって教えを受け，他のすべてのキリスト教会とともに，会議自体も第五公会議に合意することで一致した。コンスタンティノポリスでは，教皇ウィギリウスの時代[36]，君主ユスティニアヌスの治世下，聖母マリアは人間を生んだのであり，人間と神を生んだのではないと断言するテオドルスやすべての異端者に対抗し，教会会議が開催された[37]。この会議では，常に神聖なるマリアは「神を生んだ処女」と呼ばれるよう正統的に定められたが，それは正統派の信仰が認めるように，マリアは人間のみならず人間と神とを生んだからである。

15. アングリ族の王ケドアルド[38]は，いかにローマにやって来て，洗礼を受け，すぐに亡くなったか。

この頃アングリ・サクソネス族の王ケドアルは，自国で数多くの戦争をなした後，キリスト教に改宗し，ローマに急いでやって来た[39]。彼は

---

33) 恐らくは698年以降で（セルギウス教皇の亡くなる）701年以前の時期。

34) この第14章の記述から察するに，ローマ・カトリック教会全体の会議ではなく，アクイレイアの司教座に属する聖職者の会議だったと思われる。この会議をもって，アクイレイアの教会がローマ・カトリック教会に回帰し，イタリア半島における教会分裂は終わった（本書第Ⅲ巻第20章参照）。

35) 553年。

36) 537-555年。

37) パウルスの記述には誤解がある。マリアが神の母であることの否定，つまりネストリウス派の教説は，451年のエペソスの公会議で異端として排斥された。553年のコンスタンティノポリスの会議では，いわゆる三章書論争（本書第Ⅲ巻第20章参照）が持ち上がった。

38) 本文ではケドアルとなっている。

39) ベーダの『英国民教会史 Historia ecclesiastica gentis Anglorum』第5巻第7章にも同様の記述あり。ケドアルは688年に退位し，689年にローマで没した（享年30歳）。「この頃」というのは，やや不正確な表現である。

クニンクペルト王の許にやって来ると，王に大層歓待された。彼がローマにやって来たとき，教皇セルギウスによって洗礼を受けペトルスと呼ばれたが，まだ白衣を纏っていたとき[40]に天国に召された。その亡骸は聖ペトルス教会に埋葬されており，その墓石に自分自身について以下のように刻んでいる[41]。

　栄光を，富を，一族を，強い王国を，凱旋を，
　　敵から奪った武具を，貴族たちを，城壁を，陣営を，竈を，
　そして父祖の武勲と彼自身がもたらしたものを，
　　武力に秀でたケドアルは捨てたのだった，神の愛によって。
　それは，異国の王としてペトルスとペトルスの座を見るためであり，
　　またその泉から恵み深くも清き水を受けるためであり，
　輝かしき栄光をば，燦然と飲み干し，吸い込むため。
　　その栄光から，生気与える煌めきが至る所へと流れ行く。
　熱意をもって，生まれ変わりの褒美を得，
　　回心した彼は，荒々しき激怒と自らの名前とを
　喜んで改めた。他ならぬ父として，
　　教皇セルギウスは，彼がペトルスと呼ばれるよう命じた。
　復活者キリストの恩寵は，彼を洗礼の水によって清めると，
　　白衣のままただちに天の砦へと引き上げた。
　王の信仰は驚くべきものであり，キリストの寛容は偉大である。
　　誰もキリストの計画に思い及ぶことはない。
　王はブリタニア人の最果ての地から
　　様々な民らのあいだ，海と道とを通って無事にやって来て，
　ロムルスの町〔ローマ〕を見，ペトルスの畏敬すべき教会を
　　目にした，神秘の贈り物を携えて。
　彼は白く輝き，同胞としてキリストの羊の群れに加わった。
　　というのも，肉体は墓に，精神は天に住まうのだから。

---

40) つまり，洗礼を受けて間もない頃。
41) 以下の碑文は，伝統的にミラノの大司教ベネディクトゥス（本巻第29章参照）に帰されているが，確証はない。

いやむしろ，彼は王笏の紋章を変えたように思われるかもしれない。

彼がキリストの王国を褒美として得たのを，目にするのであれば。

16. フランク族の王権がガリアにおいて宮宰の掌中に収められたこと。

このころガリアではフランク人の王たちが退化し，部族伝来の武勇と知恵とを失っていたので，宮廷の宰[42]と見なされる者が王権を行使し，王の務めとなっていたことを行うようになった。というのも，フランクの王権がこの者たちの末裔に移行することは，天によって定められていたからである。その当時王家において宮宰だったのはアルヌルフであった[43]。彼は，後に輝かしい存在となったように，神に愛され驚くべき聖人だった。彼は俗界で栄光を成し遂げたのち，キリストの従僕として我が身を捧げた。司教座にあって際立った存在であったが，最後は隠棲の暮らしを選び，癩病患者にあらゆる奉仕を捧げ，大層質素に生きた。司教をしていたメッティス〔メス〕の教会における彼の驚くべき行いについては，書物がある[44]。これは，彼のもたらした奇跡と禁欲生活を含む。しかし，私もこの都市の司教について，アンゲルラムヌスの要請に従って著したことがある[45]。アンゲルラムヌスは大層柔和な人物で，高徳の聖者である。上述の教会の大司教であった。私はこの優れた聖人，アルヌルフについて彼の驚くべき業績をいくつか記したのだが，この記述について繰り返すのは単に冗漫であると考えた。

---

42) maior domus の訳語。

43) アルヌルフは 582 年頃の生まれ。614 年にメスの司教となるも，為政者としての務めは継続する。629-630 年頃にようやく政治の世界から離れる。640 年にルミルモンの修道院で亡くなる。

44) *Vita Sancti Arnulphi* (ed. B. Krusch, in *MGH SS. rer. Mer.* II, pp. 426-446).

45) *Gesta episcoporum Mettensium* (ed. G.H. Pertz, in *MGH SS* II, pp. 260-268).

17. クニンクペルト王の死と彼の息子リウトペルトの統治

この間，あらゆる人々にこの上なく愛されたクニンクペルトは，亡父の後十二年にわたってランゴバルドの王国を維持したが，ついにこの世を去った[46]。彼はかつてアラヒスと干戈を交えたコロナテの野[47]に，殉教者聖ゲオルギウスを讃えて修道院を設立した[48]。彼は洗練された人物で，あらゆる善において秀で，勇猛果敢な戦士であった。彼は多くのランゴバルドが涙を流すなか，彼の祖父なるアリペルトがかつて築いた救世主教会[49]のそばに葬られた。ランゴバルドの王国は，まだ幼少の年齢にあったリウトペルトに遺された。そしてリウトペルトの後見役として賢明で輝かしい人物，アンスプランド[50]を任じた。

18. トリノ公ラギンペルトについて。いかに彼がリウトペルトを破り，王国を奪ったが，その同じ年に亡くなったか。

それから八か月が過ぎると，トリノの君主ラギンペルトが強力な軍勢を率いて，アンスプランドとベルガムム公ロタリトに対してノウァリアエ〔ノヴァーラ〕において戦った[51]。ラギンペルトは，かつてゴディペルトがグリムアルドに滅ぼされたときに遺した子供で，当時はまだ幼かった。そのことについては上述した通りである[52]。彼は両名を破りランゴバルドの王国へと攻め込んだが，同年没した。

19. いかにアリペルトが王国を奪い，リウトペルトを生け捕りにし，後に殺したか。

その後彼の息子アリペルトが再び戦争を準備し，ティキヌムでリウト

---

46) 在位 688-700 年。
47) 本書第Ⅴ巻第 39-40 章参照。
48) 聖ゲオルギウス崇拝は，巡礼によって東方から持ち込まれた。ランゴバルドのあいだでの崇拝としては，これが最古の証言である。
49) 本書第Ⅳ巻第 48 章参照。
50) アンスプランドについては，不詳。Capo によれば，彼に関する碑文は残っているようだが，ここで言われている摂政については触れていない。
51) 700 年のできごと。
52) 本書第Ⅳ巻第 51 章。

ペルト王と，それにアンスプランド，アト，タッツォ，さらにロタリト，ファラオと戦った[53]。しかし，アリペルトはすべての者を戦において破り，子供であったリウトペルトを生け捕りにした。アンスプランドも逃げ，コマキナ島に立て籠った[54]。

20. いかにベルガムムで支配していたロタリトは，アリペルトに囚われ，命を奪われたか。

だが，ロタリト公は自らの都市ベルガムムに戻り，王権を奪った[55]。彼に対して，アリペルト王は大軍を率いて反撃に出て，まずラウスを攻略した。それからベルガムムを包囲し，この都市を破城鎚やさまざまな戦闘装置によって容易に攻め落とし，手に入れた。囚われの身となったロタリトを，その頭髪や髭を剃り落させると[56]，偽の王としてトリノへと追い払った。この者はそこで数日後に殺された。実際，生け捕りにしたリウトペルトについても，同じような方法によって浴場で命を奪った。

21. いかにアンスプランドは，バイオアリアに逃げ，バイオアリアの君主テウトペルトの許に留まったか。

アリペルトは，コマキナ島のアンスプランドに対しても軍勢を送った。これを知ると，アンスプランドはクラウェンナ〔キャヴェンナ〕[57]に逃れた。そしてレティ族の都市クリア〔クール〕[58]を通ってバイオア

---

53) 701-702 年のできごと。
54) 前章では，短期間ながらラギンペルトが王権掌握したことになっているが，この章では，息子アリペルトは父の志を受け継いで王権を奪取したように叙述されている。ラギンペルトの死後，アンスプランドによる一時的な王権奪回があったのかも知れない。
55) 702 年頃。
56) 髪や髭を剃られることは，ランゴバルドなどゲルマン民族のあいだでは恥辱だった。
57) キャヴェンナ Chiavenna はコモ湖の北に位置し，スイスとイタリアの国境近くにある町。
58) クール（Chur）はスイス東部の町。イタリア語ではコイラ（Coira）。

リア公テウトペルト[59]の許に向かった。そして，彼の許で九年間過ごした[60]。一方アリペルトの軍勢はアンスプランドのいた島へ侵入し，その要塞を破壊した。

22. アリペルトがアンスプランドの妻と彼の息子や娘をいかに様々な方法で辱め，いかにリウトプランドに父の許，バイオアリアへ行くことを許したか。

そして，アリペルトは王権を固めると，アンスプランドの息子シギプランドの両眼を潰し，彼の血縁者をあらゆる方法で苛んだ。アンスプランドの年少の息子リウトプランドを獄中に置いた。そして彼が取るに足らない人物で，まだ若いのを見て取ると，その体にまったく縄を打つことがなかったばかりか，父親の許に向かうようにと出獄することを赦したのであった。これが，リウトプランドを王国の統治のために準備した全能の神の意思によってなされたことは，疑いがない。かくして，リウトプランドはバイオアリアの父の許に向かい，その到着は父に計り知れない喜びを与えた。一方，アリペルトはアンスプランドの妻でテオドラダなる者を囚われの身とした。彼女は女心の浅はかで自分は女王になるのだと豪語したので，鼻と耳とを削ぎ落とされ，その容貌の美しさは損なわれた。やはり同じような方法でリウトプランドの姉，アウロナ[61]もまた醜い姿にさせられた。

23. ガリアでアルヌルフの息子アンスキスが宮宰となったこと。

この頃[62]，フランクの王位にアルヌルフの息子アンスキス――かつて

---

59) 実際には，バイオアリア公はテウトペルトの父，テウド（在位680頃-717年）だった。

60) 702-711/712年。

61) アウロナはすでに結婚し，子もいたはずである。ロムアルド二世の妻，グムペルガ（本巻第50章参照）は彼女の娘である。

62) アンスキス（アンセギセル）はピピン二世（中ピピン）の父，カール・マルテルの祖父であり，685年に没している。したがって8世紀初頭のランゴバルドの状況に関連して，「この頃 hoc tempore」と言うのは不正確な表現である。

のトロイア人のアンスキセス〔アンキセス〕[63]の名前に因んでこう呼ばれたと思われるが――が，宮宰の称号の下で君主の権限を揮った[64]。

24. フォルム・ユリイにおけるアドの死とスクラウィに殺されたフェルドゥルフスの公国統治について。

フォルム・ユリイにおいても，先に君主であると述べたアドが没すると，フェルドゥルフスが公国を継承した[65]。彼はリグリアの出身であり，人を欺く，高慢な人物だった。スクラウィ族に勝利してその名声を得ようと望むと，我が身とフォルム・ユリイとに破滅を招いたのである。フェルドゥルフスは，スクラウィの軍勢を自らの州に自らの呼びかけによって引き込むべく，あるスクラウィに褒美を与えた。彼らはその通りやって来て，これがフォルム・ユリイ州の大いなる喪失の原因となった。スクラウィの盗賊集団は，彼らの近隣地域で放牧されていた家畜の群れや羊飼いを襲い，その者らに略奪を働いた。現地の言葉で「スクルダヒス」[66]と呼んでいるこの土地の領主が，盗賊たちを追いかけた。領主はその勇気において気高く，武力において優れた人物であった。しかし，彼らに追いつくことは出来なかった。

さて，領主が戻ろうとすると，君主フェルドゥルフスに出会った。彼に，盗賊集団はどうしたかと尋ねると，その名をアルガイトというこの人物は，「奴らは逃げました」と答えた。フェルドゥルフスは怒って次のように言った。

「其方がいつ勇敢に何かをなしたことがあったか？　どうりで，其方は『アルガ』[67]に因んでアルガイトと呼ばれているわけだ。」

---

(63) アンキセスは女神アプロディテ（ウェヌス，ヴィーナス）と結ばれ，英雄アエネアスを儲けた。アエネアスはイタリア半島にわたり，ローマ人の父祖と考えられている。

(64) *Gesta episcoporum Mettensium* (ed. G.H. Pertz, in *MGH SS* II, pp. 260-268, p. 264) において，パウルスはフランクがトロイア人に由来すると述べている。

(65) 8世紀の初め頃。

(66) スクルダヒス (sculdahis) とは，小さな地方の長。警察，裁判を司り，軍隊の指揮にもあたる。ドイツ語の Schultheiß に相当。

(67) ランゴバルドの言葉で，「臆病」，「のろま」の意味。ロタリの法（本書第IV巻第42章参照）第381項によれば，他人を怒りの余りに「アルガ」呼ばわりし，〔そう呼んでしまっ

彼は，勇敢な人物だったから，一方ならぬ怒りに激して君主に答えた。

「他の人々が，我々のいずれがより『アルガ』であるかを知る前に，フェルドゥルフス公よ，私と貴殿とがこの世を去らないことを，神が思し召されますよう。」

このようなことを二人がお互い悪し様に言い合った後，何日もたたないうちに，フェルドゥルフスが襲来の見返りに褒美を与えていたスクラウィ族が，大軍をなしてやって来るという事態になった。

彼らが丘の頂上に陣営を築き，彼らを攻めることがほとんどどちらの方角からも困難になると，フェルドゥルフス公は軍勢を率いてやって来て，より平坦な所から彼らに攻撃できるようにとこの丘を囲み始めた。すると，上述したアルガイトがこのようにフェルドゥルフスに言った。

「お忘れなきよう，フェルドゥルフス公よ。貴殿は私を臆病，無用者と仰せになった。私を『アルガ』と悪し様に呼ばわれた。かくなる上は，我々はこのスクラウィたちに突撃し，遅れた方に神の怒りが降りかかりますように。」

このように言って馬を差し向け，登りの厳しい岩場づたいに，スクラウィの陣営を目指し始めた。フェルドゥルフスは，もし自分がその難所を通ってスクラウィに突撃することがなければ，恥辱だと考えたので，あらゆる厳しい岩場，難所，道なき道を通ってアルガイトを追いかけた。

フェルドゥルフス公の軍勢は，指揮官に遅れるのは恥辱と考えたので，彼らもまた追いかけ始めた。スクラウィは彼らが傾斜面を上って自

たことを〕否認できず，怒りの余りにそう言ったのだと言う場合は，侮辱された人がそのような人でないことは分かっていると誓う必要があった。その上で侮辱の言葉の償いに12ソリドゥス支払う必要があった（si quis alium arga per furorem clamaverit, et negare non potuerit, et dixerit quod per furorem dixisset, tunc iuratus dicat quod eum arga non cognovisset; postea conponat pro ipso iniurioso verbo solidos duodecim）。しかし，もしあくまでもそう呼ばわり続けるならば，決闘するかあるいは上記の額を支払う必要がある。

分たちに向かってくるのを見ると、勇ましく戦闘準備を整え、武器よりもむしろ投石や斧によって彼らと戦い、ほとんどすべての者たちを馬から振り落とし、殺した。こうして、スクラウィは、武力ではなく偶然によって勝利を得たのであった。この戦闘でフォルム・ユリイの貴族は全滅した。フェルドゥルフス公も最期を遂げた。さらに彼を挑発した人も亡くなった。

この戦では、団結や健全なる計画によれば、何千という敵を倒すことができたはずの数の勇者たちが、内輪もめの弊害や軽率さのために、撃退された。しかしランゴバルド中ただ一人、ムニキスなる者が勇敢かつ力強く行動した。彼は、後のフォルム・ユリイ公ペトルスやケネタ公[68]ウルススの父となった。彼は馬から振り落とされ、スクラウィの一人が彼に突然襲いかかり、その手を縄で縛り付けた。しかし、ムニキスは縛られた両手でそのスクラウィ兵の右手から槍を奪うと、相手を槍で突き、縛られたままで岩場を転がって逃れたのだった。

以上のことを本書に紹介したのも、内輪もめの弊害によって何か同じようなことが起きないよう、著者がとりわけ期するためである。

25. フォルム・ユリイにおけるコルウウルス[69]の公国統治について。彼は王によって盲目にされる。

こうして、フェルドゥルフス公が亡くなると、彼の後継者に任じられたのはコルウォルスであった。この者は、わずかな間フォルム・ユリイ公の座にあったものの、王の怒りを買い、目をくり抜かれ、不面目な生涯を送った[70]。

---

68) Gasparri (p. 71) によれば、前者のフォルム・ユリイ公としての在位は749年から756年頃。後者については、同じく Gasparri (pp. 63-64) によれば、彼がケネタ公になったのは、743年6月以降。

69) 本文ではコルウォルスとなっている。

70) コルウォルスの在位は、アリベルト二世の治世、つまり701年から712年の間の11年間のうちのごく短い期間に限られたことしかわからない。

26. フォルム・ユリイの君主ペンモについて。彼に三人の息子が生まれたこと。

　その後，ペンモが公国を手に入れた[71]。彼は才能豊かな人であり，祖国に役立つ人物だった。ベッルヌム〔ベッルーノ〕の出身であったビッロを父としていたが，その地で起こした内紛のために，後にフォルム・ユリイに移り，ここで平穏に暮らした。このペンモは，ラトペルガなる妻を娶った。だが，彼女は自分の容貌が垢抜けしなかったので，自分を捨てて，偉大なる君主の夫人にふさわしい別の妻を迎えるよう，夫にしばしば懇願した。しかし，彼は賢明なる人物であったから，容姿の美しさよりも彼女の行い，謙虚さ，そして思慮深い慎ましさとが気に入っている，と言うのが常だった。こうしてこの夫人から，ペンモはラトキス，ラトカイト，アヒストゥルフ[72]の三人の息子を儲けた。三人の息子は，そろって力強い勇者となった。彼らが生まれたことで，母の謙虚さは栄光へと高められた。ペンモ公は，前述の戦争で亡くなった貴族の子弟たちを集め，我が子と一緒に，彼らもまた自分から生まれた子であるかのように育て上げた。

27. ベネウェントゥムの君主ギスルフについて。いかにして彼がスラやその他の要塞を攻略したか。

　この頃[73]，ベネウェントゥム公だったギスルフ[74]は，ローマ人の都市スラ〔ソーラ〕を奪い，さらにヒルピヌム〔アルピーノ〕，アルクス〔アルチェ〕[75]といった城塞都市も同様に奪った。ギスルフは，教皇ヨハンネス[76]の時代に己の全武力を傾け，カンパニアに来て付け火と略奪をなし，多くの捕虜を捕らえ，ホッレア[77]と呼ばれる地域に至るまで陣営

---

71)　アリペルト二世の在位中のある時点から738年までフォルム・ユリイ公だった。
72)　ラトカイトについては，不詳。ラトキスは744-749年に，アストゥルフ（本文ではアヒストゥルフ）は749-756年に王位にあった。
73)　702年。
74)　在位期間は689-706年。
75)　ベネディクトゥス派の修道院があったモンテ・カッシーノのこと。
76)　ヨハンネス六世（教皇在位701-705年）。
77)　ラティウム街道（Via Latina）沿いで，ローマから8キロ程離れている。

を築くも、彼に抵抗する者は皆無だった。教皇は、ギスルフに教皇庁の宝物庫とともに聖職者たちを派遣し、捕虜を全員彼らの手から贖った。そして他ならぬ指揮官を軍隊共々その領地へと帰還させた。

28. アリペルトがローマ教会に行った寄進について。アングリ族の二人の王について。

この頃[78]、ランゴバルドの王アリペルトは、かつて教皇庁の権限に属していたが、だいぶ以前にランゴバルドによって奪われた[79]アルペス・コッティアエ地方[80]の遺産寄贈を返還し、この寄贈を金文字で記し、ローマへと伝えた。またこの頃、サクソネス族の二人の王[81]は、使徒たちの痕跡を求めてローマへと向かい、望んでいた通り、すぐにそこで亡くなった。

29. メディオラヌムの大司教ベネディクトゥスについて。

やはりその当時のことだが、メディオラヌムの大司教ベネディクトゥスがローマに来て、ティキヌムの教会のことで裁判を起こした[82]。しかし、古くからティキヌムの司教は、ローマ教会によって叙任されていたので、彼は敗れた。とは言え、この大司教聖ベネディクトゥスは類稀な清浄なる人物であり、彼が立派であるという評判は、イタリア中に輝き渡った[83]。

---

78) 707年。
79) Capoによれば、ロタリがリグリアを征服した頃に遡る。
80) 現在のリグリア州。本書第Ⅱ巻章第16章を参照。
81) ベーダ『英国民教会史』第5巻第19章によれば、709年のできごと。王位を離れた二人の君主とは、メルキア（Mercia）のコインレド（Coinred）とエセックスのオッファ（Offa）である。
82) 『教皇伝』ではヨハンネス七世の在位期間（705-707年）に記されている。
83) 685年から732年までミラノの大司教だった。

30. スポレティウムの君主トランサムンドの死と、その息子の公国統治について。

さて、スポレティゥムの君主トランサムンドが亡くなると[84]、その息子ファロアルドが父の後釜に任ぜられた。つまり、ウァキラプスはトランサムンドの兄弟であり、兄弟とともに公国を支配した[85]。

31. 皇帝ユスティニアヌスについて。いかに彼が帝位を奪回し、自らに反逆した者たちを殺したか。

さて、ユスティニアヌスは統治権を失い黒海地方で流刑の境遇に置かれていたが[86]、ブルガレスの王テレベッルスの援助によって王権を取り戻し、自分を追放に処したパトリキウスたちを殺した。王位を我がものにしたレオとティベリウス[87]とを捕らえ、広場の中央の全市民の見ている前で、処刑させた[88]。コンスタンティノポリスの総大司教ガッリキヌスについては、両眼をくり抜いてローマに送り、追放されていた自身の世話をしてくれた僧院長キュルス[89]を、ガッリキヌスに代わって司教として任じた。彼は、教皇コンスタンティヌス[90]を自らの許に来るよう命じ、丁重にもてなし、帰還させた[91]。ユスティニアヌスはコンスタンティヌスの目の前に平伏し、自らの罪について許しを乞うと、教会のすべての権限を再確認した。彼は自分を追放したフィリッピクスを捕らえるた

---

84) 703年から705年の間に亡くなったとされている。トランサムンド（一世）については、本書第Ⅳ巻第51章、第Ⅴ巻第16章を参照。

85) ウァキラプスについては、パウルスはここでしか言及しておらず、またこの一節自体が彼についての唯一の証言である。したがって、ウァキラプスの公国支配を読者の前提の知識としているようなこの文には唐突な、奇異な印象がある。トランサムンドは、グリマアルドにスポレート公に抜擢される以前、カプア伯だったが、その当時から兄弟の分割統治が行われていたのかも知れない。

86) 本巻第12章参照。

87) 本巻第13章参照。

88) 706年2月。

89) キュルスは、アマストリスの修道士であり、ユスティニアヌスの復位を予言していた（Theophanes, *Chronographia* 6198, Nichephorus Constantinopolitanus, *Breviarium rerum post Mauricum gestarum*, ed. I. Bekker, in *Corpus scriptorum historiae Byzantinae*, Bonn 1837, p. 48 ）。

90) 教皇在位 708-715年。

91) 710年。

めに軍勢を黒海地方に派遣するも、聖なる教皇は彼に対し、そのようなことはするなと強くこれを禁じた。しかしそれにもかかわらず、止めさせることはできなかった。

32. いかにフィリッピクスは、ユスティニアヌスを滅ぼし帝権を奪ったか。

フィリッピクス討伐に差し向けられた軍勢も、フィリッピクスの側に寝返って、彼を皇帝とした。彼はユスティニアヌスに対抗してコンスタンティノポリスへ向かい、首都から十二マイルの所で戦い、ユスティニアヌスを破り、殺し、その王権を奪った。ユスティニアヌスは、息子のティベリウスとこの二度目の皇位に就いたが、その支配は六年で終わった[92]。レオは、彼を追放する際に鼻を削いだ[93]。そこで、ユスティニアヌスは皇位に返り咲いたとき、流れ出る鼻の粘液を手で拭い取る際、ほとんどその度ごとに自分に敵対する人のなかから誰か一人を殺すように命じた。

33. 総大司教ペトルスの死とセレヌスがその後継者となったこと。

この頃とうとう総大司教ペトルス[94]が亡くなり、アクイレイアの教会の管理をセレヌスが引き継いだ。彼は単純素朴さを備え、キリストへの務めに没頭した[95]。

34. いかにアナスタシウスは、フィリッピクスを滅ぼしたか。

一方、フィリッピクスは、バルダニスとも呼ばれていたが、帝位に

---

92) 705-711 年。
93) 本巻第 12 章参照。
94) 総大司教としての在位期間は 698-711 年頃。
95) 総大司教としての在位期間は 711 頃-726 年。

あってその権威を確立すると，上述のキュルスを教皇座[96]から駆逐し，自らの修道院を監督するために黒海地方に戻るよう命じた。このフィリッピクスは，教皇コンスタンティヌスに異端の教理の勅書を送ったが，コンスタンティヌスは教皇庁会議と一致して，これを却下した。そしてそのために，聖ペトルス教会の柱廊に絵画を創作した。これは六つの公会議の様子を記憶に留めている絵である。というのも，フィリッピクスは，帝都にこのような絵を持っていたが，それをも取り除くように命じていたからである。ローマの市民は，異端の皇帝の名前や勅書，貨幣に刻む像を受け入れないことを決定した。そこで，その像は教会にも持ち込まれることはなく，またその名前がミサの儀式に言及されることはなかった。フィリッピクスが一年と六か月君臨したのち[97]，アルテミウスとも称されるアナスタシウス[98]が彼に対して叛旗を翻し，彼を皇位から駆逐し，目を抉り出した。とはいえ，殺しはしなかった。このアナスタシウスはローマの教皇コンスタンティヌスに，パトリキウスでありイタリア総督であったスコラスティクスを通じて，自身が正統派信仰の信奉者であり，聖なる第六公会議を支持する者であることを宣言する勅書を送った。

35. アンスプランドは，テウデペルトがバイオアリ族を率いて彼を支援したとき，いかにアリペルトを破ったか。ティキヌス川でアリペルトが溺死したことについて。彼の兄弟グンペルトの亡命について。アンスプランドとその息子リウトプランドの統治について。

さて，アンスプランドは，バイオアリアで亡命生活を送りはや九年を過ごすと，ついにテウトペルトの心を動かし，十年目[99]にバイオアリア人の軍勢を率いて，イタリアに赴いた。アリペルトと干戈を交えた。両

---

96) 原文では pontificatu「教皇座」とあるので，このように訳した。しかし，第31章を見る限りでは，キュルスはガッリキヌスに代わってコンスタンティノポリスの総大司教になったように思われる。
97) 711年（末？）－713年6月4日。
98) アナスタシウスについては，本巻第36章を参照。
99) 712年。

軍に多くの犠牲者が出た。しかし，ついに夜になって戦闘が止み，両軍が分かれたとはいえ，バイオアリア人が敗走し，アリペルトの軍が勝者として陣営に帰還したのは確かなことである。それでもアリペルトは陣営に留まることを欲さず，ティキヌムの町に戻ったので，この行動によって味方側には失望を，敵方には大胆さを与えることになった。彼が町に入った後，この振る舞いのために自分の軍勢を怒らせたと気づき，フランスに逃げるべしという意見を受け入れ，役立つと思われる分の金を宮廷から持ち出した。

彼が黄金を抱えて重くなった状態でティキヌス川を渡ろうと思っていると，そこで沈み，溺れて死んでしまった。その亡骸は翌日になって発見され，宮殿に安置され，それから救世主教会へと移された。これはアリペルト一世の建てた教会[100]であり，そこに彼は埋葬された。この人は，統治していた時代は夜に宮殿を抜け出し，あちらこちらと歩き回り，自分について個々の町がどんなことを言っているか，自分自身で探索した。そして，一人一人の裁判官がどんな判決を自分の臣民に下しているかを，熱心に調べ上げた。彼は，外国の使節が自分の許にやって来ると，彼らの前では粗末な服か革の服を着用していた。そしてイタリアに不意討ちを喰らわせることがないように，彼らに決して高級な葡萄酒やその他のごちそうをふるまうことはなかった。

彼は父ラギンペルト[101]と共同で，あるいは単独で，あわせて十二年目まで統治した。彼はまた敬虔な人物で，寄進に積極的であり，公正を愛した。彼の時代，大地はとても豊かであったが，時代は粗野であった。その兄弟グンペルトはこのときフランスに逃れ，そこで寿命を全うした。アリペルトには息子が三人あり，なかでの最年長のラギンペルトという方は，我々の時代までアウレリアネンセスの町を統治していた。

アリペルトの死後，アンスプランドはランゴバルドの王位を獲得したが，統治したのはわずかに三か月であった[102]。彼はあらゆる点で立派な人物であり，その叡智に匹敵し得る人はほとんどいなかった。彼の臨終

---

100) 本書第Ⅳ巻第 48 章参照。
101) 本巻第 18 章参照。
102) 712 年 6 月 13 日没（享年 51）。サンタ・マリーア・アッレ・ペルティケ教会のサンタンドリアーノ礼拝堂に埋葬された。

を看取っていたランゴバルドは，その息子リウトプランドを王座に据えた。アンスプランドは，このことをまだ生きている間に聞くと，大層喜んだ。

36. いかにテオドシウスは，アナスタシウスを破り支配権を奪ったか。ティベリス川の氾濫について。

　この頃，皇帝アナスタシウスはサラセン人に対抗し，アレクサンドリアに艦隊を派遣した。この軍勢は計画を変更し，途中でコンスタンティノポリス市に引き返し，正統派のテオドシウスを訪ね，彼を皇帝に選び，強制的に皇位に就けてしまった。このテオドシウスは，ニカイア〔ニケア〕でアナスタシウスを過酷な戦争で破った。テオドシウスは，アナスタシウスが自らに忠誠を誓うと[103]，彼を聖職者にし，長老の地位に就けた。テオドシウスは支配権を得ると，ただちに聖なる公会議が描かれており，フィリッピクスが排斥した例の絵画[104]を帝都の元の場所に掲げた。

　この頃，ティベリス川が氾濫し，川床から溢れ出しローマの町に甚大な被害を及ぼした。ラタ通りでは，水の深さは人の身長の一倍半にも達し，聖ペトルス門から水が流れ下って，モルウィウス〔ミルヴィオ〕橋の所で合流する有様だった。

37. アングリ族について。フランク族の王ピピンと彼の行った戦争について。息子のカロルスが彼の後継者となったこと。

　この頃，多くのアングリ族の人々が貴賤，男女，公人私人を問わず，神への愛に衝かれて，ブリタニアからローマへとやって来るのが習わしとなった。当時フランク王国では，ピピン[105]が支配権を得ていた。彼

---

103) datoque sibi sacramento の訳。Capo は Theophanes, *Chronographia* 6207-6208 および Nicephorus, *Breviarium* p. 58 を根拠に「テオドシウスがアナスタシウスに対して誓いを立てる」と解釈する。しかし，sibi はやはり主文の主語テオドシウスを意味するように思われるから，「アナスタシウスから自分に対して誓いが立てられる」と解すべきだろう。

104) 本巻第 34 章参照。

105) いわゆる中ピピン（もしくはエリスタルのピピン）。アンスキスの息子（本巻第

は驚くべき豪胆さを備えた人物であり、敵をただちに迎え撃ち、討伐した。実際ある敵に対しては、ライン川を渡ると一人の護衛を従えただけで襲いかかり、寝室に休んでいた彼をその従僕たちとともに殺したのであった。サクソネスとも多くの干戈を交え、そしてとりわけフリシオネス族[106]の王ラトポトゥスと勇猛果敢に戦った。彼には他の子供もいたが、子供たちのなかで最もすぐれていたのはカロルス〔カール〕[107]であり、彼は後に父を継いで元首の座に就いた。

38. いかにリウトプランド王は、反逆者ロタリト[108]を殺したか。王の豪胆ぶりについて。

一方、リウトプランド王が支配体制を固めると、彼と血縁関係のあるロタリ[109]が彼を殺そうと思った。実際彼は、ティキヌムの自分の邸で王のために宴を準備し、この邸には極めて屈強な者たちを武装させて匿っていた。宴会中に王を亡き者にせんとする魂胆であった。このことがリウトプランドに伝わると、彼を自分の宮殿に召喚するように命じた。伝えられていた通り、ロタリが服の下に胴鎧をまとっているのを、自ら彼の体に手で探って確認した。ロタリは自分が武装していることをさとられたので、ただちに跳び上がって退くと、剣を抜き放ち、王を殺そうとした。これに対して王の方も鞘から自分の剣を抜いた。

そのとき、王の護衛の一人で、スボなる者が背後からロタリを押さえつけたが、彼に顔面を傷つけられた。このスボに引き続き他の者たちもロタリに飛び掛かり、その場で殺してしまった。彼には四人の息子があって、その場には居合わせなかったが、見つかり次第その場で殺されてしまった。

23章参照）。

106) タキトゥス『ゲルマニア』第34章第1節では、フリシイ（Frisii）と称される民族。タキトゥスによれば、大西洋沿岸、ライン川とエムズ川に挟まれる地域に住んでいたことになっている。この他、大プリニウス『博物誌』第4巻第106章、プトレマイオス『地理学』第2巻第11章第7節参照。

107) のちに宮宰となるカール・マルテル。

108) 本文ではロタリとなっている。

109) ロタリについては、本書のこの箇所で言われていること以外は不明。本章の伝えていることは、他の文献史料には見当たらない。Capoはこれを口承に基づくと考える。

他方，リウトプランド王は大層豪胆な人物であった。二人の槍持ちが彼を殺そうと考え，そしてこのことが王に伝わったときのことである。彼ら以外の者を誰も伴わずに王は大層深い森に入り，いきなり彼らに対して剣を抜き放ち，自分を殺そうと考えたことを叱責した。そして，考えた通りにするがよい，と促した。彼らは突然王の足下に平伏し，自分たちの企てを残らず告白した。彼は，他の者たちについても同様に振る舞った。しかし，彼らがただちに告白するや，かような大罪すら赦したのである。

39. ベネウェントゥム公ギスルフの死について。彼の息子ロムアルドの公国統治について。

そしてベネウェントゥム公ギスルフが亡くなると[110]，その息子ロムアルドがサムニテス族の統治を引き継いだ。

40. いかに聖ペトロナクスは，カッシヌムの父なる聖ベネディクトゥスの修道院を改修したか。聖ウィンケンティウス修道院について。

この頃，ブレクシアの市民ペトロナクスが，神への愛に衝き動かされ，ローマへとやってきた。そして教皇庁において教皇グレゴリウス[111]の勧めによって，当地[112]カッシヌムの城塞を目指した。そして父なる聖ベネディクトゥスの聖なる遺骸の許へとたどり着き，以前からこの地に住んでいる他の純朴なる人々と一緒に暮らし始めた[113]。人々はこの清き人物ペトロナクスを，自分たちの長として選んだ。彼は，程なくして神の慈悲に助けられ，また父なる聖ベネディクトゥスの功徳に支援

---

110) 706 年のこと。したがって，これはリウトプランドが王位に就く前のできごとであり，時系列的には前後する。

111) グレゴリウス二世（在位 715-731 年）。

112) 複数の写本が huc（ないしは hunc）を伝えている。パウルスが本書の執筆当時モンテ・カッシーノにいたとすれば，これらの読みは Luiselli e Zanella の言うように，自然的，自発的なものであろう。

113) 717 年頃。

され，その場所が人の住まない場所となって以来，すでにおよそ百十年が過ぎていたが[114]，この地に彼を求めて集まって来た——貴族出身者も平民出身者もいたが——修道士たちの父となり，聖ベネディクトゥスの聖なる規則と教えの下，住居を修復し，住み始めた。そしてこの聖なる修道院を今日みられる形に作り上げたのである。

その後引き続き，聖職者たちの中で際立つ存在にして神に寵愛されている教皇ザカリアス[115]は，清きペトロナクスにさらに一層の助力をもたらした。それは，聖書の冊子と修道院の便宜に関わるようなその他の一切合財である。その上，父なる聖ベネディクトゥスが有り難い御手をもって記された規則を，父のごとき情をもってお与え下さった。ウルトゥルヌス〔ヴォルトゥルヌス〕川[116]の水源近くにあり，今もなお多くの信徒たちを集め栄えている殉教者聖ウィンケンティウスの修道院は，すでにその当時三人の兄弟タトゥス，タスス，パルドゥスによって築かれたものである[117]。それは，同修道院の院長にしてこの上なく学殖豊かなアウトペルトゥス[118]の書物が，このようなことについて著した巻のなかで示している通りである。

教皇聖グレゴリウスがやはりローマの教皇庁にあったとき，クマエ[119]の城塞がベネウェントゥムのランゴバルドによって攻略された[120]。しかし夜になってネアポリス公が襲撃を掛け，ランゴバルドのなかに捕虜や，犠牲者が出た。城塞もまた，ローマ人によって奪還された。この

---

114) 修道院の破壊が580年代であるから（本書第Ⅳ巻第17章参照），110年というのは不正確である。

115) 在位741-752年。

116) ヴォルトゥルノ川（Volturno）は，現在のモリーゼ州のメタ山地（Monti di Meta）に発し，まず概ね南東方向に流れ，カゼルタ市の近くでカローレ川と合流する。そこで今度は蛇行しながらも概ね西に向かい，Castel Volturno でティレニア海に注いでいる。

117) この修道院は705年頃に築かれた。9世紀になるとイスラム人の攻撃を受けるようになる。882年には一時修道僧たちはカプアに移った。その30年後には戻ってきて，12世紀まで隆盛する。しかしその後は凋落し，14世紀には廃墟となった。

118) アンブロシウス・アウトペルトゥスは，プロヴァンスに8世紀のはじめに誕生し，777年に修道院長になった。781年没。三人の修道士の伝記の他，新約聖書の注解を著した。

119) ナポリの郊外にある。アポロンの神殿があり，シビュラの巫女が神託を告げていた場所として有名。ウェルギリウス『アエネイス』第6巻では，主人公アエネアスが巫女の案内でここから冥界下りをする。

120) 717年から719年までの間の出来事。

城塞を奪回した見返りに，あらかじめ約束した通り教皇は金七十リブラを支払った。

41. 皇帝テオドシウスが亡くなった後，いかにレオが彼の後継者となったか。

この間，皇帝テオドシウスがたった一年支配した後に亡くなり[121]，その後継者としてレオ帝[122]が即位した。

42. いかにフランク族の元首カロルスは，ラギンフリドを破ったか。

フランク人においてもピピンが亡くなり，上述した彼の息子カロルス[123]は，多くの戦争と闘争の末にではあったが，ラギンフリド[124]の手から王権を奪った。実際彼は獄中囚われの身になったとき，神の御意によって救われ脱獄し，最初はラギンフリドとわずかな軍勢を伴って二三度戦ったが，最後はウィンキアクム〔ヴァンシー〕[125]で大規模な戦闘により彼を破った[126]。とはいえ，カロルスはラギンフリドに住むべき場所として，アンデガウィ族の町を譲った[127]。しかし，フランクの全部族を自分の支配すべきものとして獲得した。

---

[121] 在位 715-717 年。ただし，テオドシウスは王座を奪われたものの，死んではいなかった。
[122] レオ三世（在位 717-741 年）。
[123] カール・マルテルのこと。本巻第 37 章参照。
[124] ラギンフリド（Raginfrid もしくは Ragenfrid, Raganfrid, Ragamfrid）はネウストリア（フランス西部）の宮宰。
[125] フランス北部のカンブレー（Cambrai もしくは Cambray）の近く。
[126] 717 年。
[127] アンジュ地方の都市，現在のアンジェ（Angers）のことだと思われる。

43. いかにリウトプランド王は，ローマ教会に寄進を確約したか。いかにテウデペルトの娘を妻に迎えたか。

この頃リウトプランドは，アルペス・コッティアエの遺産贈与[128]をローマ教会に対して確約した[129]。それからわずかのうちに，この君主は，追放中に身を寄せていたバイオアリの君主テウトペルトの娘，グントルトを妃に迎えた[130]。彼女との間には，娘を一人儲けただけであった。

44. いかにファロアルド公はクラッシスを侵略したか。バイオアリ族の君主テウドが使徒たちの場所，ローマに来たこと。

この間，スポレティウムの君主ファロアルドは，ラウェンナの町クラッシスを侵略した[131]。しかし，リウトプランドの命令によって，町はローマ人に返還された。このファロアルドに対して，彼の息子トランサムンド[132]が蜂起し，彼を聖職者にし，その所領を侵略した[133]。この頃，バイオアリの君主テウドは，祈祷のために聖なる使徒の歩みをたどり，ローマを訪れた[134]。

45. 総大司教セレヌスが亡くなった後，カリストゥスが教会の管理を引き受けたこと。スクラウィ族に対するペンモの戦争について。

フォルム・ユリイでは総大司教セレヌス[135]がこの世を去り，大層優

---

128) 本巻第 28 章参照。アリペルトはアルペス・コッティアエを教皇に返還したが，リウトプランドは，王位について間もなくこれを再び手に入れ，教皇の叱責を受けて改めて返還した（『教皇伝』（グレゴリウス二世）IV, p. 398, Beda, *Chronica maiora* 585）。

129) 715 年頃か。

130) Capo は，716 年頃だとする。リウトプランドの父，アンスプランドとテウトペルトとのつながりについては，本巻第 35 章を参照。この一節も，リウトプランドとバイオアリア公との結びつきを示しているのだろう。

131) 712-713 年のできごと。

132) トランサムンド二世のリウトプランドへの反発については，本巻第 55 章および第 57 章を参照。

133) Gasparri (p.77) によれば，719-720 年。

134) 715-716 年。テウドは 717 年に没する。本巻第 21 章参照。

135) 本巻第 33 章参照。

れた人物でタルウィシウムの教会の助祭長であったカリストゥスが，主君リウトプランドの後押しを受けて，アクイレイアの教会の長になった。すでに述べたように，この時代ペンモがフォルム・ユリイのランゴバルドを治めていた。彼は，自分の子供と一緒に養っていた貴族の子弟たちを，今や成年に達するまで育て上げていたが[136]，突如彼の許に，スクラウィ族の大軍がラウリアナ[137]と呼ばれる場所を襲撃したという知らせが届いた。彼は，この若者たちを率いて三度目の戦いでこのスクラウィに突撃し，彼らを大いなる殺戮をもって討伐した。この戦いにおいて，ランゴバルドの側では，すでに老齢だったシクアルドゥス以外誰も命を落とすことはなかった。彼はフェルドゥルフスの下でなされた上述の戦いで[138]，二人の息子に死なれた。一回目及び二回目には自らの意思に基づき，自らのためにスクラウィ族に仇討ちを果たしたが，三回目には，ペンモ公やその他のランゴバルドが禁じたにもかかわらず，彼を止めることはできず，シクアルドゥスは以下のように彼らに返答した。「もはや十分に，私は我が子の死の復讐を果たした。そこで，もし死がやって来れば，喜んで迎えることだろう。」はたして，その通りになった。三回目の戦いで命を落としたのは，彼だけであった。だが，ペンモは多くの敵兵を倒したのち，これ以上味方の誰かを戦争で失うことを恐れて，スクラウィ族とその場で講和を結んだ。これ以降はスクラウィ族はますますフォルム・ユリイの軍事力を恐れることになった。

46. サラセン人のヒスパニア侵攻について。カロルスとエウドが彼らをガリアにおいて破ったこと。

この頃，サラセンの民がアフリカから，海を渡ってセプテム[139]という場所に来て，ヒスパニア全域に侵攻した[140]。その後，十年経って妻子

---

136) 本巻第26章参照。
137) Waitzによれば，現在のVillach近くのSpital（あるいはむしろSpittal?）であろうか。717年頃のできごとか。
138) 本巻第24章参照。
139) ジブラルタル海峡に面する北アフリカの都市。現在の（スペイン領）セウタ（Ceuta）。
140) 711年頃。

を伴ってやって来て、ガリアのアクイタニア州にあたかも定住しようとするかのように入って来た。カロルスはアクイタニアの君主エウドと闘争中で[141]あった。しかし彼らは一致団結して、同じ戦略構想をもってサラセン人に抗戦した。実際フランクは彼らを襲撃し、三十七万五千人を殺した。一方フランクの側は、この戦いで千五百人が犠牲になったに過ぎなかった。エウドもまた自らの兵を率いてサラセンの陣営を襲い、同じように多くの人々を殺し、すべてを荒廃させた[142]。

47. いかにサラセン人が、コンスタンティノポリスを包囲するも、ウルガレス族に撃退されたか。

この頃、やはりサラセンの民が大軍を率いてやって来て、コンスタンティノポリスを取り囲み、まるまる三年間にわたって[143]包囲攻撃を行った。市民たちが大いにかつ止むことなく神に呼びかけるなか、ついには彼らの多くが飢えと寒さのために死に、戦争と伝染病のために命を落とし、包囲することにすっかり嫌気がさし撤退した。ここを離れたのち、さらに彼らは、ドナウ川の対岸に住むウルガレス族に戦争を仕掛ける。そしてこの部族にも敗れると、自分たちの艦隊に逃げ戻った。彼らが沖に向かって進むと、艦隊には突然の嵐が襲い、極めて多くの人が波に呑まれたり、船を壊され命を落とした。コンスタンティノポリスの市中では、三十万人が伝染病のために亡くなった。

48. いかにリウトプランド王は、聖アウグスティヌスの亡骸をティキヌムにもたらしたか。その頃レオ皇帝が聖像を破壊したこと。

リウトプランドもまた、サラセン人がサルディニア島を荒廃させ、聖

---

141) 719年には、エウドはネウストリアを支配するキルペリク二世とその宮宰ラギンフリドに加担し、カール・マルテルと戦い、破れた。

142) フランク軍とイスラム勢力との対戦は、721年と732年(もしくは733年、いわゆるポワティエの戦い)にあったが、パウルスはこれらを一つにまとめて叙述している。

143) 実際には717年8月から718年8月の1年間である。

アウグスティヌス司教の骨が異邦人の略奪行為を恐れて移され，敬意をもって納められていた場所すら，冒瀆を受けたと聞くと，そこへ人を送って，多額の見返りを与えて骨を受け取り，ティキヌムの町に移した。そして，これほどの父に相応しい栄誉をもって再び納骨した[144]。この頃，ナルニア〔ナルニ〕[145]の町がランゴバルド[146]によって侵略を受けた。

49. ローマ人のどんな都市をリウトプランド王が侵略したか。レオ帝のなした一層邪悪な行為について。

　その頃，リウトプランド王はラヴェンナを包囲し，クラッシスに侵攻し，これを破壊した[147]。このとき，パトリキウスのパウルスは，ラヴェンナから教皇暗殺団を派遣した。しかし，ランゴバルドが教皇を守るために応戦し，サラリウス橋[148]ではスポレティウムのランゴバルドが，その他の場所ではトゥスキアのランゴバルドが抗戦し，ラヴェンナ人の計画は水泡に帰した[149]。この頃，皇帝レオはコンスタンティノポリスにおいて，聖人の像を取り外して焼き払い，もし皇帝の恩恵に与りたければ，ローマ教皇にも同じことをするように命じた[150]。しかし，教皇はこれに取り合わず，行わなかった。すべてのラヴェンナのあるいはウェネティア州の軍勢がこのような命令に，心を一つにして逆らった。そしてもし教皇が彼らを止めなければ，新たなる皇帝を自らの統治者として任命しようとしていた。リウトプランド王はアエミリアの要塞，フェロニアヌム，モンテム・ベッリウム，ブックセタ〔ブッセート〕，ペルシケ

---

144) 移送は，717年から725年の間にあった出来事。聖アウグスティヌスは，現アルジェリアのヒッポ（Hippo）で431年に亡くなった。その遺骨がサルデーニャに渡ったのは7世紀末頃と考えられている。なお，パヴィーアでは，サン・ピエトロ・イン・チェル・ドーロ教会に納められたと言われている。
145) ナルニ（Narni）は，イタリアのウンブリア州の町。ローマの北80キロに位置する。ローマからラヴェンナに向かう際の重要な経由地の一つ。
146) おそらくは，スポレティウム公国による侵入と思われる。
147) 725年以前のできごとか。
148) サラリア街道（Via Salaria）上にあって，アニオ川を越える橋。ローマ市の中心から6キロ程の地点。
149) 728年。
150) 730年。

タ〔サン・ジョヴァンニ・イン・ペルシチェート〕, ボノニア, ペンタポリス, アウクシムム〔オジモ〕に侵攻した。そして同じようなやり方で, ストリウム〔ストリ〕[151]も攻略した。しかしこれは, 何日か後にローマ人に返してしまった。その間, 皇帝レオは一層邪悪な方に傾き, コンスタンティノポリスに住んでいる人々を, あるいは力ずくであるいは宥めて追い払い, どこに置かれているものであれ, 主の偶像, 聖母像, その他すべての聖人像を奪い去り, 市の中央に置いて炎で焼き払わせた。そして市民のほとんどがこのような罪が行われることを妨げようとしたので, ある者は首を斬り落とされ, ある者は体の部分を削ぎ落とされた。このような罪過に総大司教ゲルマヌスは同意せず, その座を追われた。彼の後任にはアナスタシウスが任ぜられた。

50. ベネウェントゥム公ロムアルドとその息子ギスルフについて。

ベネウェントゥム公ロムアルド[152]は, その名をグムペルガという者を妻に選んだ。彼女は, リウトプランド王の姉アウロナ[153]の娘だった。彼女との間に息子を儲け, 彼を自分の父の名に因んでギスルフと呼んだ[154]。またこの妻の後に, ラニグンダという別の妻を娶った。彼女は, ブレクシア公ガイドゥアルドの娘であった。

51. 総大司教カリストゥスに対するペンモの憎悪について。

同じ頃[155], ペンモ公と総大司教カリストゥスのあいだに, 大層深刻な紛争が持ち上がった。その紛争の原因は, 以下のようなものである。前

---

151) ストリ (Sutri) は, ラツィオ州ヴィテルボ (Viterbo) 県の町。
152) 在位706-731/2年。本巻第39章参照。クマエを攻撃したのは, このロムアルド公である (本巻第40章)。
153) アウロナは, 王になったアリペルト二世によって容貌を傷つけられた。本巻第22章参照。アリペルトが王権を確保したのは701-702年頃であれば, アウロナがグムペルガを出産したのはそれ以前だろう。Capoは, ロムアルドとグムペルガの結婚を717年頃と考える。
154) 息子のギスルフについては, 本巻第55章を参照。
155) 730年代のできごとと考えられているが, 時期を確定する手掛かりはない。

代に，司教フィデンティウスが，ユリウスの要塞〔ズリオ〕[156]からやって来て，歴代の諸公たちの意向によって，フォルム・ユリイの要塞の城壁内部に住み，そこに司教座を定めた。彼がこの世を去ると，アマトルがその後継者として司教に選ばれた。実際，その当時までの先任の総大司教たちは，ローマ人の侵攻故にアクイレイアには住むことができなかったので，フォルム・ユリイではなくコルモネスに拠点を持っていた。高貴さにおいて際立っていたカリストゥスにとって，自分の教区で司教が公やランゴバルドとともに住んでいるのに，（総大司教の）自分が（コルモネスで）庶民とともに生を営んでいることは，とても不満に思われた。

　これ以上何を語る必要があろう。彼は司教アマトルと争い，フォルム・ユリイから彼を駆逐し，彼の家に住まいを定めた。このために，ペンモ公は，総大司教に対し，多くのランゴバルドの貴族たちと共謀した。彼を拘束すると海を見下ろしているポティウム〔ドゥイーノ〕[157]の要塞に連行した。その後彼を海へ逆落としにしようと思ったが，神がこれを阻み，実行することはなかった。とはいえ，彼を監獄に留置し，「苦しみのパン」[158]を与えて生かした。このことをリウトプランドは聞くと，大変に怒り[159]，ペンモから公国を取り上げ，その息子ラトキスを彼の後釜に任じた。ペンモは，スクラウィ族の国へ逃げるよう，配下の者たちとともに手はずを整えた。しかし，彼の息子ラトキスは王に懇願し，再び王の好意が受けられるようにした。

　こうして，何も害を被ることがなかったので，ペンモは安心を得て，共に謀をなしたランゴバルドの貴族を全員伴って，王の許に向かった。そこで，王は裁判の座に就くと，ペンモとペンモの二人の息子，ラトカイトとアイストゥルフとをラトキスに免じて赦し，彼らに自分の席の後ろに立つように命じた。しかし，王は高らかな声でペンモに味方した

---

156) ズリオ（Zuglio）は，フリウーリ州ウディネ県北部，トルメッツォ Tolmezzo 付近の町。

157) トリエステ県の町。アウグストゥスの時代には，プキヌム（Pucinum）と称された。

158) 旧約聖書『列王記』上，第 22 章第 27 節からの引用。

159) そもそもカリストゥスのアクイレイア総大司教着任は，リウトプランドの意向に拠る（本巻第 45 章参照）。

者たち全員を，一人一人名指し，拘束するように命じた。そこでアイストゥルフが怒りに耐えかねて，剣を抜いて王をすんでのことに斬りつけようとしたが，その兄弟ラトキスが彼を取り押さえた。このようにして，このランゴバルドたちは囚われの身となった。だがその一人ヘルフェマルは，剣を抜き，多くの者に追われながらも，勇壮に我が身を守り，聖ミカエル教会[160]に逃げ込んだ。そこで，王の慈悲によってこの者だけがお咎めなしとなった。他の者たちは長い間牢獄で苦しんだ。

52. ラトキスのスクラウィ族に対する戦争。

こうしてラトキスは，上述のようにフォルム・ユリイの君主[161]となり，スクラウィ族の国であるカルニオラ〔クライン〕[162]に侵攻し，多くのスクラウィを殺し，彼らの所有するすべてのものを焼き払った[163]。スクラウィが彼に突如攻撃を仕掛けると，彼自身は太刀持ちから槍を奪うこともできなかったので，一番最初に向かって来た者を手に携えていた棍棒で殴りつけ，その者の命を奪った。

53. いかにリウトプランド王は，カロルス王の息子ピピンの髪に手を触れたか。

ちょうどこの頃，フランク人の君主カロルスが，我が子ピピン[164]をリウトプランドに派遣し，慣例に則りピピンの髪を受け取るようにした[165]。リウトプランドは彼の髪を切ると，その父となり，王侯にふさわしい多くの贈り物を得させ，生みの親の許へと帰してやった。

---

160) 本書第Ⅴ巻第3章，第41章参照。
161) 在位738-744年。744年以降は，アイストゥルフが継承。
162) 現在のスロヴェニア中部。
163) 738年頃の出来事と考えられている。
164) ピピン三世（小ピピン）のこと。生年は714年，741-751年はフランク王国宮宰，751-768年は国王として在位。
165) 若者が他家の有力者の養子となる儀礼。類例としては，本書第Ⅳ巻第38章。リウトプランドの名声を示す一例であると同時に，リウトプランドとカール・マルテル，当時のランゴバルドとフランクの緊密な関係を物語っている。次章も参照。

54. サラセン人は再びガリアを攻め，フランク族に敗れる。いかにリウトプランドがフランク族を支援したか。

　同じ頃，サラセン人は再びガリアへ侵入し，多くの破壊をもたらした[166]。カロルスはナルボ〔ナルボンヌ〕[167]からさほど遠くない所で彼らと戦い，以前と同じように彼らを大いに殺しまくって鎮めた。しかし，再びサラセン人はガリアの国境を侵し，プロヴァンスまでやって来た。そしてアレラテを攻略し，周辺一帯あらゆるものを破壊した。そこで，カロルスは使者に貢ぎ物を持たせてリウトプランド王の許に送り，対サラセン戦の援助を求めた。リウトプランドはいささかの躊躇もなく，ランゴバルド全軍を率いてその加勢に馳せ参じた。これを知るや，サラセンの民はかの地から直ちに退却した。一方，リウトプランドは自らの全兵士を連れてイタリアへ戻った[168]。

　さらに続いてローマ人が，いつもの倨傲によって膨れ上がり，一同結集する。彼らは，ペルシア公アガトを大将に据え，ボノニアを攻略するためにやって来た。ここには当時ウァルカリ，ペレデオ[169]，ロトカリが陣営を設置して留まっていた。彼らはローマ人に攻撃を仕掛け，彼らの多くを殺害し，残った者たちを駆逐した。リウトプランド王もローマ人と干戈を交え，常勝であった。例外は一度アリミヌムで，彼自身が不在だったときに軍勢が討伐されたこと。さらに今一度は，王がペンタポリスに滞在中，ピッレウム〔ペリオ〕[170]の村で多くの者たちが王のためにささやかな貢ぎ物，歓迎の贈り物，各教会の祝福などを届けようとしていたとき，ローマ人に襲撃され，殺されたり囚われの身となったことが

---

166)　737年頃。

167)　南フランス，スペインとの国境近くにある都市。

168)　写本では，以下の「さらに続いてローマ人が…（中略）…残った者たちを駆逐した insequenti quoque tempore Romani ... reliquosque fugam petere complerunt.」の部分が，この段落の最後「(…) ペレデオは勇壮に戦い命を落とした Peredeo viriliter pugnans occubuit」の後に置かれている。しかし，この順序では，ペレデオは戦死したあとで，ローマ人を駆逐したことになってしまう。ペレデオという名前のランゴバルドは，Capo の指摘するように多かったので，同名の別人が問題になっているのかもしれない。しかし，何のことわりもなく同名の別人が同じ章に現れるのは，やはり不自然であると思われる。ここは，同一人物のことが問題になっているのではないか。Luiselli e Zanella の提案に従って，このように移動を行って翻訳した。

169)　ペレデオについては不明。

170)　ペリオ（Peglio）は，マルケ州はウルビーノの南西10キロ程の所に位置する。

あった。再び，ラウェンナを王の甥であるヒルデプランドとウィケンティアのペレデオ公が得ると，突如ウェネティキ族が急襲し，ヒルデプランドは彼らに囚われ，ペレデオは勇壮に戦い命を落とした。

55. スポレティゥムのトランサムンド公，ベネウェントゥムのギスルフ公について。グレゴリウスについて。ヒルデプランドの統治について。

この頃，トランサムンドは王に謀反を働いた。王は軍勢を率いて彼に立ち向かうと，当のトランサムンドは，ローマを目指して逐電した[171]。彼の代わりにヒルデリクスが任ぜられた。一方，ベネウェントゥムの小ロムアルドが，26年間公国を治めた後に亡くなると，まだ幼少であった彼の息子ギスルフが後に残された[172]。この子供に対してある者たちは蜂起し，彼を亡き者にせんとした[173]。しかし，ベネウェントゥムの民は，自らの君主たちに常に忠実であり，彼らを滅ぼし，主君の命を守ったのだった。もっとも，このギスルフはまだ年が若かったため，これほどの民を支配するのに適任ではなく，リウトプランド王がベネウェントゥムにやって来て，彼を引き取り，自分の甥であるグレゴリウスをベネヴェントゥム公に任じた[174]。彼には，妻としてギセルペルガという女を娶せた。このように事態を収拾すると，リウトプランドは自分の根城に戻った。自分の甥ギスルフを我が子のように教育し，彼に高貴な生まれのスカウニペルガを娶せた。しかし，王御自身はこの頃病弱になり，死期が近づいていた。

ランゴバルドは彼が死ぬであろうと考えたので，甥のヒルデプランドを市の城壁の外にある「アド・ペルティカス ad Perticas（＝杭の脇の）」

---

171) 738/39年。

172) ロムアルド二世が亡くなったのは，731/32年のことであり，これは直前で述べられているトランサムンドの謀反より前のことである。

173) *Catalogus regum Langobardorum et ducum Beneventanorum (MGH SS. rer. Lang.* p.494) によれば，アウデライウス（Audelaius）なる人物が2年間ベネヴェント公の地位にあった。

174) 732/3年。なおグレゴリウスは，それまでキウージ（Chiusi）公だった。

と称される聖母マリア教会[175]において王に選んだ[176]。しかし慣習に則り，彼に鉾が与えられるとき，その鉾の先端にカッコウが飛来し，止まった。そこで慎重な人たちには，このことが彼の支配が無益であることの兆しではないかと思われたのだった。さらにリウトプランド王もこれを知ると，心中穏やかではなかった。それでも，自分が小康を得ると，ヒルデブランドを王国の共同統治者とした。それから何年か経って，ローマに逐電したトランサムンドは，スポレティウムに戻るとヒルデリクスを殺し[177]，再び傲慢にも王に対して謀反を起こすに至った。

56. グレゴリウスの死後，ゴデスカルクスがベネウェントゥムの君主となったこと。いかにリウトプランドは，ペンタポリスで戦ったか。

一方，グレゴリウスはベネウェントゥムにおいて七年公国[178]を治めた後，亡くなった。彼の死後，ゴデスカルクスが君主となり，三年間ベネウェントゥムに君臨した[179]。ゴデスカルクスは，アンナなる者を妻として娶った。さてリウトプランド王は，スポレティウムやベネウェントゥムについて，そのようなことを聞き及ぶと，再び兵を率いてスポレティウムに向かった。王はペンタポリスへやって来たが，ファヌム〔ファーノ〕からフォルム・シムプロニイ〔フォッソンブローネ〕[180]へと進んでいるとき，真ん中にあった森で，スポレティウム軍がローマ軍[181]と結託し，王の軍勢に甚大な被害をもたらした。リウトプランド王は，しんがりにラトキス公と公の弟君アイストゥルフをフォルム・ユリイの軍勢と共に配置した。その彼らを，スポレティウム軍とローマ軍

---

175) この教会やペルティカ（杭）にまつわる習慣については，本書第Ⅴ巻第34章参照。
176) 735年。ヒルデブランドについては，前章も参照。
177) 739年。おそらく，ヒルデリクスの在位は1年にも満たなかった。
178) 732/33-739/740年。
179) 739/40-742年。
180) ファーノはペーザロから10キロ程離れた町，またフォッソンブローネはウルビーノの近くにある。五市（ペンタポリス）に含まれるリミニ，ペーザロ，ファーノを過ぎて，海岸から内陸に向かい始めた所である。
181) ローマ市の軍という訳ではなく，ビザンティン帝国総督の率いる軍であろう。

は襲い，そのうちの何人かを負傷させた。しかしそれでも，ラトキスは弟君や何人かの最強の戦士たちと一緒に，この戦闘の試練に耐え，勇壮に戦った。多くの者を殺した後，上述のように少数の負傷者は出したものの，戦闘を切り抜けた。

　そこで，スポレティウム軍で最強だったベルトはラトキスの名を叫び，武器を整えて彼に立ち向かった。ラトキスは直ちにベルトを迎え撃ち，彼を馬から落とした。ラトキスの味方はベルトを討たんとしたが，ラトキスはいつもの情けによって逃がすことを約束した。彼は四つん這いになって森の中へ逃げた。とある橋の上で，スポレティウム軍の最強の戦士二人が，アイストゥルフを背後から襲ったが，そのうちの一人を返す槍で撃って橋から落とし，もう一人に突然向き直って命を奪うと，川に沈め，同志の後を追わせた。

57. リウトプランド王が，トランサムンドを公位から追放し，アギプランドをスポレティウム公に任じたこと。ゴデスカルクスの死について。

　一方リウトプランドはスポレティウムに着くと，トランサムンドを公国から追放し，出家させた[182]。彼の代わりに，自分の甥のアギプランドを立てた[183]。そして，ベネウェントゥムに急いで向かうと，彼の襲来を聞いたゴデスカルクスは，懸命になってギリシアに逃げようとした。彼は妻や調度品を一切合財船に乗せ，自分が最後に乗ろうとした所で，ギスルフの腹心だったベネウェントゥム人たちに襲われ，絶命した。しかし，彼の妻はその所持品と共にコンスタンティノポリスに運ばれた。

---

[182] 742 年。

[183] 在位 742-744/45 年。しかし，744 年にリウトプランドが亡くなったあと，トランサムンドは，一時的にスポレート公に復位する（744/45 年）。ただし，まもなくルーポが彼にとって代わる（在位 745-751 年）。

58. リウトプランド王の修道院建設について。聖者バオドリヌスとリウトプランド王の死について。

　そのとき，リウトプランドは，ベネウェントゥムに来て，甥のギスルフを再び君主の座に就けた[184]。このように事態を収拾すると，自分の宮殿へと戻った。極めて誉れ高きこの王は，キリストの栄誉のために，自分が過ごす慣わしだった個々の場所に教会を建てた。ティキヌムの城壁の外に位置し，「黄金の天」と呼ばれる聖ペトルス修道院を創設した[185]。アルピス・バルドニスの頂上[186]にも，ベルケトゥムと呼ばれる修道院を建設した。さらに，郊外の所領，オロンナ[187]には，驚くべき技巧を凝らして，殉教者聖アナスタシウスの栄誉のために教会[188]を建てた。そして，そのなかには修道院も作った。同じように，個々の場所に多くの教会を建てた。自分の宮殿内にも，救世主の礼拝堂を建て，他の王はしなかったことだが，聖職者や祭司たちに命じて，彼らが毎日彼のために聖なる務めを歌うようにした。

　この王の時代，タナルス〔タナロ〕川の近くでフォルムという場所[189]に，驚くべき聖者がいた。その名をバオドリヌスと言い，キリストの恩寵を受け，多くの奇蹟によって輝かしい存在となった。彼はしばしば未来を予言し，未だあらざるものを，あたかもすでにあるもののように予言した。リウトプランド王がウルブスの森[190]に狩猟にやって来たとき，お伴の一人が弓矢で鹿を射ようとしたが，王の甥，つまり姉の息子でアウフスス[191]なる人を思いがけず傷つけてしまった。これを見

---

　184) 本巻第50章と第55章参照。ギスルフの母グムペルガは，リウトプランドの姉の娘だから，実際はギスルフはリウトプランドの姪の子である。なお，ギスルフはベネヴェント公として，9年間（742-751年）在位した。

　185) サン・ピエトロ・イン・チェル・ドーロ教会（本巻第48章注144を参照）。

　186) 本書第V巻第27章参照。

　187) 現在のコルテオローナ（Corteolona）。パヴィーアから東に約20キロほどの所にある。

　188) 大半の写本では，Christo domicilium。Luiselli は，若干の写本にある Christi domicilium（キリストの家）を採用し，聖職者のための僧坊ないしは宿坊の意味で解する。

　189) フォルム・フルウィイ・ウァレンティヌム（Forum Fulvii Valentinum）。現在のアレッサンドリア市の一地区，ヴィッラ・デル・フォーロ（Villa del Foro）。

　190) 本書第V巻第37章，第39章参照。

　191) リウトプランドの姉妹としては，本巻第22章および第50章でアウロナの名前が挙がっている。他にも姉妹がいたかもしれないが，アウフススがアウロナの息子の可能性も

ていた王は，この少年を大層可愛がっていたので，涙を流してその不幸を嘆き始め，ただちに伴の騎士の一人を送り，神の人バオドリヌスの許へ駆けつけ，バオドリヌスが子供の命のためにキリストに願掛けをしてくれるよう頼もうとした。この人が神の下僕のところに向かっているあいだに，少年は亡くなった。

やって来た騎士に対し，このキリストの下僕はこのように言った。「私はあなたが何のために来たのか知っている。しかし，王があなたを派遣して求めようとしたことは，叶えることはできません。それというのも，その方は死んでしまったから。」派遣された騎士が，神の下僕から聞いたことを王に告げると，自分の願いが果たされなかったので，王は悲しんでいたが，それでも，神の人バオドリヌスが予言者の心得があることをはっきりと知った。この人とよく似ているのは，ウェロナの町のテウデラピウスなる者であり，彼はその驚くべき業績のなかでも，とりわけ予言の霊能によって多くの来るべきことを予知した。やはりこの頃，ティキヌムの司教ペトルス[192]は，その生き方と行いにおいて秀でていた。彼は王の血縁者だったので，かつてアリペルト王によってスポレティウムに追放されていたのだった[193]。この人が殉教者サウィヌスの教会[194]に通っているときに，彼がティキヌムの司教となることを当の聖なる殉教者が予言した。後にこのことが実現したとき，ティキヌムの自分の地所に，この殉教者聖サウィヌスのために教会[195]を建立した。この人物は，その最上の生涯において得た徳のなかでも，とりわけ貞潔の誉れで輝いた。後の時代に行われたこの人の奇跡は，ふさわしい場所に記すことにする[196]。

リウトプランドは31年と7か月支配した後[197]，老年に達し，この人生の歩みを終えることになった。彼の亡骸は殉教者聖アドリアヌスの教

ある。
- 192) 730-743年に司教。
- 193) 10年間追放されていた。716年にパヴィーアに帰還する。
- 194) スポレートの聖サウィヌス教会については，本書第Ⅳ巻第16章参照。
- 195) 今日のパヴィーア市のPiazza Cavagneria付近に現存する。
- 196) 本書が未完に終わったことを示す一節とみなされている。
- 197) 712-744年。

会に埋葬された[198]。ここには，その父親も眠っている。彼は大いなる叡智を備え，思慮において賢明であり，たいそう敬虔であり，平和を愛し，戦に強かった。罪を犯した者にも寛大であり，貞潔であり，慎み深く，夜通しの祈禱に耐え，気前よく喜捨を行い，文字を知らなかったが哲学者に匹敵する程であり，民を育み，法を充実させる者だった。この人は，統治の初期にバイオアリア人のこの上なく多くの要塞を攻略し，武器よりも祈りに信を置き，常にこの上なき注意を払ってフランク人やアウァリ人との和平を守った。

---

198) その後彼の亡骸は，サン・ピエトロ・イン・チェル・ドーロ教会に移された。

解　題

1　作者について

　パウルス・ディアコヌスの伝記的情報は，断片的であり，またごく限られている。とはいえ，後述するように，恐らくその後半生を聖職者として過ごし，南イタリアはカシヌム〔モンテ・カッシーノ〕のベネディクト会修道院と縁があったのだろう。パウルスは，『聖ベネディクトゥス会則の解説 *Expositio in Regulam Sancti Benedicti*』を著したことでも知られている。彼はこのカシヌムで没した。ヒルデリク Hilderic なる人物は，40 行余りのパウルスの生涯を歌った碑銘詩を残している[1]。

　　明らかな名声を永遠に伴い，いとも名高い人としてあなたをも，
　　星々は，恵み深き仲間らに，付け加えますよう。
　　真実伝えるあなたの凱旋を，至高の助祭（ディアコヌス）よ，
　　パウルスよ，誰が光溢れる言葉をもって表現し得ようか。
　　だが，この地へと読者が馳せ参じ，
　　あなたの聖別された亡骸が，その墓に休んでいるのを知ることになるよう，
　　愛されるべき方よ，あなたの称賛に値する詩歌で，恵みもたらす行いを，
　　かいつまんで歌うことで明らかにするのが，相応しいのだ。

---

[1]　*Monumenta Germaniae Historica, Poetae Latini medii aevi*, vol. I, Berlin 1881, pp. 85-86. なおこの詩は，各行の冒頭の文字を順につないで行くと，PAULUS LAEVITA DOCTOR PRAECLARUS ET INSONS（学殖豊かにして，高名にして，清廉なる助祭パウルス）となる。

> ランゴバルドのいにしえの，優れた血統に，
> 当時世界中で権勢，武力，富において
> 著名だった民族の系譜に，あなたはその出自を得た。
> ティマブス川がしばしば，清き流れを得る場所で，
> あなたが立派な家系に生まれた後，
> 神の促しによって，ただちに王宮が，
> 祖国の名誉と栄光のために，あなたを育むべきものとして迎えた。
> 　　　　　　　　　　　　　　　（『パウルス・ディアコヌス墓碑』1-15）

　Luiselli[2]によれば，ヒルデリクはカシヌムにおけるパウルスの弟子であり，834年に17日間，僧院長の地位にあった。弟子も，師同様にランゴバルドであることを誇っているように思われる。その優れた統治と武力によって，イタリア半島における支配を固めていたランゴバルドには，文化的繁栄を実現することが残されていた。パウルス自身も，『ランゴバルドの歴史』において以下のように自身の家系と生い立ちに触れている。

> 　さて，本題の歴史記述はひとまず措くとして，今この場を借りてこれを書いている私の家系について個別に少しでも語っておくのが良いだろうし，主題がそうするように求めているので，上に述べた経緯をもう一度振り返っておくのが良いだろう。ランゴバルド族がパンノニアからイタリアに来たとき，同じそのランゴバルド族の出身である私の高祖父レウプキスも，彼らと一緒にやって来たのであった。彼はイタリアに何年か暮らしたのち，我が子を5人儲けて，彼らがまだ幼いうちに他界した。上述の捕囚の動乱が彼らを襲い，皆フォルム・ユリイの要塞を出て，アウァリの祖国へ難民として送られた。
> 　　　　　　　　　　　　　　　　　　　　　　　　（第Ⅳ巻第37章）

　アルボインに率いられ，568年（もしくはその少し後）にイタリアに侵入する以前，ランゴバルドはパンノニアに定住していた。イタリアに

---

[2] Paolo Diacono, *Storia dei Longobardi* (introduzione di Bruno Luiselli, traduzione e note di Antonio Zanella), Milano 1991 (Biblioteca Universale Rizzoli), p. 72.

入って，最初の拠点となったのがフォルム・ユリイ〔チヴィダーレ〕である。ここにアルボインは，自らの「侍従（マルパヒス）」だったギスルフを，統治者として据えた。初代フォルム・ユリイ公となったギスルフはそのとき，部族の一部を，アルボインから譲り受けたことになっている（第Ⅱ巻第9章）。おそらくは，パウルスの高祖父であるレウプキスもその集団に混じっていたのだろう。

その後，610年頃フォルム・ユリイはアウァリに襲撃される。ギスルフ公（初代の可能性もあるが，恐らくはその子孫か）は討ち死にし，市は略奪される。レウプキスの残した5人の子供は捕囚となってパンノニアに送られるが，最年少のロピキス（パウルスの曾祖父）は，パンノニアを命からがら逃れ，フォルム・ユリイに戻る。ロピキスの子アリキス（パウルスの祖父）が，ウァルネフリトを儲け，さらにウァルネフリトが妻テウデリンダ（アウタリ王，アギルルフ王の妻となった名高い王妃と同名である）とのあいだに儲けたのが，パウルスと兄弟のアリキス（祖父と同名）ということになっている。この生い立ちの記述に基づく限り，彼の生誕の地をフォルム・ユリイに，生誕を720年頃に推定する通説は，まず妥当だろうと思われる[3]。

パウルスの生誕から青年の時代において，フォルム・ユリイを治めていたのは，本書の第Ⅵ巻にも登場するペンモである。彼の後継者となったラトキスは，738年から744年まで公の地位にあったが，744年にはランゴバルド王に選出されたのだった。パウルスは，このラトキスの覚えがめでたかったようである[4]。先にも引用した『パウルス・ディアコヌス墓碑』でも，そのことは以下のように言われている。

　　同じ地の民や，気高き王たちに続いて，
　　今度はあらゆる人々に喜ばしいあなたの生涯と，学問が残されていたので，

---

[3] Luiselli (p. 71) は，720年頃に誕生を推定する根拠として，彼が740年生まれのアデルペルガ（デシデリウス王の娘）の教師となったことから，王女とその師のあいだに20年程度の年齢差があったとみなしている。

[4] 第Ⅱ巻第28章では，主君ラトキスがとある宴席で，アルボインが作ったクニムンドの頭骸骨を披露したとき，その場に彼自身も居合わせたことが言われている。

敬虔なる王，ラトキスの忠告に従い，
神聖なる叡智のすべての頂点を，立派に究めることを始めた。
叡智のこの上なく数多い教条を立派に習得すると，
太陽が天上の星々と並んでそうであるように，
すべての者を輝かせ，赫焉たる光をもって北方の種族を輝かせる。
(『パウルス・ディアコヌス墓碑』16-22)

　その優れた武勇によって，イタリア半島における統治を固め，富を蓄積していたランゴバルドには，学問において繁栄を実現することが残されていたようである[5]。ラトキスは，王位に就くとき，前途有望なる若者，パウルスを王都ティキヌム〔パヴィーア〕に連れて行ったのではないかと思われる。本書第Ⅵ巻第7章には，簡素ながら，パウルス自身の師フラウィアヌスの伯父，フェリックスが文法の分野で功績を上げ，当時（7世紀末）の王だったクニンクペルトに寵愛され，褒美を受けたとの言及がある。パウルスは，このような学問的伝統に与っていることに自負心を抱いていたのだろう。

　ラトキスは，749年に王位を弟のアヒストゥルフに譲り，自らはカシヌムの修道院に入る。しかし，アヒストゥルフは756年に没する。ほんの短い期間ラトキスが復位した後（そして二度目の退位の後，再びカシヌムに戻る），（ブレクシア〔ブレーシャ〕出身の）デシデリウスが王となる。デシデリウスは，それまで王国から比較的独立していたスポレティウム〔スポレート〕やベネウェントゥム〔ベネヴェント〕を占領し，自らが信頼し望ましいと思う人物を，公として据えることになった。758年ベネウェントゥム公となったアリキス二世は，パウルスと同郷，フォルム・ユリイの出身であり，デシデリウスの娘アデルペルガを妃に迎える。

　パウルスはラトキス退位後も，少なくともアヒストゥルフの治世のあいだ（749-756年）王都に留まったのだろう。だいぶ後の証言になるが，おそらく11世紀後半に記された『カシヌム修道院年代記』によれば，パウルスはデシデリウスの公証人だったとされている[6]。確実な証拠は

　　5）　Luiselli, p. 72.
　　6）　Cf. Leo Marsicanus, *Chronica Monasterii Casinensis* I. 15, in *MGH Scriptores* VII,

ないが，コモ湖の讃歌[7]は，大体この頃に作られたのかも知れない。後年執筆することになる『ランゴバルドの歴史』には，ティキヌム以外にも，たとえば，モディキア〔モンツァ〕の教会建築への言及が含まれており，これらはティキヌムに暮らしていた時代に同市を訪れた経験が基礎となっているのだろう[8]。

　彼はデシデリウスの信頼も厚く，上記アデルペルガの教育に携わったと思われる。パウルスがアデルペルガへ宛てたと伝えられる12連（1連3行）から成る詩[9]のなかでは，創世から現在に至るまでの人間の歴史が7つの時代に区分されている。第1の時代が創世から大洪水までの2242年（第1連），第2が大洪水からアブラハム誕生までの942年（第2連），第3が以後モーセの十戒までの505年（第3連），第4が以後ソロモンによる神殿建立までの480年（第4連），第5が以後バビロン捕囚までの512年（第5連），第6が以後キリスト誕生までの518年であると歌われている（第6連）。創世から救世主の出現までは，合計5199年であると言われている（第7連）。第7の時代は，キリスト生誕から現在までの763年であるとされている（第8連）。これに引き続き，現在この詩が書かれている時点で，イタリアがデシデリウス王と（その息子）アデルキスの共同統治によって隆盛していること（第9連），ベネウェントゥムの公国をアリキスがアデルペルガと神の加護を受けて統治していること（第10連），そして公と妃が，永遠の繁栄を享受できるよう神に祈願して（第11連〜第12連）この詩を結んでいる。第8連にも明示されているように，この詩は763年に創作されたらしい。各連第一行の冒頭の文字を順に並べると，ADELPERGA PIA（敬虔なるアデルペルガ）となっている。763年という年代特定を含んだこの詩を，パウルスはどこで創作したのか。Waitzは，この時点でアデルペルガとともに，彼もティキヌムからベネウェントゥムへ移っていたと推定している[10]。もっとも，そのように確定できる根拠はない。

Hannover 1846, p. 591.
　7）　K. Neff, *Die Gedichte des Paulus Diaconus. Kritische und erklärende Ausgabe*, München 1908, pp. 4-6.
　8）　たとえば，第Ⅳ巻第21章，第22章，第25章など。
　9）　Neff, pp. 9-10.
　10）　Waitz, p.13.

アデルペルガとパウルスとの関係は，彼の最初の歴史記述，『ローマの歴史 Historia Romana』の冒頭にも，窺うことができる。これは，4世紀の作家，エウトロピウスが著した『建国史概要 Breviarium ab urbe condita』を拡張した書物である。彼はアデルペルガを，「哲学者らの黄金の雄弁と詩人たち珠玉の言葉」にも明るい者として呼びかける。そして，彼女の教育に関わるものとして，かつて「エウトロピウスの歴史を読み物として，躍り上がって差し上げた」ことを述懐する。王女はこれを熟読するも，「(エウトロピウスが) 神の歴史や我々の文化については，どこにも言及しなかったことを」物足りなく思われた。そこで，パウルスはこの歴史書よりも「少し前に遡って，記述を手掛け，これを箇所に応じて適宜膨らませ，その時代に関連することを色々と差し挟み，聖書とも合致することを書きくわえた」。エウトロピウスがウァレンス帝の統治までしか記していないので，そこから先を自身の筆で，「先人たちの記述に基づき6巻において，できる限り先行する〔10〕巻と差がないように，ユスティニアヌス大帝の時代まで」進めたのだった[11]。

　献辞の冒頭においては，夫ベネウェントゥム公は「我らの時代で，為政者のなかでほとんど唯一叡智の勝利を得ている優れた」人物とされている。763年に書かれた詩においては，デシデリウス王やアデルキスへの言及があるが，この献辞にそれは見られない。ベネウェントゥム公アリキスを「唯一叡智の勝利を得ている優れた」存在としているのも，気になる。この献辞を，ベネウェントゥムから遠く離れた，そして王のお膝元であるティキヌムで書いたとは，考えにくい。歴史書の本文がいつどこで執筆されたにせよ，少なくとも献辞はベネウェントゥムで書かれた可能性が高いだろう。そうであれば，発表された場所も，やはりこの地だということになるだろう。

　この献辞は，「神の扶助によって光り輝く母なる主よ，崇高なご夫君と3人の子宝に恵まれたる方よ，御機嫌よう」という言葉で締めくくられており，この時点でアデルペルガは3児を出産していることから，

---

11) なお，第17巻については，パウルスの真筆ではない。これは，『ランゴバルドの歴史』の抜粋であり，後代の付加と見なされている。A. Crivellucci によれば (*Pauli Diaconi Historia Romana*, Roma 1914, p. XLVIII) 現存する写本のうち22点が第17巻を伝えており，そのうち最も古いものは11世紀に作られた。

ベネウェントゥム公妃となって以来少なくとも 4, 5 年は経ているのではないかと思われる。確たる証拠もないので、Crivellucci は、『ローマの歴史』の執筆時期について、広く見積もって 758 年から 782 年のあいだ、より事実に近くまた蓋然性の高い時期として 761 年から（王国が倒れた）774 年のあいだに推定している[12]。

760 年代のある期間ベネウェントゥム公の許で仕えていたと仮定して、いつ頃パウルスは僧籍に入ったのか。あるいはいつ頃、カシヌムの修道院に入ったのか。俗世の富や名誉を捨てた経緯について、前述のヒルデリクは以下のように歌っている。

> たとい彼が歓喜し、あまりに安定を欠く俗世の栄光をもって、
> あなたを相応の財宝によって熱心に富ませたとしても、
> 永遠の光を帯びた限りなく幸福な生のため、
> 大胆不敵にも、あなたは教えに没頭し、この方の下さる栄誉を顧慮
> 　　　　　　　　　　　　　　　　　　　　　　　　しなかった。
> そして、天にまします無限の王の慈愛を恃みにして、
> 春待つ胸をもってこの地へと、主キリストの許へと馳せ参じたは、
> うなだれし首を聖ベネディクトゥスの囲い〔＝修道院〕に委ねんが
> 　　　　　　　　　　　　　　　　　　　　　　　　ためなり。
> そこでは、あなたの輝かしい手本によって飾られ、
> 程なく聖なる集いが、光り輝く稲妻のように光を放射し始めた。
> 　　　　　　　　　　　　　　　　（『パウルス・ディアコヌス墓碑』23-31）

パウルスの学問的業績に喜び、「あまりに定まりを欠く俗世の栄光をもって、相応の財宝によって熱心に富ませた」のは、文脈からすればラトキスだろう。ラトキス自身は、749 年に退位し僧籍に入った後も、恐らくは隠然とした力を保ち続け、王国にも睨みを利かせ（757 年に短期間ながら一時的に復位したのも、そのことを裏付ける）、寵愛していたパウルスの栄耀栄華を後押しできたのかも知れない。しかし、パウルスもまた「聖ベネディクトゥスの囲い（Benedicti septa ... beati）」に入ること

---

12) Crivellucci, p. xxxv.

を選択する。「春待つ胸」という言葉は，新しい世界へ身を投じようとする人の希望を言い表している。そこには同時に，ある程度の長い期間宮廷に仕えた人物の辟易や疲弊をも読み取ることができるだろう[13]。

　もっとも，修道院に入れば入ったで，不満や閉塞感も無かったわけではない。

　　ムーサたちは狭苦しい生活を分かち合うことを避ける。
　　　修道院の囲いのうちに暮らすことを望まない。
　　むしろ薔薇の咲いた野で戯れることを欲する。
　　　貧困を避け，快楽を育むのである。
　　それ故に，ムーサたちは我々にはそっぽを向いて逃げてしまったのだ。
　　　私が彼女らを伴侶として呼びかけることを侮蔑する。
　　だから，私があなたがたに垢抜けない詩を贈るのにも理由があるのです。
　　　でも，どんなものであれ，やはり喜んで受け取ってください。
　　　(*MGH Poetae Latini medii aevi*, vol. I, pp. 43-44 = Neff, pp. 39-40)

　パウルスが「あなた」と呼びかける相手が誰であるのかは，不明である。引用した一節に引き続き，「信じて下さい，父よ（Crede, pater）」と呼びかけてはいるが，それは，恐らく実の父ではなく，彼が敬愛する年長者に対してであろう。いずれにせよ，修道院の外に暮らす人物に，この詩を献じている。自身の書いたものに，かつてのような機知や美しさが失われたことを嘆息し，詩才を欠いていることの自覚を述べている。そこには，宮廷生活への未練も感じられるだろう。この告白がどの時点に属するのかも，確定しがたい。Neff は，ランゴバルド王国崩壊後，カール大帝によってパウルスがカシヌムに閉ざされたと考える。し

　13）前掲のレオ・マルシカヌス著『カシヌム修道院年代記』（第1巻第15章）によれば，テオデマルがカシヌムの修道院長だった時代（778-797年）に，「デシデリウスが囚われ，ベネウェントゥムのアリキスが亡くなったあと，この修道院にやってきて，聖職者の衣を身に着けた」と言われている。この言に従うと，アリキスの没した787年以降に僧籍に入ったことになる。ただ，後述するように，783年と推定し得るテオデマル宛ての手紙には，修道院生活を懐かしむ記述があり，これとは矛盾する。

たがって，王国の倒れた774年からそんなに年月が経っていない頃だとするが[14]，そのように推定する根拠はない。なお，「ディアコヌス」という呼称は，カトリック教会の職位，「助祭」に相当する。これについても，いつ叙階を受けたのかは，不明である。

　パウルスが当時どんな境遇に置かれているかは確定できないにせよ，王国が崩壊したことは，彼の人生の重大な転換を意味していた。776年には，フォルム・ユリイ公だったロトカウス（Rotcaus）が，フランク王に対して叛旗を翻すものの，鎮圧される。その際に，パウルスの弟アリキスは捕虜となり，財産を没収され，フランスに護送されてしまう。そこで，弟を取り戻すために，パウルスはカール大帝に嘆願することを余儀なくされる。以下は，嘆願の書簡詩の冒頭部である。

　　あなたの下僕の言葉を，至高の王よ，晴朗なる御心でお聴き入れください。
　　　憐みをもって私の嘆きをご覧ください。
　　私は，当然の報いですが，この世にこれほど哀れな者はなかなかいない程，哀れです。
　　　常に私は悲しい嘆きのときを過ごしています。
　　未曾有の原因が幾重もの苦しみを生み出し，
　　　わが胸を撃つようになって以来7年目が近付いています。
　　（*MGH Poetae Latini medii aevi*, vol. I, p. 47 = Neff, pp. 53-54）

　776年に弟が囚われたとすれば，この書簡はそれから7年目の782年に書かれたものだろう。以下は，家族の窮状を切々と訴える内容になっている。

　　以来我が弟は，心を苛まれ，
　　　あなたの国で囚われの身となっています。裸で，窮乏しています。
　　彼の憐れむべき妻は，祖国にて，口を震わせ，

---

14) Neff, p. 39.

あらゆる道端で，食物を乞うています。
このような恥ずべき技にて，四人の子らを養っているのです。
　彼女は，粗末な衣で子らを覆ってやることすら，ほとんどできません。
私には，質実に優れた姉妹がおり，
　若い頃にキリストに自身を献じ，寝ずの勤めにあたっています。
彼女も私と同じ運命のもと，限りなき悲しみを抱え，
　泣くあまり，目がほとんど見えなくなっている程です。
もともとわずかなものですが，我らが家財道具は奪われました。
　そして，悲しい哉，悲惨な者に力を差し伸べてくれる人はいないのです。
弟の妻は父祖代々の財産を失い，
　すでに我々は惨めさにおいて，奴隷にも等しいのです。
高貴は失われ，悲惨な者には貧窮が加わりました。
　打ち明けてしまえば，我々は一層辛きことを耐えねばならないところでした。
だが有力なる主君よ，どうかお憐みください，どうかお憐みを。
　この災いに，ついに終わりを与えてください。
囚われ人を祖国へ，国の田野にお返しください。
　わずかな財産とともに家（の屋根）を返してください。
我らの魂が永遠に，唯一相応しき報いを返すことのできるキリストの御前で
　称賛を，繰り返すことになりますよう。
（*MGH Poetae Latini medii aevi*, vol. I, pp. 47-48 = Neff, pp. 54-55）

　彼は王国の征服者，自らの家族を拘束し，財産を奪った人物に屈従し，頭を垂れて慈悲を乞わなければならなかった。この一節からは，パウルスには弟の他，修道女となった姉妹もあることがわかる。視力を失いつつある彼女もそうであろうが，おそらく彼自身もすでに60歳を過ぎ，老境にあった。囚われの身となった弟の健康状態を心配し，財産を奪われた一族が街中で物乞いをするまでに零落したことを悲嘆する。零落の描写には，多少の誇張はあるかも知れないが，彼自身まったく彼ら

の力にはなれず，他に頼りになる親族や友人もいない状態だったことは確かである。

　この直訴状は，カールに届けられたはずだと思われるが，その願いはなかなか聞き入れられなかったようである。パウルスは修道院を離れ，本国に戻った王に再三働きかける必要があった。783年1月10日には，モセッラ〔モーゼル〕川の畔において，カシヌムの修道院生活を懐かしむ散文書簡（ただし，掉尾は3行の韻文で飾られている）を，修道院長のテウデマルに書き送っている[15]。同胞たちとともにした勤行，修道院の規則，日々の語らいをありありと想起すると，「動けなくなり，呆然となり，憔悴し」，「心の奥底から吐く溜息に混じって涙を流すことを禁じ得ない」。現地の人々がベネディクト会への深い理解を示し，彼を暖かく迎えてくれているとしても，「あなた方の修道院に比べれば，宮殿も牢獄に等しいのです。あなた方の許でのあれ程の平穏に比して，ここで暮らすことは，私にとって嵐に等しいのです」と記している。

　にもかかわらず，自身が帰ることができない理由としてまず第一に挙げるのは，「同情，憐憫の祈願，魂の利得」であり，第二には「これらにもまして，我らの穏やかなる王であり，君主（＝カール）の力」が自分を引き留めているとしている。そして，「だができるだけ早く，また天の主が，敬虔なる君主を介して，私には嘆きの夜を，囚われの身である私の家族には軛を解いてくれることでしょうし，それでもどうにかこうにか，この上なく寛容な君主の喜ばしい許可を得ることとなれば，他の命，伴侶，機会に引き留められることなくほどなくあなた方の仲間の許へ私は戻ることになるでしょう。信じて下さい，富も，戦利品も，いかなる山吹色の金貨の富も，いかなる人への愛情も，あなた方の教会から私を引き離すことはできないのです」と述べている。カールがパウルスを厚遇しながらも，弟の解放や所有財産の返還には一向に応じてはくれず，王に接近した目的が果たせていないことについて，焦燥やいらだ

---

　　15) E. Dümmler (ed.), *MGH Epistolae* vol. IV, *Karolini Aevi* vol. II, Hannover 1895, pp. 507-508 = Neff, pp. 71-73. 日付については，韻文部分で特定されている（すでに一月を十日過ぎていた，／硝子の如く透明なモセッラに接する岸辺から私が出立する折には，／蜜のように甘美な父とともに，兄弟よ，くれぐれもお元気で）。年代については，Waitz (p. 16) やNeff (p. 69) の見解に従った。

ちを覚えている様子が読み取れるだろう。

　カールは，聖職者の教養や学識の水準を上げることを目指しており，782年には当時イングランドの教育の中心だったヨークから，アルクインを招いた。これは，宮廷の学校の運営，それに文教関係の事柄について諮問を受けるためだった[16]。さらに，単なる教育の底上げに留まらず，ヨーロッパ各地から詩人や学者を集め，宮廷文化の爛熟に貢献させていた。たとえば，それはピサのペトルスであり，アイルランド出身の天文学者ダンガル Dungal，スペイン出身の詩人テオドゥルフス Theodulfus だった。パウルスも当代の豊かな学殖を貯えた人物として，とくにラテン語のみならず，ギリシア語やヘブライ語にも通暁した人物として，その利用価値を見込まれたようである。言葉は悪いが，カールは弟を人質にとって，パウルスに己の文化政策に奉仕することを強制したようにも思われる。

　できるだけ早く学究と勤行の生活に戻ることを願っていたパウルスに対し，王は自らの意思をピサのペトルスの筆に託して，書簡詩を送った[17]。そのなかで，パウルスを，活用されていなかった土地に植えられる苗木に喩え，豊かな実りをもたらす存在として期待している。さらに，「あなたはギリシア語においてはホメロス，ラテン語においてはウェルギリウス，ヘブライ語においてはピロ，学芸においてはテルトゥッルス[18]と見なされ，韻律においてはフラックス（＝ホラティウス），雄弁においてはティブッルスと目されている」と大仰に持ち上げる。そして，彼が「我々の愛の畑に根を張っていると見なされ，以前の隠れ処（＝カシヌム修道院）に心が惹かれていないことを，その身をもって示された」と，一方的に決めつけている。そして，そのような確信を，「我々の錨の綱はあなたを縛っており，離すことはないからです」という不気

---

16) Cf. L.D. Reynolds and N.G. Wilson, *Scribes and Scholars. A Guide to the Transmission of Greek and Latin Literature*, Oxford 1991³ (1968¹), p. 93.

17) *MGH Poetae Latini medii aevi*, vol. I, pp. 48-49 = Neff, pp. 60-62. この手紙は3行で1節をなす韻文で書かれ，12連からなっている。Neff（p. 57）はこの詩が，次頁以下に引用するパウルスからの返書とともに，783年の初め頃に書かれたものと考えている。

18) テルトゥッルスという名をもってペトルスが誰を意味するか，定かではないが，Neff（p. 61）によれば，『使徒言行録』第24章に登場し，アナニアの弁護士として聖パウルスを弾劾する人物であろう。

味な比喩を用いて表現する。それは，弟アリキスの生殺与奪権はこちらにあることを忘れるなという，陰険な仄めかしだろう。こうした脅しを差し挿んでおいて，ギリシア語の他にもヘブライ語を教えろとうるさく要求を加える。また，当時，カールの娘ロトルードがビザンティン帝国に嫁ぐことになっていた[19]。お輿入れの暁には，「我々の聖職者たち」が随行することになっており，彼らのためにギリシア語の基礎を教えるようにも命じている。

　対するパウルスの返信は，辛辣であり，皮肉に満ちている。そして，毅然とした態度すら感じられる。

1. 受け取ったお手紙，誰の言葉が書かれているか，理解しました。
　　小者〔ペトルス〕が差し出した言葉は，大物〔カール〕から向けられたのです。
　弱い子供のそれではなく，力強い腕が私を打ちます。
2. 私は詩人と詩聖のうちで最も学殖豊かと呼ばれ，
　　万民の言葉に秀でている，
　　豊なる挿し木で心の田畑を満たしているなどと謳われています。
3. こうしたすべては，私の悲哀のために発せられています。
　　こうしたすべては，私の破滅のために，皮肉を込めて言われています。
　　ああ，私は称賛によって嘲笑され，哄笑によって抑圧されます。
4. 私はホメロス，フラックス，ウェルギリウスに匹敵すると，
　　テルトゥッルスやメンピスのピロに匹敵すると言われています。
　　ウェロナの人[20]，ティブッルスよ，あなたとまで比較されてい

---

19) Cf. Neff, p. 62. 781年にカールがローマに滞在していたとき，皇妃エイレネが，当時8歳のフランクの王女を10歳の息子コンスタンティヌスの将来の妃となるように求めたという経緯があった。彼女には，ミカエルなるギリシア人の教師が付いてギリシア語の指導に当たったようである。しかし，787年には婚約は解消された。

20) ティブッルスはウェロナ〔ヴェローナ〕の詩人としては知られておらず，恐らくカトゥッルスと混同している。あるいはわざと間違えているのかも知れない。

5. こんな人たちの誰かを模倣しようと望むならば，
　　私は破滅します。彼らは道なき道を進んで本道から外れたからです。

　　私はむしろ彼らを犬と比較しましょう。
6. 私はギリシアの言葉など知りません。ヘブライ語については無知です。

　　学校で学んだ三つないし，四つの音節から作った束を，
　　麦打ち場へと運ばなくてはなりません。
7. 私には，山吹色の金や銀の富はありませんし，
　　財布すらもありません。学芸で命を買うことができないならば，

　　私には何もお役に立てることはありません。
8. あなた方には，豊かな人が何であれ貴重な贈物をもたらすがよいでしょう。

　　他の人は珠玉や真珠をもたらすがよいでしょう。
　　私への贈り物としては，純然たる好意がよせられましょう。
9. あなた方の愛の錨だけが，私を引き留めています。
　　というのも，それがすべての美酒を凌駕し，最上の香りを持っているからです。

　　我々は，学芸で空しい栄光の誉れを得ることはありません。
10. 王よ，美しき御令嬢が，海を越えて，
　　笏を得ることになることは存じており，歓喜しています。
　　それは，娘御によって王国の力がアシアへと伸張するためでしょう。

11. もしあの地で聖職者たちが，私から学んだ以上の
　　ギリシア語を話さないとするならば，
　　あなた方の人々は，聾唖の像に擬えられて嘲られましょう。
12. 全く言葉を知らないと言われないためにも，
　　私が子供の頃に教わったわずかなことは申し上げます。
　　その他の事は，寄る年波故にすでに忘れました。

「氷の中で死んだ少年」
　トラキアの少年がヘブルス川に固まってできた氷の上で遊んでいた時，
　　凍てついていた水面を体の重みで割ってしまった。
　そして体の下の部分が急流によって引っ張られる間，
　　つるつるした氷の刃が幼い子の頭を切り落とした。
　我が子に死なれた母は，見つけた頭を壺に納めつつ，
　　「この頭は炎のために，残りは水のために産んだのだわ」と言った[21]。

　これは返歌であるから，ペトルスによる詩句を踏まえたものになっている。3行12連であり，形式的にも相手の歌に合致している。それは返信の作法である以上に，適確な切り返し，応酬となっている。自分をホメロスやウェルギリウスなどの詩聖に擬える相手の嫌味や褒め殺しを，単に指摘するばかりでない。むしろ彼ら異教の詩人，哲学者を道から外れた犬にすら譬えて，あえて貶めている。それは通常，ギリシア・ローマの古典に敬意と愛着をもって接していたパウルスの態度にはそぐわない。しかしこれは，愚かしい比較を平然と持ち出す相手の無礼に対する反発であり，怒りの表現である。こうして，自分はギリシア語など知らない，ヘブライ語には無知であると居直り，吐き捨てる。彼にとって，報酬や富は関心が無い。もっとも，学問は身を助けることにはならない。だから，「学芸で命を買う（贖う）ことができないならば，私には何もお役に立てることはありません vitam litteris ni emam, nihil est quod tribuam」と相手の要求を突っぱねている。「命 vitam」は，自らの日々の暮らしというだけでなく，弟の命をも意味するのだろう。いくら自分が協力したところで，弟が解放されないことに業を煮やしている。第9連で言われている「あなた方の愛の錨」とは，パウルスと宮廷との関係を言っているようでありながら，実はフランク王国で囚われの身となっている弟の存在を示唆し，これがはからずも宮廷とのつなが

---

21) *MGH Poetae Latini medii aevi*, vol. I pp. 49-50 = Neff, pp. 64-68. 最後に付け加えられた詩は，フラックスに帰されている『ギリシア詩華集 *Anthologia Graeca*』第7巻542歌のラテン語訳である。

りを保っていることを当てこすったものだろう。

　このように修道院への帰還願望や宮廷への憤りを露わにしている一方，ガリア滞在中パウルスはいくつかの著述を行っている。『ランゴバルドの歴史』第Ⅵ巻第16章でも言及しているように，彼は当時の大司教アンゲルラムヌスの要請に従って，メッティス〔メス〕の歴代司教の事績を記述した文書，『メッティス司教事績録』[22]を残している。これは，784年に成立したと考えられており，のちに現われる諸都市の司教事績録の規範となったと言われる[23]。また，成立年代は不明だが，2世紀にセクストゥス・ポンペイウス・フェストゥスの著した『諸語彙の意味 De verborum significatu』の縮約版[24]を作成し，カールに献呈している。フェストゥスの書はラテン語の古語，難語，稀語の釈義であるが，それ自体アウグストゥス帝の時代の文法学者ウェッリウス・フラックス（Verrius Flaccus）による，同じ題名の書の簡約版である。もっとも簡約版といっても，パウルスによれば，20巻に及ぶ長さだったらしい。「その長大さから余分なもの，必要性に欠けるものを割愛し，曖昧なものは自らの筆によって明るみに出し，少なからぬものはそのままに残し」，カールの蔵書に加えたのだった。普通語の語義説明にとどまらず，地名や神話に登場する人名などにも解説が及ぶ。百科事典のような性格も備えており，パウルスの優れた学識を示している。また，ウェッリウスの書が失われ，フェストゥスの本文が損傷甚だしい状態でしか伝わっていない今日，パウルスの簡約版は，ラテン語はもとより，古代ローマの文化を研究する者にとって，貴重な資料となっている。

　弟が最終的に解放されたことを確証している史料はない。とはいえ，少なくとも780年代の数年間をフランク王国で過ごした後，パウルスはカシヌムの修道院に戻ったようである。デシデリウスの死後，ランゴバルドの精神的支柱は，デシデリウスが任じたベネウェントゥム公アリキスであった[25]。しかし，786年にカール率いるフランク軍に侵攻を受

---

　22) G.H. Pertz (ed.), *MGH Scriptores*, vol. II, Hannover 1829, pp. 260-268.
　23) Id., p. 260; Luiselli, p. 92.『メッティス司教事績録』の成立年代については，Pertz (p. 260) に従った。
　24) W. M. Lindsay (ed.), *Sextus Pompeius Festus, De verborum significatu quae supersunt cum Pauli epitome*, Stuttgart et Leipzig 1913.
　25) Cf. Luisell, p.75; L. Capo, *Paolo Diacono. Storia dei Longobardi*, Mondadori, Milano

けた。講和の結果，人質を出すことを，相当な領土を教皇に割譲することを強いられた。アリキスが亡くなったのは，その翌年787年8月のことである。パウルスは公の死を悼む詩を作っており，それは遅くとも，788年5月よりも前のことだろう[26]。だから，パウルスはガリアからは，787年以前に戻って来ていたと考えてよいだろう。

　冒頭に引用したヒルデリクは，パウルスの著作について何も言っていないが，最晩年は，カシヌムの僧院に籠り，『ランゴバルドの歴史』の構想や執筆にあたったと思われる。あとで見るように，この歴史書は少なからぬ先行文献を踏まえており，彼はこうした歴史資料を十分に備えている場所に留まる必要があった。第VI巻第40章には，580年代にランゴバルドに襲撃されて（第IV巻第17章参照）以来そのまま放置されていたカシヌムに，教皇グレゴリウス二世（在位715-731年）がブレクシアの人，ペトロナクスを派遣し，ベネディクト会修道院の再建に努めたこと（717-750年）への言及がある。「当地カッシヌムの城塞」という表現は，執筆当時，すくなくとも第VI巻の執筆当時，著者はその地に住んでいたことを示唆している[27]。

　パウルスがいつ亡くなったのかについても，年代を確定する手掛かりはないが，8世紀末，799年とするのが定説である。

2　ランゴバルドについて

　ランゴバルドがラテン語文献に現れるのは，1世紀になってからである。なかでも，タキトゥス著『ゲルマニア』においては，以下のように記されている。

1992, p. XXIV.
　26）Neff, p. 141. Neffは，「苛酷なガリアよ，汝はまた別の人質を捉えている」（44行）という表現が，アリキス公の息子グリムアルドが人質となったことを言い表しているとする。彼は788年5月にようやくベヌウェントゥムに返還されたので，これより以前に当該の詩は書かれたとみている。
　27）第I巻第26章の「この場所，すなわちカシヌムの砦」という表現も，作者の執筆場所を示唆しているかも知れない。

> ランゴバルドは，数の少なさが彼らを名高い存在にしている。極めて数の多い，強大な国々に囲まれながら，阿諛追従ではなく，戦いを行い，危険を冒すことで安寧を保っている。（タキトゥス『ゲルマニア』第40章第1節）

　タキトゥスは，ゲルマニアで最大勢力を誇るのはスエビ族だとしているが，その中の一部族としてランゴバルドに言及している。彼らは少数部族でありながら，独立不羈の精神と勇猛果敢さとによって，周辺民族から一目置かれ，平和を維持していた。
　ストラボン（『地誌』第7巻第290章）やプトレマイオス（『地誌』第2巻第11章第6節）の記述を考慮に入れるならば，ランゴバルドは1世紀末当時エルベ川下流の左岸に居住していたと思われる。しかし，『ランゴバルドの歴史』（第Ⅰ巻第1章）によれば，彼らの発祥の地はその地域ではなく，他のゲルマン諸部族同様，スカンジナビア半島である。作者不詳の『ランゴバルド族の起源 Origo gentis Langobardorum』[28)]冒頭には，「スカダナ Scadana」なる島が彼らの起源の地であると言われ，これは恐らくスカンジナビア半島のことだろうと見られている。
　『ランゴバルドの歴史』（第Ⅰ巻第2-3章）によれば，彼らの移住については一つの伝説がある。居住民数の増加のため共存が困難になったとき，彼らの3分の1を占める人口を籤によって選び，島から退去させ，移住させることになった。籤によって選ばれた一団はウィンニリであった。彼らこそが，後にランゴバルドと呼ばれることになる。ウィンニリを統率することになったのは，イボルとアイオなる兄弟である。しかし，移動の間その若い2人を知恵袋として支えるのは，彼らの母親ガンバラだった。
　また，ウィンニリがランゴバルドの名前で呼ばれるようになったことについては，奇妙な縁起譚（『ランゴバルドの歴史』第Ⅰ巻第7-9章）が知られている。移動の結果，彼らが辿り着いた場所はスコリンガと呼ばれる地（恐らくはユトランド半島付近）であったが，ここで彼ら同様南下してきたウァンダルと争いが生ずる。ウィンニリに対してウァンダルは，

---

28) G. Waitz (ed.), *Origo Gentis Langobardorum*, in *MGH Scriptores rerum Langobardicarum et Italicarum*, Hannover 1878, pp. 1-6.

貢納を支払い服属するか武力をもって戦うかの二者択一を迫った。ウィンニリは自由と独立を維持するため，武力闘争の道を選ぶ。しかし，彼らは少数部族であったがため，兵士の数を実際より多く見せかける必要があり，そのために女性を使った。女性は髪を口許に寄せ集めて結び，それが遠目には髭に見えるよう細工したのであった。このときから，ウィンニリは「長い髭を蓄えた者 langobardi」と呼ばれるようになった，と伝えられている。

ランゴバルドはウァンダルとの闘争に勝利し，スコリンガに定住するようになる。しかし，『ランゴバルドの歴史』が述べている伝説によれば，彼らはやがてこの地で飢饉に見舞われて，ヨーロッパを点々と移り住むようになる。この間，行く先々で敵対する部族に出合い，干戈を交える。また，歴史的事実と確認されていることだが，彼らは166年にはパンノニアのドナウ川流域に現れ，ローマ軍と衝突している（ディオ・カッシウス『ローマ史』第71巻第3章1a）。その後の彼らの居住地域も含めて年代順に一覧表にすると以下のようになる。(viii頁の地図を参照)

年　代	居住地域	『ランゴバルドの歴史』での該当箇所
?	スカダナ（スカンジナビア）	第1巻第1章
?	スコリンガ（リューゲン）	同第7章
紀元1世紀頃?	マウリンガ（エルベ河口付近東岸の湿原）	同第11章
紀元1世紀末〜	ゴランダ（エルベ川下流域）	同第13章
?	ウルグンダイブ	同第13章
?	バンダイブ	同第13章
?	アントハブ	同第13章
紀元5世紀末	ルギランド	同第19章
?	フェルト	同第20章
546-547年頃	パンノニア	同第22章

彼らは，パンノニアにおける度重なる戦争を経てゲピディを破り，この国における地歩を固める。そしてついに568年王アルボインの指揮の下，イタリア半島に侵入する。最初に彼らの拠点となったのは，フォ

ルム・ユリイであった。アルボインはこの城塞都市の支配を自分の配下にあるギスルフに任じ、第Ⅱ巻第14章にあるように現在のヴェネト地方の都市や、ロンバルディーア地方（ロンバルディーアは、ランゴバルドに因んだ地名である）の都市を次々と攻略する。彼はさらに攻略の範囲を広げ、現在のピエモンテ地方やトスカーナ地方も支配下に収める。大司教座のあるメディオラヌム〔ミラノ〕を奪うと、3年にわたる城攻めの末、東ゴートの王都だったティキヌムを陥落させることとなった。わずか数年のうち北イタリアや中部イタリアの一部を、征服したことになる。その後、アルボインの死後のクレフによる短い統治の後、王権不在となり、各都市を支配する公たちが群雄割拠する時期もあったが、ランゴバルド全体に王権によるまとまりを志向する総意は確かに存在していたはずである。じじつ、10年に及ぶ空位時代の末、クレフの息子アウタリが王として選ばれた（第Ⅲ巻第16章）。

　宗教としては、他のゲルマン系部族同様、ゴダン（ヴォダン）を崇拝していたようである（第Ⅰ巻第8章）。どの時点で彼らがキリスト教に改宗したのか、パウルスは詳らかにしていないが、第Ⅳ巻第42章でも述べられているように、彼らはアリウス派を信仰していた。異端の教えを信仰し、イタリア半島各地で破壊・侵略を続け、勢力を拡大するランゴバルドの存在は、歴代のローマ教皇にとって大いなる脅威だった。しかし彼らは、パウルス自身がそうであるように、最終的には言語・宗教においてラテン的なものへと同化したようである。

　ティキヌムやフォルム・ユリイ以外の他の重要な拠点としては、スポレティウムやベネウェントゥムが挙げられる。ただし、これらの都市をランゴバルドが支配するようになった経緯については、パウルスは述べていない。両都市のランゴバルド支配は、アルボインとは別の一派によって、別の時期に実現したのかも知れない。少なくとも、『ランゴバルドの歴史』において、スポレティウム公やベネウェントゥム公への言及が初めてなされる箇所（それぞれ第Ⅲ巻第13章、第Ⅲ巻第33章）では、アルボインとの関係については何も言われていない。

　とはいえ、ティキヌム、フォルム・ユリイ、ベネウェントゥム、スポレティウムの4つのランゴバルドの拠点は、完全に独立したものではなく、互いに干渉し合う何らかのつながりがあったように思われる。た

とえば，グリムアルドはフォルム・ユリイ公の子として生まれたが，叔父が公位に就くと，ベネウェントゥムに赴き，ベネウェントゥム公に目を掛けられることになる。後に彼は，ベネウェントゥム公になり（第Ⅳ巻），さらには王位をめぐる兄弟間の跡目争いに乗じて，彼自身がランゴバルドの王となり，ティキヌムに入る。また，同じくランゴバルドであり，カプア伯だったトランサムンド（一世）を自身の娘と結婚させ，スポレティウム公に据えている（第Ⅴ巻第16章）。その一方，スポレティウム公トランサムンド（二世）は，リウトプランド王に独自の勢力拡大を阻まれたので，王の晩年に謀反を企て，スポレティウムはティキヌムとフォルム・ユリイの連合軍と戦うことになる（第Ⅵ巻第56-57章）。

774年にランゴバルド王デシデリウスはフランク王カール大帝に大敗を喫し，囚われの身となる。これをもって，イタリア半島の大半はフランク王国の支配下に入り，2世紀にわたるランゴバルド王国は崩壊したとみなされる。しかしながら，ベネウェントゥム公国はフランクによる抑圧を受けながらも，ランゴバルドの公国としての形を保ち，11世紀まで存続したのだった。

3 『ランゴバルドの歴史』について

① 執筆時期

その執筆時期については，推測の域は出ないが，著作自体に含まれている記述を手掛かりとして，ある程度の範囲に限定することは可能である。すでに述べたように，第Ⅵ巻第16章においては，自作『メッティス司教事績録』への言及がある。したがって，この文書の成立した784年[29]よりは少なくとも後である。さらに，第Ⅰ巻第27章においては，6世紀中葉にランゴバルドに敗れたゲピディが執筆当時もなおフン族の支配に服している，としている。ところが，796年にフン族自体がカール大帝に征服され，独立を失っている。それ故，『ランゴバルドの歴史』は，784年から796年の間に執筆されたと推定し得る。また執筆場所が

---

29) 注23を参照。

カシヌムの僧院ということになれば，恐らくは780年代後半から790年代の前半くらいの範囲にまで限定できそうである。

② 内容と構成

『ランゴバルドの歴史』は，全6巻から成る散文であるが，聖ベネディクトゥスを称賛するエレゲイア詩とイアンボス詩（第Ⅰ巻第26章）や聖フォルトゥナトゥスを称賛するエレゲイア詩（第Ⅱ巻第13章）などの韻文も盛り込まれている。訳出したように，各巻の冒頭には，章別の要約が付けられている。それらは，初期の写本にも認められる。著者パウルスに遡る可能性も指摘されている[30]。第Ⅰ巻は，ランゴバルドの民族起源から始まって，第10代の王アルボインがゲピディに勝利するまでのできごとを叙述している。第Ⅱ巻はアルボインのイタリア侵攻から彼の暗殺までを扱っている（568-572年）。この巻のかなりの部分は，イタリア半島の地理的区分の記述に割かれている。第Ⅲ巻では，まずアルボイン王亡き後の空位時代における，フランクとランゴバルドとの敵対関係，ビザンティン帝国の情勢がまず述べられる。ついで，アウタリ王の即位，王の妃探し，彼とバイオアリの王女テウデリンダとの結婚，彼の予期せぬ死，さらに後継者となるアギルルフとのテウデリンダの再婚が話題に上る（572-591年）。第Ⅳ巻は王アギルルフと王妃テウデリンダの治世下の王国の繁栄とカトリック化の進展，ロタール王時代の繁栄，ついでイタリア半島の内紛がテーマとなっており，ベネヴェントゥム公のグリムアルドによる王権簒奪で結ばれている（591-662年）。第Ⅴ巻はグリムアルドの統治による王国繁栄と彼の死後の内紛（662-688年）について述べている。第Ⅵ巻は内紛当時のベネウェントゥム公やフォルム・ユリイ公の動きを冒頭で扱った上で，主にクニンクペルトからリウトプラントに至る王国統治の過程を記している（680頃-744年）。『ローマ人の歴史』や『諸語彙の意味』の冒頭には献辞があるが，この著作には献辞が欠けている。

上記の概要からもわかるように，各巻の扱っている年代の幅はまちまちである。第Ⅰ巻は除くとしても，最小の年代幅の第Ⅱ巻はわずか4年

---

[30] Paolo Chiesa, "Caratteristiche della trasmissione dell'*Historia Langobardorum*", in AAVV. *Paolo Diacono e il Friuli Altomedievale* (secc. VI-X) I, Spoleto 2001, pp. 45-66, p.52 n.18.

間であるが，最大は第Ⅳ巻で71年にも及ぶ。ほぼ時間的順序に従って記述は進められているが，節目となるようなできごとに即して巻の区分がなされるというような構成にはなっていない。構成上の特徴とも言うべき点は，重要人物は2つの巻に跨って現れるということである。ランゴバルドをイタリアへ導いたアルボインは第Ⅰ巻と第Ⅱ巻に，自らのカトリック信仰によって教会と良好な関係を築き上げたテウデリンダは第Ⅲ巻と第Ⅳ巻に跨って登場する。混乱していた王国の秩序を回復させたグリムアルドは第Ⅳ巻と第Ⅴ巻に，長期化する権力闘争のきっかけを生み，王国衰亡の遠因を作ったクニンクベルト[31]は第Ⅴ巻と第Ⅵ巻に現れる。

　実際，パウルスは歴史を動かす力として，人物の意志や行為を重視しているように思われる。その典型的な例として，アルボインが挙げられるだろう。彼はゲピディ族の支配者を殺し，その頭蓋骨を杯にする。自分の殺した支配者の娘ロセムンダを妻とし，さらに彼女に頭蓋骨の杯で酒を飲ませる。彼女はこの屈辱的仕打ちに耐えかね，復讐を決意し，夫を暗殺する（第Ⅱ巻第28章）。民族の指導者として最も輝かしい功績を得た彼すらも，自身の愚行によって墓穴を掘り，国家をたちまち混乱に陥れる。この他，印象的な事例はアウァリ族によるフォルム・ユリイ包囲を述べている箇所に認められる。包囲を逃れる際，一人の幼子が足手まといになった。兄の一人は，この子が敵の手に渡るよりはましと考え，槍を振り上げる。すると，子供は激しく泣いて命乞いし，兄の憐憫を誘う。彼は馬に乗せられ，必死で逃げるが，案の定敵に生け捕りにされる。しかし，隙を見てその敵を殺し，先に逃げていた兄たちに首尾よく合流する。幼子の示した生命への飽くなき執着。この子こそが，将来ベネウェントゥム公となり，ランゴバルドの王として君臨するグリムアルドなのである。

　パウルスが印象的に描いている人物は，男たちばかりではない。スカンジナビアから一族が移住する際に重要な役目を果たしたガンバラ，夫殺しのロセムンダ，敬虔なテウデリンダの他に，敵将に対する狂おしい情欲に取り憑かれたロミルダ，ロミルダとは対照的に貞節な彼女の娘た

---

[31] W. Goffart, *The Narrators of Barbarian Histroy (A.D. 550-800). Jordanes, Gregory of Tours, Bede and Paul the Deacon,* Princeton UP., 1988, p. 416.

ち（第Ⅳ巻第37章），献身的な下僕によって救われた敬虔なグンディペルガ（第Ⅳ巻第47章），夫であるクニンクペルト王に自分が浴場で会った女の美しさを誉め，彼の不貞の機会をわざわざ作ったヘルメリンダ（第Ⅴ巻第37章）など，枚挙に暇がない。

　この他，パウルスが特別な関心を寄せているのは，第一に，奇跡や怪奇現象（第Ⅰ巻第4章，第Ⅰ巻第12章，第Ⅲ巻第24章，第Ⅲ巻第34章，第Ⅳ巻第14章，第Ⅳ巻第16章，第Ⅴ巻第31章，第Ⅵ巻第6章など）である。これは，彼の宗教的な意識と関わりが深いのかもしれない。第二に，彼は聖職者であったから，教会関係者や聖人についての逸話（第Ⅱ巻第13章，第Ⅲ巻第1-2章，第Ⅲ巻第25-26章，第Ⅳ巻第33章，第Ⅳ巻第41章，第Ⅴ巻第30章，第Ⅵ巻第4章など）にも事欠かない。第三に，彼の言語についての関心（第Ⅰ巻第9章，第Ⅱ巻第14章，第Ⅱ巻第24章，第Ⅳ巻第44章，第Ⅴ巻第29章など）も随所に認められる。こうした小さな脱線は，歴史記述に独特の深みと彩りを添え，民族の歩みという王冠の周囲に鏤められた珠玉の如き趣を呈している。

　献辞がないので，パウルスがいかなる目的で誰のためにこの歴史を著したのかについては，定かではない。当時ベネウェントゥムに辛うじて形を保っていた公国の後継指導者への教訓目的で著されたという考えもあるが[32]，それは所詮推測の域を出ないだろう。しかし，王国が潰えた後に執筆を開始したことを考えれば，著者にとって民族の足跡を辿ることには特別な思いがあっただろう。かのリウィウスは，アウグストゥスの命を受けて，古代ローマの黄金期に，ローマの栄光を讃えるために『建国史』を著した。リウィウスとは対照的に，パウルスは失われし王国の歴史を振り返っている。ランゴバルドの栄光も堕落も冷徹に見据えようとする視線は，はるか昔の粗野ながら勇猛果敢な民族のあゆみに対する懐古や，失われた栄光に対する哀惜と無縁ではない。

③　史料と典拠

　『ランゴバルドの歴史』の史料と典拠の究明は，Mommsen の網羅的な研究成果[33]によるところが大きい。それは，当時のカシヌムの僧院が

---

[32] Goffart, p. 333.
[33] Th. Mommsen, "Die Quellen der Langobardengeschichte des Paulus Diaconus", «Neues

豊かな蔵書を所有していたことを裏付けるものでもある。

　パウルスは，ウェルギリウスの『農耕詩』や『アエネイス』の詩句を引用し，自らの記述の出典として大プリニウスの『博物誌』を引き合いに出している。しかし，古典作家の引用が作品全体に占める割合は少ない。むしろキリスト教作家からの引用が，目立っているように思われる。第Ⅳ巻には大教皇グレゴリウスの書簡を引用している（第Ⅳ巻第9章，第Ⅳ巻第29章）。引用ではないが，第Ⅰ巻の聖ベネディクトゥスの讃歌は，大教皇の『対話』と比較すれば，各行が『対話』第2巻の個々の一節に逐次対応していることは明らかである。また，第Ⅲ巻初めのフランクとの争いを述べている箇所は（第1-10章），トゥールのグレゴリウス『フランク史』の部分に忠実に依拠している。この作家への言及もあるが（第1章），記述内容を踏まえているのみならず，グレゴリウスの俗ラテン語的な統辞を模倣している[34]。自らの作った詩を引用する他，他の作者による碑銘詩（第Ⅲ巻第19章のドロクトゥルフト称賛の墓碑銘，第Ⅵ巻第15章の改宗したケドアルの墓碑銘）をも引用している。

　この他，史料としては，まずランゴバルドのスカンジナビア起源からグリムアルド王に至る指導者や王の系譜にかんしては，作者不詳のごく簡素な文書『ランゴバルド族の起源』に依拠していることが指摘されている。第Ⅳ巻第42章では，643年にロタール王の命令によって，ランゴバルドの法律が，はじめて成文化されたことが言われている。『ランゴバルド族の起源』[35]は，この法律集成，いわゆる『ロタール王の勅令』を伝える複数の写本の冒頭に掲げられている。パウルスは，『ロタール王の勅令』の写本にこの史料を見出したのだろう。この他ランゴバルドの歴史を扱った著作としては，現在我々に伝わってはいないが，アギルフとテウデリンダに仕えていたノンの（もしくはトリデントゥムの）セクンドゥスの記した歴史書を参照している。これを批判していることは，第Ⅲ巻第29章に窺うことができる。

　他にも，7世紀のフレデガリウスなる人物に帰される『年代記』が挙

Archiv der Gesellschaft für ältere deutsche Geschichtskunde» 5 (1880), pp. 53-103 = *Gesammelte Schriften* VI, *Historische Schriften* III, Berlin 1910, pp. 485-539.

34)　Cf. Capo, pp. 459 ss.
35)　注28を参照。

げられよう。これは，アダムの誕生から始まって642年に至るまでのガリアを中心としたヨーロッパの歴史を4巻にまとめたものである。とくにその第4巻は，トゥールのグレゴリウスの伝える歴史より後の時代を扱っており，当時のメロヴィング朝のできごとを伝える貴重な史料である。パウルスは，これを利用したと思われるが，作中でこの著書にも著者名にも言及している訳ではない。さらに7世紀の後半から8世紀の前半のできごとについては，ベーダ（673-735年）の『年代記』に依拠していると思われる[36]。

　もちろんパウルスは，文献のみならず，口述伝承や直接見聞したことをも記述に含めている。たとえば，第Ⅰ巻第4章では，「ゲルマニアの北西の最果て，大西洋岸に大きくそびえ立つ岩の下に洞窟」で永い眠りについているものの，腐敗することのない7人の男たちが，住民の信仰の対象となっており，このことが，地元で聞いた伝承として紹介されている（これはまた，パウルスがフランク王国に滞在していた頃，もしくはイタリアへの帰途にゲルマニアに立ち寄る機会があったことをも示唆する）。同じくフランク王国滞在中には，船を呑み込んでしまう程強い勢いを持った渦潮と海淵のことを，この渦潮に巻き込まれそうになりながら九死に一生を得た人物の話を，現地の人から直接聞いている（第Ⅰ巻第6章）。また影が北に行けば行く程長くなることを述べる際に，彼自身が冬至の折ティヨンヴィルで測った影が19ペース半あったことに触れている（第Ⅰ巻第5章）。ランゴバルドの起源を本格的に切り出したかと思うと，本筋とは関係がないような奇談，自然の驚異，自らの体験に脱線する。この歴史作家がどれほど意識していたかは定かではないものの，自らの旅行の経験を雄弁あるいは饒舌に語るという点では，ヘロドトスを思わせる叙述になっている。

---

[36]　史料や典拠研究については，Capoの注釈の他，Wolfgang F. Schwarz（*Paulus Diaconus. Geschichte der Langobarden. Historia Langobardorum*, Darmstadt 2009）が有益である。Schwarzは主要な典拠を紹介した上で，『ランゴバルドの歴史』の各巻のテーマごとに典拠や関連する古代・中世の文献を挙げている（"Quellen, Stoffe und Strukturen", pp. 39-102）。

④ 『ランゴバルドの歴史』の成立と写本伝承

比較的最近刊行された Pani の研究[37]によれば，現存する『ランゴバルドの歴史』の写本は 115 点ある。彼女は，以下の 2 点を最古とみなす。どちらも 9 世紀に遡る。

(1) ザンクト・ガレン本 Sankt Gallen, Stiftsbibliothek, 635 (Waitz 52〔F1〕, Pani 100)
(2) チヴィダーレ本 Cividale del Friuli, Museo Archeologico Nazionale, XXVIII (Waitz 2〔A1〕, Pani 41)[38]

さらに Pani によれば，2 点のうちでもより古い写本は，ザンクト・ガレン本である。略表記や無意識的な文字の特徴から，10 人の異なる写字生によって作製されたと判断し得ると言う。

『ランゴバルドの歴史』についての最古と思しき言及は，ライヒェナウ（Reichenau）の僧院の蔵書目録に認められる。これは，835 年から 842 年のあいだに修道僧のレギンベルト（Regimbert）によって編纂された。脱落があって，判然としないところもあるが，『ウィニリ人の歴史』5 巻（libri quinque Historiarum gentis〔...〕Vuinilorum）が所蔵されていたことになっている。ウィ（ン）ニリ人とは，ランゴバルド人の前身であるから，これは恐らくは，『ランゴバルドの歴史』を意味するのだろう。これよりも前に作成された蔵書目録（821-822 年頃と年代特定し得る）には，この書物への言及はない。一方，その後 9 世紀から 10 世紀に作成された別の蔵書目録では，『ランゴバルドの歴史』（*Historia Langobardorum*）が掲載されている。

---

37) L. Pani, "Aspetti della tradizione manoscritta dell'*Historia Langobardorum*", in P. Chiesa (a cura di), *Paolo Diacono. Uno scrittore fra tradizione longobarda e rinnovamento carolingio. Atti del Convegno internazionale di studi*, Udine 2000, pp. 367-412. なお，Pani は詳細な検討には含めていないものの，Waitz が最古とする写本は，8 世紀末とされるアッシジ写本（Waitz 1, Pani 3，次注を参照）である。ただ，これは完本ではなく，第 II 巻と第 V 巻の断片からなる。

38) それぞれの丸カッコ内の Waitz ~ は，彼の校訂版（*MGH Scriptores rerum Langobardicarum et Italicarum*, Hannover 1878, pp. 12-189）で挙げられた際の番号（および亀甲カッコ内は校合欄に記された写本記号）を表す。一方，Pani ~ は彼女の上記論文の末尾に掲げられた写本一覧表における番号を表す。

蔵書目録を根拠とすれば，822年から842年のあいだに『ランゴバルドの歴史』の当該写本はライヒェナウの修道院の蔵書となっていたはずである。しかし，「5巻」というのは，いったい何を意味するのだろうか。

Paniは，ライヒェナウの蔵書目録で言われている写本が，今日のザンクト・ガレン本ではないかと推定している。その根拠となるのは，この写本の特殊な体裁である。ザンクト・ガレン本は全巻揃いの完本である。しかし，Paniによれば，各巻の冒頭に記されている章別の目次（capitula）は，不揃いである。第Ⅰ巻と第Ⅱ巻の目次はない。第Ⅱ巻の後には，第Ⅲ巻の章別の見出しが置かれており，これに引き続き第Ⅲ巻の本文が始まる。第Ⅳ巻の目次は，第Ⅲ巻の本文のあとに続き，目次のあと最初の4章（IV.1-IV.4）の本文が記されたのち，再び第Ⅳ巻の目次が続く（そのほとんどが消されている）。第Ⅳ巻の本文が終わったところで「ここで第Ⅳ巻は終わる，ここに『ランゴバルドの歴史』第Ⅴ巻の目次を書くべし」とあるが，その目次はそこにはなく，写本の末尾に書かれている。第Ⅴ巻が終わったところで「第Ⅴ巻は終わった。第Ⅵ巻の目次が始まる」とあって，その頁の残りは（5分の1頁分）余白である。しかし，次の頁には第Ⅵ巻の目次はなく，「キリストの名前において『ランゴバルドの歴史』第Ⅵ巻が始まる」とあって，第Ⅵ巻の本文が続く。そしてその後に（巻末に）第Ⅴ巻の目次が置かれている。

ライヒェナウの蔵書目録で「『ウィニリ人の歴史』5巻」と記されたのは，目録作成にかかわった人物が，今日のザンクト・ガレン本の巻末にある第Ⅴ巻の目次にもっぱら目を奪われた結果である。Paniはそのように考えている。

もっとも，この推定が正しいとしても，ライヒェナウにあった本が，いつ，どのような経緯でザンクト・ガレンに移ったのかは不明である。しかし，2つの修道院の結びつきは強く，両者のあいだで蔵書の移動があったことは確認されている[39]。

続いて，ザンクト・ガレン本はいつ，どこで成立したのかということが問題になる。書体や正書法から考えて，筆写された場所は北イタリ

---

39) Pani, p. 394 (esp. n. 71).

アだろうと見なされる。前述のように，写本がライヒェナウ修道院に入ったのは，822年から842年のあいだである。だが，筆写されたのは，822年よりも早い可能性もある。

　他方，もう1つの写本，チヴィダーレ本については，写字生は一人である。書体の特徴の観察に基づいて，成立年代は9世紀中葉以前とみなされている。Paniは，書体や飾り文字の点で，チヴィダーレ本とザンクト・ガレン本とのあいだに類似を認める。またその類似点が，9-10世紀スフラーフェンハーヘ本（'S-Gravenhage, Koninklijke Bibliotheek, 74J19）（Waitz 74〔G5〕, Pani 101），および10世紀のヴァティカン本（Vat. lat. 4917）（Waitz 38〔A2〕, Pani 38）にも認められることから，チヴィダーレ本とザンクト・ガレン本とには共通の手本があったと推測している。この点で，両写本を別々の系統と考えるWaitzの見解とは異なっている。

　また，2つの写本には，アイルランドに出自を持つ写字生による合わせ文字の特徴があることから，Paniは，8世紀から9世紀のあいだにロンバルディーア（恐らくはミラノ）で活動していたアイルランド人が書写に加わっていたものとみている[40]。827年マントゥアで行われた公会議の議事録には，『ランゴバルドの歴史』の逐語的引用と思われる箇所がかなりの数にのぼっている。Paniは，第Ⅱ巻第10章からの引用であろう一文が，ザンクト・ガレン本と共通する異読を含むことは，この写本と議事録との密接なつながりを示唆するものだと考えている[41]。

　Paniの推測が正しいとすれば，現存する最古の写本（あるいはその手本となった写本）が，すでに820年代から存在した可能性がある。著者が亡くなったのが8世紀末であるとすると，著者と写本の年代的隔たりは，たかだか30年程度ということになるだろう。

⑤　『ランゴバルドの歴史』が後代に及ぼした影響，後代における評価

　パウルスには，「聖ヨハンネス〔ヨハネ〕讃歌（ut queant laxis）」と

---

40) Pani, p. 402.
41) Pani, p .403.

称される9世紀に遡及し得る詩が帰されている[42]。音名の起源（ut, re, mi, fa, sol, la）となった祈祷文として，有名である。これは今日ではパウルスの作とは認められていないものの，彼に帰されたという事実は，後世におけるパウルスの名声の大きさを示している[43]。

　歴史家としての影響力の大きさは，『ランゴバルドの歴史』がヨーロッパ中世の歴史記述の規範となり，その続きとなる略史が書かれたことにも窺われ得よう。9世紀末の人，ベルガムムのアンドレアスは，パウルスの歴史記述をごく簡潔にまとめた後，リウトプランドの死後から，シャルル二世禿頭王の没年（877年）までの歴史記述を著している[44]。さらに，ランゴバルドの出自を持つクレモナ〔クレモーナ〕のリウトプランド（910/920-972年?）は，アンドレアスの著作の続きを950年頃まで記している。また，アンドレアスと同時代の人で，カシヌムのエルケンペルトゥス（Erchempertus）は，南イタリアに存続したランゴバルド勢についての歴史文書，『ベネウェントゥムのランゴバルドの歴史 Historia Langobardorum Beneventanorum』を著している[45]。

　すでに指摘したように，パウルスは特定の人物，とりわけ聖人について，強い関心に基づいた逸話，秘話を記している。こうした奇蹟や驚異についての記述は，中世の聖人伝の形成にも貢献していると思われる。たとえば，13世紀のヤコブス・デ・ウォラギネは，その『黄金伝説』中数箇所においてパウルスを典拠として挙げ，また引用している。彼は，執筆に際して，恐らくはパウルスをハンドブックのように用いたのであろう。

　中世からルネサンスにかけての俗語文学に目を転ずれば，とりわけ大きな影響が認められる作家としては，ボッカッチョ（Boccaccio, 1313-1375年）が挙げられる。彼がラテン語の著作『高名なる人物の没落について De casibus illustrium virorum』第9巻において，ランゴバルド王国

　　42）　ヤコブス・デ・ウォラギネ『黄金伝説』第81話「洗礼者ヨハネの誕生」（平凡社ライブラリー版，p. 355）。
　　43）　Luiselli, pp. 107-108.
　　44）　G. Waitz (ed.), *Andreae Bergomatis Historia,* in *MGH Scriptores rerum Langobardicarum et Italicarum*, Hannover 1878, pp. 220-230.
　　45）　G. Waitz (ed.), *Erchemperti Historia Langobardorum Beneventanorum,* in *MGH Scriptores rerum Langobardicarum et Italicarum*, Hannover 1878, pp. 231-264.

の人物や『ランゴバルドの歴史』に登場する人物について言及しているのみならず[46]，『デカメロン』冒頭における有名な黒死病の描写が，『ランゴバルドの歴史』第Ⅱ巻第4章における疫病の描写を踏まえていることは，すでに指摘されている[47]。猛威を振るう疫病の描写といえば，ボッカッチョは，たとえばウェルギリウス『農耕詩』やオウィディウス『変身物語』などに含まれる例を知っていたはずである。にもかかわらずパウルスを範としているところにも，パウルスが古典作家と並んで，一定の評価を保ってきた散文作家であることが窺える。また，第3日目の第2話において，話者パンピネアは，王都パヴィーア（すなわちティキヌム）を舞台として，ランゴバルド王のアギルルフとその妃テウデリンダを登場させている。王と風貌のよく似た馬丁が，妃と同衾しながらも機転を働かせ処罰を免れ，王もまた怒りを抑え，表沙汰にしないことで自らの体面を保ったという話は，もちろんパウルスの歴史記述には見当たらない。それは，民衆のあいだで生まれた滑稽譚の延長に位置するのだろう。しかし題材の選択は，『ランゴバルドの歴史』についての，ボッカッチョの並々ならぬ関心を物語っていると見るべきである。

　すでに指摘したように，『ランゴバルドの歴史』の写本は現存するだけでも115点にのぼり，それらの年代を見ると，中世，ルネサンスにかけて間断なく書写され続けてきたことがわかる。歴史研究の進展に伴って，6世紀後半から8世紀半ば頃までのイタリアにかんする史料として，『ランゴバルドの歴史』の重要性は高まって行く。15世紀の文人，歴史家で『イタリア案内 Italia illustrata』を著したフラヴィオ・ビオンド（1392-1463年）は，蛮族の時代を人類が通過したもっとも重要な局面と考える。パウルスを他の年代記作家から区別し，彼を最初のキリスト教徒歴史作家と呼んでいる[48]。彼自身，13世紀から14世紀に遡る『ランゴバルドの歴史』の写本を所有しており，これに自らの注記を加えて

---

46)　『高名なる人物の没落について』第9巻第3章は，敵対するアウァリの若い指揮官に心を奪われたロミルダ（ロムルダ）について物語っており，第9巻第4章は鼻などを削がれる憂き目に遭ったビザンティンの皇帝たちや王位を追われ悲惨な最期を遂げたアラヒスやアリペルト二世を挙げ，第9巻第5章はデシデリウスについて叙述する。

47)　V. Branca, *Boccaccio Medievale e nuovi studi sul Decameron* (nuova edizione riveduta e corretta), Milano 1996 (1956¹), 'Appendice: un modello medievale per l' introduzione', pp. 384-385.

48)　Flavio Biondo, *Roma Triumphans*, Basel 1531, p. 70.

いる。

　16世紀に入り，出版文化が花開き始めるや，パリ，アウクスブルク，バーゼル，ライデンで『ランゴバルドの歴史』の印刷本が刊行された[49]。なお，イタリア語訳は1548年にヴェネツィアで，フランス語訳は1603年にパリで出版されている。ルネサンス以降も，パウルスは古典作家に準ずるような名声を維持したと言えるだろう。

　近代歴史学の祖，ムラトーリ（Murarori, 1672-1750年）は，彼を『イタリア著作者集成 Rerum Italicarum Scriptores』の序文において「秀でた作家」として高く評している。これは，ムラトーリがヨーロッパ文明は，ローマ時代よりも中世，ひいては蛮族の時代に由来するものであると考え，上述のフラヴィオ・ビオンドの説を補強し，蛮族の時代の理解の重要性を唱えたことにある。こうしたムラトーリの考え方は，のちのロマン主義の思潮の先駆けともなるものだった[50]。

　アルフィエーリ（Alfieri, 1749-1803年）は，1779年に『ロズムンダ Rosmunda』を手掛ける。この悲劇は，時代の点では，夫アルボイン王に亡き父の髑髏で作った盃で酒を飲むことを強いられた王妃ロズムンダ（ロセムンダ）が，王を殺害した後の出来事として設定されている（第Ⅱ巻第28章）。もっとも，王妃以外の登場人物や筋書は，純然たる詩人の想像の産物である。

　パウルスは，イタリアのロマン主義を代表する作家，マンゾーニ（Manzoni, 1785-1873年）にもまた，少なからぬ影響を及ぼしている[51]。もっともマンゾーニは，ムラトーリとは異なり，ランゴバルドの歴史は「イタリアに築かれた小民族の家系史」に過ぎないと見て，『ランゴバルドの歴史』に対しても厳しい評価を下している[52]。とはいえ，彼はランゴバルド王朝の最期を題材とした悲劇，『アデルキ』を創作している。作中，登場人物の一人，ラヴェンナの助祭マルティーノ師がランゴバルドの目を逃れて，カール大帝の陣営に辿り着いた次第を述べる件がある（第2幕〔第2景〕195-207行）。この一節は，パンノニアでアウァリ

---

49) Luiselli, p. 113.
50) Luiselli, p. 115.
51) 以下のマンゾーニについての記述は，Luiselli（pp. 117-119）の指摘に負っている。
52) *Discorso sopra alcuni punti della storia longobardica in Italia*, cap. II.

の捕囚となっていたパウスルの曾祖父が，延々一人歩いて故郷に戻る場面（『ランゴバルドの歴史』第Ⅳ巻第37章）を踏まえている。この忘れがたい場面は，『婚約者』においても手本となっている。やっとのことで帰郷したパウルスの祖先は，自分の家が「すっかり荒れ果て，屋根が無いばかりか，茨や葎で一杯になっていた」のを見出す（上記箇所）。これは，主人公レンツォが故郷に戻ってきたとき，葡萄園がすっかり荒廃し，家屋が傭兵によって略奪されてしまったのを目の当たりにする場面を連想させるだろう（『婚約者』第33章）。また，ボッカッチョも手本にした疫病の描写（『ランゴバルドの歴史』第Ⅱ巻第4章）は，レンツォがミラノにやって来たとき，この町で猖獗を極めていた黒死病の描写（『婚約者』第34章）とやはり重なるところが多い。

　王国の黄昏に立ち会った歴史家は，中世，ルネサンスを通じて名声を保った。イタリアを代表する散文作家であるボッカッチョとマンゾーニには，豊かな着想をもたらした。パウルスの書は中世はじめの一民族についての貴重な証言であるのみならず，ヨーロッパの歴史記述や歴史文学に大きな影響をもたらした古典と言ってよいだろう。

あとがきとして

　私事になるが，拙訳を刊行するに至った経緯について，この場を借りて一言触れることをお許し願いたい。

　浅学菲才故に，『ランゴバルドの歴史』の存在を知ったのは，だいぶ年齢を重ねてからのことだった。長い大学院生時代を終え，ようやく博士論文を提出した1999年頃，当時イタリア語とラテン語の非常勤講師としてお世話になっていた国立音楽大学において，同僚の堤康徳先生から本書のことをご教示いただいた。何度か通読するうちに，本書がヨーロッパの古代と中世を繋ぐ書物であることはもとより，イタリアという国の骨格形成をも示していることに遅まきながら気づき，訳出の必要性を認識するに至った。それは，片足を西洋古典学に，もう一方の足をイタリア学に置いている私の務めではないかとも思った次第である。

　堤先生は，出版についてもご協力くださったが，私の怠惰故になかなか原稿が仕上がらなかった。先生からいくつかの出版先を紹介していただきながら，「タイミングを逸し」，なかなか実現に至らなかったのは，本当にお恥ずかしい限りである。しかし，先生は池上俊一先生にも本書訳出の計画を話してくださり，池上先生より知泉書館の小山光夫社長をご紹介いただいた。さらに池上先生は，拙訳の原稿を読んでくださり，数多くの有益なるご指摘とご助言を授かった。ただし，拙訳に不備欠陥が残るとすれば，それは頑迷なる私日向の恐るべき愚かしさに因るものである。

　出版が決定しながら，なかなか決定稿が仕上がらなかった私を辛抱強く見守ってくださった小山社長には，ほんとうに感謝の言葉も見つからない。この場を借りて厚く御礼申し上げたい。ありがとうございます。

　最後に，これはもうまったくの蛇足かも知れないが，我がつれ合い園田みどりには，大変な苦労と忍耐をかけてしまった。常に私の最初の，そして最良の読者として，ときに叱咤の，ときに励ましの言葉をか

け，本書の完成にずっと付き合ってくれた。同時に，チヴィダーレ，パヴィーア，スポレート，モンツァ，ベルガモ，ベネヴェントなどランゴバルドゆかりの地を一緒に訪ね，心から楽しんでくれた。彼女に，本書を捧げたい。

固有名詞一覧
(ローマ数記は巻数，算用数字は章を示す)

アイオ(ガンバラの息子)　　I.3; I.7; I.14
アイオ(ベネウェントゥム公アリキスの
　息子)　　IV.42; IV.43; IV.44
アイストゥルフ　→アヒストゥルフ
アウァレス(アウァリ)　　I.27; II.10;
　III.19; IV.4; IV.11; IV.20; IV.24; IV.26;
　IV.28; IV.37; IV.51; V.2; V.19; V.20;
　V.21; VI.58
アウクシムム[オジモ]　　VI.49
アウグスタ[アウクスブルク]　　II.13
アウグスティヌス(ブリタニアで布教活
　動を行った修道士)　　III.25
アウグスティヌス(聖人)　　VI.48
アウストリゴサ　　I.21
アウソニア(＝イタリア)　　II.13;
　II.24
アウソニウス　　II.24
アウタリ　　III.16; III.18; III.27; III.28;
　III.29; III.30; III.31; III.32; III.34;
　III.35
アウトペルトゥス　　VI.40
アウドイン　　I.22; I.23; I.27
アウドゥアルドゥス　　III.31
アウフィデナ[アルフェデーナ]
　II.20
アウフスス　　VI.58
アウレリア　　II.16; II.19
アウレリアヌム(アウレリアネンセス族
　の領地)[オルレアン]　　II.10; VI.2;
　VI.35
アウロナ　　VI.22; VI.50
アエミリア　→エミリア
アガタ　　V.34
アガト(ペルシア公)　　VI.54
アガト(教皇)　　VI.4
アギプランド　　VI.57
アキルム[アゾロ]　　III.26

アギルルフ(＝アゴ)　　III.30; III.35;
　IV.1; IV.3; IV.4; IV.8; IV.9; IV.12;
　IV.13; IV.18; IV.20; IV.23; IV.24;
　IV.25; IV.27; IV.28; IV.30; IV.32;
　IV.35; IV.40; IV.41; IV.47
アクアエ[エクサンプロヴァンス]
　III.8
アクイス[アクイ・テルメ]　　II.16
アクイタニア　　I.6; VI.46
アクイレイア　　II.10; II.14; III.14;
　III.20; III.26; IV.33; V.17; VI.14;
　VI.33; VI.45; VI.51
アグネッルス(アキルム司教)　　III.26
アグネッルス(トリデントゥム司教)
　III.26; III.31; IV.1
アグントゥム[インニヘン]　　II.4;
　II.13; IV.39
アゲルムンド(第二代の王)　　I.14;
　I.15; I.16; I.17
アゲレンティア[アチェレンツァ]
　II.21; V.7
アゴ(＝アギルルフ)　　IV.1; IV.3;
　IV.41
アゴ(フォルム・ユリイ公)　　IV.50;
　V.17
アシア　　I.1
アスクルス[アスコリ]　　II.19
アスティ　　IV.40; V.2; V.5
アスフェルト　　I.24
アダロアルド　　IV.25; IV.27; IV.30;
　IV.41
アッシ　　I.7
アッシピッティ　　I.11
アット　　IV.50; V.16
アッドゥア[アッダ]川　　II.14; V.41
アッパ　　IV.37
アッピアヌム[ホーフ・エッパン]

固有名詞一覧

アテシス［アディジェ］川　III.23
アテナイ　V.6
アト　VI.19
アド　VI.3; VI.24
アド・ウィンクラ　→ペトルス（聖人）
アド・ペルティカス　→聖母マリア教会
アドリア　II.19
アドリアヌス　VI.58
アドリアヌス（ポラの司教）　III.26
アドリアヌス（聖人）　VI.58
アドリアヌス（僧院長）　V.30
アドリア海　I.6; II.1; II.9; II.19; II.20; II.21
アナグニス　III.9
アナスタシウス（ティキヌムの司教）　IV.42
アナスタシウス（ビザンティン皇帝）　VI.34; VI.36
アナスタシウス（聖人）　VI.58
アナスタシウス（総大司教）　VI.49
アバール　→アウァリ
アヒストゥルフ（アイストゥルフ、アストゥルフ）　VI.26; VI.51; VI.56
アプリア　II.21; V.7
アフリカ　I.25; IV.36; V.11; V.12; VI.10; VI.11; VI.46
アペニン山脈　II.19
アベル　II.13
アマゾネス　I.15
アマトゥス　III.3
アマトル　VI.51
アマロングス　V.10
アミテルヌム　II.20
アミングス　II.2
アムタラン　I.25
アメリア　IV.8
アモ　III.8
アラトル　I.25
アラビア　I.5
アラヒス　V.36; V.37; V.38; V.39; V.40; V.41; VI.17

アラマンニ族　II.4; II.15; III.18; III.22; IV.37
アリウス派　III.21; IV.42
アリウルフス　IV.16
アリオアルド　IV.41; IV.42
アリキス（Alichis アルボイン、クレフの死後にブリクシアを支配）　II.32
アリキス（Arichis, パウルス・ディアコヌスの兄弟）　IV.37
アリキス（Arichis, パウルス・ディアコヌスの祖父）　IV.37
アリキス（アリギス）（Arichis, ベネウェントゥム公）　IV.18; IV.19; IV.39; IV42; IV.43; IV.44
アリキス（Arichis, ロムアルド一世の息子）　V.25
アリペルト（フランクの王）　II.10
アリペルト（一世、ランゴバルドの王）　IV.48; IV.51; V.1; V.33; V.37; VI.17; VI.35
アリペルト（二世, ラギンペルトの息子, ランゴバルドの王）　VI.19; VI.20; VI.21; VI.22; VI.28; VI.35; VI.58
アリミヌム［リミニ］　II.23; VI.54
アルガイト　VI.24
アルキロコス　I.26
アルクス［アルチェ］　VI.27
アルスカ［ヴァル・スガーナ］　III.31
アルゼコ　V.29
アルティヌム　II.4; III.26
アルテニア［アルテーニャ］　IV.37
アルテミウス（＝アナスタシウス）　VI.34
アルド　V.38; V.39; VI.6
アルヌルフ　VI.16; VI.23
アルネフリト　V.22
アルビス［エルベ］川　II.10
アルピス・バルドニス　V.27; VI.58
アルプス　II.9; II.10; II.15; II.23; III.8; IV.21
アルプスインダ（アルプスインダ）　I.27; II.29; II.30

固有名詞一覧

アルペス・アッペンニナエ［アペニン・アルプス］州　II.18; II.19
アルペス・コッティアエ州　II.16; II.18; IV.41; VI.28; VI.43
アルボイン　I.23; I.24; I.27; II.1; II.6; II.7; II.8; II.9; II.12; II.25; II.26; II.27; II.28; II.29; II.32
アレクサンドリア　V.13; VI.36
アレラテ［アルル］州　III.8; VI.54
アロドゥス　IV.42
アロマングス　V.10
アングリ（ブリタニアの民族）　III.25; V.30; VI.28; VI.37
アングリ・サクソネス　IV.22; V.37; VI.15
アンゲルラムヌス　VI.16
アンスキス　VI.23
アンスキセス（アンキセス）　VI.23
アンスプランド　VI.17; VI.18; VI.19; VI.21; VI.22; VI.35
アンスフリト　VI.3
アンスル　III.30
アンデガウィ族の町［アンジェ］　VI.42
アントニウス　III.26
アントハブ　I.13
アンナ　VI.56
アンブリ　1.7
アンブロシウス　V.33
イエス　→キリスト
イオニア海　II.22
イセルニア　→ヒセルニア
イタ　IV.46
イタリア（半島）　I.1; I.5; I.19; II.1; II.2; II.3; II.4; II.5; II.6; II.7; II.8;II.9; II.10; II.13; II.15; II.17; II.18; II.20; II.21; II.23; II.24; II.26; II.28; II.31; II.32; III.3; III.4; III.5; III.6; III.8; III.9; III.17; III.22; III.23; III.29; III.30; III.31; III.32; IV.10; IV.37; IV.41; IV.42; V.2; V.5; V.6; V.12; V.29; V.33; VI.4; VI.29; VI.34; VI.35; VI.54
イタルス　II.23
イッリュリクム　I.1
イブリギス［イブリゴ］　IV.37
イボル　I.3; I.7; I.14
イモラス［イモラ］　II.18
イルディキス　I.21
イングンディス　III.21
インゲヌイヌス　III.26; III.31
ウァキラプス　VI.30
ウァコ　I.21
ウアッラリ　II.32
ウァルカリ　VI.54
ウァルタリ　I.21; I.22
ウァルデラダ　I.21
ウァルネカウティウス　IV.13
ウァルネフリト　IV.37
ウァレリア　II.18; II.20
ウァレンティア［ヴァランス］　III.8
ウァンダル族　I.1; I.7; I.8; I.10; I.25
ウィギリウス　III.26; VI.14
ウィギリンダ　VI.2
ウィクトル（アウレリウス・）　II.18
ウィケンティア［ヴィチェンツァ］　II.14; III.26; V.23; V.39; VI.54
ウィシガルダ　I.21
ウィタリアヌス　V.11; V.30
ウィタリス（アルティヌムの司教）　II.4
ウィタリス（カシヌムの修道院長）　IV.17
ウィタリス（聖人）　III.19
ウィティアヌム［ヴェッツァーノ］　III.31
ウィティキス　I.25
ウィニペルガ　VI.2
ウィルド［ヴェルタフ］川　II.13
ウィンキアクム［ヴァンシー］　VI.42
ウィンケンティウス　VI.40
ウィンディン　II.2
ウィンデミウス　III.26
ウィンニリ（ウィニリ）族　I.1; I.7; I.8; I.9; I.10

ウェクタリ　　　V.23; V.24
ウェトナ［ベットーナ］　　II.18
ウェネティ（青組）　　IV.36
ウェネティア地方　　I.6; II.9; II.14;
　　II.23; II.26; II.23; IV.37; VI.49
ウェネティキ族　　VI.54
ウェルギリウス　　I.6; II.23
ウェロナ［ヴェローナ］　　II.2; II.14;
　　II.28; III.23; III.26; III.30; III.31;
　　IV.13; IV.14; VI.3; VI.58
ウォラエネス［ヴォラーノ］　　III.31
ウヌルフス　　V.2; V.3; V.4
ウルガレス（ウルガリ、ブルガレス）（族）
　　I.16; I.17; II.26; V.29; VI.31; VI.47
ウルグンダイブ　　I.13
ウルスス　　VI.24
ウルトゥリナ　　IV.28
ウルトゥルヌス［ヴォルトゥルヌス］（川）
　　VI.40
ウルビヌム［ウルビーノ］　　II.18
ウルファリ　　IV.3
ウルブス（の森）　　V.37; V.39; VI.58
ウルブス・ウェトゥス［オルヴィエート］
　　IV.32
ウンブリア　　II.16; II.18; II.20
エウィン（エオイン）　　II.32; III.9;
　　III.10; III.27; IV.1; IV.10
エウォディア島　　I.6
エウセビウス　　IV.42
エウティキウス　　III.13
エウド　　VI.46
エウニウス　→ムンムルス
エジプト　　I.5; I.15; III.11; IV.36; V.13;
　　VI.10
エトルスキ族　　II.20
エトルリア州　　II.20
エピパニウス　　IV.33
エブレドゥヌム［アンブラン］　　III.4;
　　III.6; III.8
エミリア街道　　II.19; IV.51
エミリア州　　II.18; II.19; II.23; IV.45;
　　IV.51; VI.49

エルサレム　　I.5; III.34; IV.36
エレウテリウス　　IV.34
エンネマセ［ノイマルクト］　　III.31
オスプス（オソプス）［オソッポ］
　　II.13; IV.37
オデュッセウス　　II.24
オドアケル　　I.19; II.3
オピテルギウム［オデルツォ］　　IV.38;
　　IV.45; V.28
オリエント　　IV.36
オロ　　III.31
オロンナ　　VI.58
ガイドアルド　　IV.10; IV.27
ガイドゥアルド　　VI.50
ガイドゥルフス　　IV.3; IV.13
ガイラ　　IV.37
カエサリア　　I.25
カカヌス　　IV.10; IV.12; IV.20; IV.24;
　　IV.28; IV.37; IV.51; V.2; V.19; V.21
カシヌム（カッシヌム）［（モンテ）カッ
　　シーノ］　　I.26; IV.17; VI.2; VI.40
カッコ　　IV.37; IV.38; V.28
カッシアヌス［カッサーノ］　　II.17
カッシオドルス　　I.25
カッパドキア　　III.15
ガッリ・セノネス　　II.23
ガッリキヌス（コンスタンティノポリス
　　総大司教）　　VI.31
ガッリキヌス（パトリキウス）　　IV.12;
　　IV.20; IV.25
ガッログレキ　　II.23
カヌシウム［カノーサ］　　II.21
カバッロヌム［シャロン・シュル・ソー
　　ヌ］　　III.34
カプア　　II.17; IV.51; V.9; V.16
カプラヌス　　V.39
カメリヌム［カメリーノ］　　IV.16
ガラタエ　　II.23
ガラティア　　II.23
カラブリア州　　II.21; V.11
カランタヌム　　V.22
ガリア　　I.1; I.6; II.2; II.13; II.15; II.16;

固有名詞一覧　　　　　　　　　　　259

II.23; III.1; III.3; III.4; III.5; III.6;
　　III.8; III.17; III.21; IV.11; IV.24; IV.41;
　　V.32; V.33; VI.16; VI.23; VI.46; VI.54
ガリア・キサルピナ　　　II.23
ガリア・トランサルピナ　　II.23
ガリア・ベルギカ　　I.5
カリストゥス　　　VI.45; VI.51
ガリバルド（クスパルドの家臣）　　I.21
ガリバルド（グリムアルドの息子）
　　V.33
ガリバルド（タッシロの息子）　　IV.39
ガリバルド（トリノ公）　　IV.51
ガリバルド（バイオアリ王）　　III.10;
　　III.30
カリュブディス　　I.6
ガルガヌス　　IV.46
カルケドン　　III.20
カルシオリ［カルソーリ］　　II.20
ガルダ湖　　→ベナクス湖
カルタゴ　　III.31; VI.10
カルタゴ人　　II.18
カルニオラ［クライン］　　VI.52
カルヌントゥム［カランタヌム］　　V.22
カレッルス　　IV.47
カロル［カローレ］　　V.9
カロルス［カール・マルテル］　　VI.37;
　　VI.42; VI.46; VI.53; VI.54
カンディディアヌス　　IV.33
カンパニア　　II.2; II.5; II.11; II.17;
　　II.20; V.12; VI.27
ガンバラ　　I.1; I.7; I.8
ギサ（フェレテウスの妻）　　I.19
ギサ（ロムアルドの妹）　　V.8; V.14
ギスルフ（フォルム・ユリイ公）
　　II.9; II.32; IV.18; IV.27; IV.33; IV.37;
　　IV.38; IV.39
ギスルフ（ロムアルド一世の息子, ベネ
　　ウェントゥム公）　　V.25; VI.2; VI.27;
　　VI.39
ギスルフ（ロムアルド二世の息子, ベネ
　　ウェントゥム公）　　VI.50; VI.55;
　　VI.57; VI.58

ギセルペルガ　　VI.55
ギセルペルト　　II.28
救世主教会　　IV.48; V.37; VI.17; VI.35
キュノケパロス　　I.11
キュルス　　VI.31; VI.34
ギリシア　　I.9; III.15; VI.57
ギリシア人　　II.5; II.20; II.23; IV.46;
　　V.7; V.10; V.11; V.16
キリスト（イエス）　　I.25; I.26; II.28;
　　III.2; III.19; III.25; III.34; IV.5; IV.6;
　　IV.8; IV.16; IV.27; IV.29; IV.42; IV.47;
　　IV.50; VI.4; VI.14; VI.15; VI.16;
　　VI.33; VI.58
キリスト教徒　　V.2
キルデベルト（キルデペルト）　　II.10;
　　III.10; III.17; III.21; III.22; III.28;
　　III.31; III.34; III.35; IV.4; IV.7; IV.11
キンブラ［チェンブラ］　　III.31
クスパルド　　I.21
グデスカルクス　　IV.20
クニクペルト（クニンクペルト）
　　IV.51; V.33; V.35; V.36; V.37; V.38;
　　V.39; V.40; V.41; VI.2; VI.3; VI.6;
　　VI.8; VI.15; VI.17
クニムンド　　I.27; II.28
クマエ　　VI.40
グムペルガ　　VI.50
クラウェンナ［キャヴェンナ］　　VI.21
グラウソ　　V.38; V.39; VI.6
グラスルフ　　IV.39; IV.50; V.17
クラッシス［クラッセ］　　III.13; III.19;
　　VI.44; VI.49
クラッフォ　　I.20
グラティアノポリス［グルノーブル］
　　III.8
グラドゥス［グラード］　　II.10; III.26;
　　IV.4; IV.33; V.17
クラムニキス　　III.9
クラリッシムス　　III.26
クリア［クール］　　VI.21
グリッポ　　III.31
クリトリウス（湖？）　　II.16

固有名詞一覧

グリムアルド（ランゴバルドの王）
　　IV.37; IV.39; IV.43; IV.44; IV.46;
　　IV.51; V.1; V.2; V.3; (V.4); V.5; V.7; V.8;
　　V.9; V.10; V.16; V.17; V.19; V.20; V.21;
　　V.22; V.25; V.26; V.28; V.29; V.32;
　　V.33; VI.18
グリムアルド（ロムアルド一世の息子）
　　V.25; VI.2
グレゴリウス（・マグヌス）（一世，教皇）　　I.26; III.13; III.20; III.23; III.24;
　　III.25; IV.5; IV.8; IV.9; IV.18; IV.19;
　　IV.29
グレゴリウス（トゥールの）　　III.1;
　　III.29
グレゴリウス（ベネウェントゥム公）
　　VI.55; VI.56
グレゴリウス（ローマのパトリキウス）
　　IV.38
グレゴリウス（二世，教皇）　　VI.40
クレフ（クレフォ）　　II.31; III.16
クレモナ［クレモーナ］　　IV.28
グレモナ［ジェモーナ］　　IV.37
クロタール（一世）　　I.27; II.6; II.10
クロタール（二世）　　IV.15; IV.28
クロトスインダ　　I.27
グンギンギ　　I.14
グンディペルガ　　IV.47; V.40
グンドアルド　　III.30; IV.40; IV.48
グントラムヌス　　II.10; III.3; III.4;
　　III.34; IV.11
グントルト　　VI.43
グンペルト　　VI.35
ゲオルギウス（コンスタンティノポリス総大司教）　　VI.4
ゲオルギウス（聖人）　　VI.17
ケサラ　　IV.50
ゲタイ　　II.1
ケディヌス　　III.31
ケドアル（ペトルス）　　VI.15
ゲヌア［ジェノヴァ］　　II.16; II.25
ケネタ［チェネダ］　　II.13; V.28; VI.24
ゲピディ族　　I.21; I.23; I.24; I.27; II.26

ゲリスメルス　　I.25
ゲルマニア　　I.1; I.4;1.9; I.15
ケルマニキ族の領地［ルマン］　　VI.2
ゲルマヌス　　VI.49
ゴート族　　I.1; I.25; II.1; II.2; II.5;
　　III.11; III.21; III.28; IV.21
コセンティア［コセンツァ］　　II.17
ゴダン（ヴォダン）神　　I.8; I.9
黒海　　VI.12; VI.31; VI.34
コッティウス　　II.16
ゴデスカルクス　　VI.56; VI.57
ゴデペルト（ゴディペルト）　　IV.51;
　　V.1; VI.18
ゴデホク（第五代の王）　　I.18; I.20
コマキナ島　　III.27; IV.3; (V.38); V.19;
　　VI.21
コマキヌス（＝コモ）湖　　V.38; V.39
コムム（市）　　V.38; V.39
コモ湖　　→ラリウス
ゴランダ　　I.13
コルウォルス（コルウルス）　　VI.25
コルシカ　　II.22
コルスス　　II.22
コルモネス［コルモンス］　　IV.37;
　　VI.51
コルンバヌス　　IV.41
コロナテ　　V.39; V.40; VI.17
コンコルディア　　III.26
コンシア［コンツァ］　　IV.34
コンスタンティヌス（カシヌム僧院長）
　　IV.17
コンスタンティヌス（教皇）　　VI.31;
　　VI.34
コンスタンティヌス（皇帝コンスタンス二世，コンスタンティヌス三世の息子）
　　IV.49; V.6; V.7; V.11; V.12; V.13; V.30
コンスタンティヌス（皇帝マウリキウスの息子）　　IV.26
コンスタンティヌス（三世）（皇帝，ヘラクリウス帝の息子）　　IV.49
コンスタンティヌス（四世）（皇帝，コンスタンス二世の息子）　　V.30; VI.4;

固有名詞一覧

VI.11
コンスタンティノポリス　I.25; II.3;
　II.4; II.5; II.11; II.30; III.11; III.12;
　III.21; III.22; III.26; III.31; IV.29;
　IV.34; IV.35; IV.36; IV.49; IV.50; V.6;
　V.11; V.12; VI.4; VI.11; VI.13; VI.14;
　VI.31; VI.32; VI.36; VI.47; VI.49;
　VI.57
サウィニアヌス　IV.29
サウィヌス（聖人）　IV.16; VI.58
サウィヌス（副助祭）　IV.19
サオナ［サヴォーナ］　II.16
ザカリアス（教皇）　VI.40
ザカリアス（親衛隊帳）　VI.11
サクソネス族（サクソン人）　I.27;
　II.6; III.5; III.6; III.7; VI.31; V.32; V.33;
　VI.28; VI.37.
サトゥルヌス　II.24
ザバン　II.32; III.8
サビオネ　III.26; III.31
サビニ族　II.19
サブッルス　V.10
サムニウム州　II.20
サムニテス族　II.20; IV.44; IV.46; VI.2;
　VI.39
サラセン人　V.13; VI.10; VI.11; VI.36;
　VI.46; VI.47; VI.48; VI.54
サラリウス橋　VI.49
サリンガ　I.21
サルディス（の野）　III.30
サルディス（ヘラクレスの息子）
　II.22
サルディニア［サルデーニャ］島（州）
　II.22; V.11; V.12; VI.48
サルマタイ　II.26
サレルヌス［サレルノ］　II.17
サレンティニ族　II.21
サングルス川　V.8
ザングルルフス　IV.13
シギブランド　VI.22
シギベルト（シギスペルト）　II.6;
　II.10; III.6; III.10

シクアルドゥス　VI.45
シクルス　II.22
シシンニウス　III.8
シチリア島（州）　I.6; II.4; II.17; II.22;
　II.24; III.21; III.32; V.11; V.12; V.13;
　V.14; V.30
シュラクサエ［シラクーザ］　V.11;
　V.12; V.13
シレル［セレ］川　II.17
シンドゥアルド　II.3
シンプリキウス　IV.17
スアウィ族　I.21; II.6; II.26; III.7;
　III.19
スアウィア州　II.15; III.30
スカウニペルガ　VI.55
スカンジナビア　I.1; I.7; I.14
スキュティア　V.2
ズキロ　I.21
スクラウィ族（＝スラヴ）　IV.7;
　IV.10; IV.24; IV.28; IV.37; IV.38;
　IV.39; IV.40; IV.44; V.22; V.23; VI.24;
　VI.45; VI.51; VI.52
スクリトビニ族　I.5
スクルテンナ［パナロ］　IV.45
スコッティ族　IV.41
スコラスティカ　VI.2
スコラスティクス　VI.34
スコリンガ　I.7; I.10
スタブリキアヌス　IV.35
スタブロ荘　III.5
ストリウム［ストリ］　IV.8; VI.49
スブラクス［スビアーコ］　I.26
スボ　VI.38
スポレティウム［スポレート］　II.16;
　III.13; III.32; IV.16; IV.50; V.16;
　VI.30; VI.44; VI.49; VI.55; VI.56;
　VI.57; VI.58
スマラクドゥス　III.18; III.26; IV.25;
　IV.28; IV.32
スラ［ソーラ］　VI.27
聖天使（ミカエル）　IV.46
聖母マリア教会（「アド・ペルティカス」）

V.34; VI.55
セウェリヌス　　I.19
セウェルス（アクイレイア総大司教）
　　III.26; IV.33
セウェルス（テルゲステ司教）　　III.26
セクアニカ　　I.6
セクシウム［スーザ］　　III.8
セクンドゥス　　III.29; IV.27; IV.40
セスアルド　　V.7; V.8
セッショナエ［ソワッソン］　　II.10
ゼッリア　　IV.38
セノ　　V.40; V.41
ゼノ　　III.23
セノガリア［セニガッリア］　　II.23
セバスティアヌス　　VI.5
セピヌム［セピーノ］　　V.29
セプテム　　VI.46
セポントゥム［シポント］　　II.21; IV.44
セルギウス　　VI.11; VI.14; VI.15
セルミアナ［シルミアン］　　III.31
セレヌス　　VI.33; VI.45
ゾット　　III.33; IV.18
ソピア（ビザンティン帝国の皇妃）
　　II.5; III.11; III.12; III.15
ソピア（コンスタンティノポリスの聖ソピア教会）　　I.25
ダキステウス　　II.3
ダギペルト（＝ダゴベルト二世）　　V.32
タスス　　VI.40
タソ　　IV.37; IV.38; V.28
タッシロ　　IV.7; IV.39
タッツォ　　VI.19
タト　　1.20; 1.21
タトゥス　　VI.40
タナイス川　　I.1
タナルス［タナロ］　　VI.58
ダミアヌス　　V.38; VI.4
タルウィシウム［トレヴィーゾ］
　　II.12; II.13; III.26; VI.3; IV.45; V.28; V.39; VI.45
タレントゥム［ターラント］　　II.21;

V.6; V.7; VI.1
タンネトゥム　　II.2
デア［ディ］　　III.8
テアテ［キエーティ］　　II.20
ディオニュシウス　　I.25
ティキヌス［ティチーノ］川　　V.2; V.34; VI.35
ティキヌム（パピア）［パヴィーア］
　　II.15; II.26; II.27; II.31; II.32; III.31; III.35; IV.3; IV.8; IV.13; IV.31; IV.41; IV.42; IV.47; IV.48; IV.51; V.1; V.2; V.16; V.18; V.23; V.33; V.34; V.36; V.37; V.38; V.39; V.40; V.41; VI.3; VI.4; VI.5; VI.6; VI.19; VI.29; VI.35; VI.38; VI.48; VI.58
ティブリウス（ティブル）［ティヴォリ］
　　II.20
ティベリウス（・コンスタンティヌス）
　　III.11; III.12; III.13; III.15
ティベリウス（皇帝）　　VI.13; VI.31
ティベリウス（皇帝マウリキウスの息子）
　　IV.26
ティベリウス（皇帝ユスティニアヌス二世の息子）　　VI.32
ティベリス［テヴェレ］川　　III.24; VI.36
ティラメントゥム［タリアメント］川
　　II.13
ティレニア海　　II.9; II.16; II.17; II.22
テウデペルト（テウトペルト，バイオアリア公）　　VI.21; VI.35; VI.43
テウデペルト（一世，フランクの王）
　　I.21; II.2
テウデペルト（二世，フランクの王，キルデベルトの息子）　　IV.11; IV.15; IV.28; IV.30; IV.40
テウデラダ（アンスプランドの妻）
　　VI.22
テウデラダ（テウデラタ）　　V.25; VI.1
テウデラピウス（ウェロナの予言者）
　　VI.58
テウデラピウス（テウデラウプス）（ファ

固有名詞一覧

テウデリンダ（パウルス・ディアコヌスの母）　IV.37
テウデリンダ（王妃）　III.30; III.35; IV.5; IV.8; IV.9; IV.21; IV.22; IV.25; IV.40; IV.41; IV.47; IV.48
テウド　VI.44
テオドシウス（アナスタシウスの次代の皇帝）　VI.36; VI.41
テオドシウス（皇帝マウリキウスの息子）　IV.26
テオドテ　V.37
テオドラダ　VI.22
テオドリック（フランクの王、キルデベルトの息子）　IV.11; IV.13; IV.28
テオドリック（東ゴートの王）　II.27; IV.21
テオドルス（異端者）　VI.14
テオドルス（大主教）　V.30
テサナ［テジモ（ティゼンス）］　III.31
デルトナ［トルトーナ］　II.16
デルポイの島（デロス？）　II.23
テレベッルス　VI.31
トゥスキア［トスカーナ］州　II.16; II.18; II.26; IV.32; IV.45; IV.51; V.27; V.40; VI.49
トゥデル［トーディ］　IV.8
ドゥプラビリス［ヴァルドッビアーデネ］　II.13
トゥリシンドゥス　I.23; I.24; I.27
トゥリスモドゥス　I.23; I.24
トゥリンギ　I.21
トゥリンギア（トゥリンガ）　II.10; IV.11
トゥルキリンギ族　I.1; I.19
トゥロニ（トゥロヌム）［トゥール］　II.13; III.1
トティラ　II.1
トトの別荘　I.5
ドナウ川　I.19; III.30; VI.47
ドナトゥス　II.23
トマス　V.38

ドムヌス（ドヌス）　V.31
ドラウゥム［ドラヴァ］川　II.13
トラキア　IV.20
トランサムンド（二世、ファロアルド二世の息子、スポレティウム公）　VI.44; VI.55; VI.57
トランセムンド（一世、トランスムンド、カプア伯、のちスポレティウム公）　IV.51; V.16; VI.30
トリデントゥム［トレント］　II.2; II.32; III.9; III.10; III.26; III.27; III.31; IV.1; IV.2; IV.10; IV.27; IV.40; V.36
トリノ　III.30; III.35; IV.51; V.2; VI.18; VI.20
トロイア　VI.23
ドロクトゥルフト（ドクトゥルフス、ドロクトン）　III.18; III.19
ナティシオ［ナティズネ］　V.23
ナルシス　II.1; II.2; II.3; II.4; II.5; II.11; II.26; III.11; III.12; III.27
ナルニア［ナルニ］　VI.48
ナルボ［ナルボンヌ］　VI.54
ニカイア［ニケア］　VI.36
ニケア［ニース］　III.1; III.6
ヌマ　I.26
ヌルシア［ノルチャ］　I.26; II.18; II.20
ネアポリス［ナポリ］　I.19; II.5; II.17; III.5; III.17; IV.34; V.7; V.9; V.10; V.11; VI.40
ネマス［ニミス］　IV.37; V.22
ネロ　II.16
ノア　III.23
ノウァリアエ［ノヴァーラ］　VI.18
ノリキ（ノリクム出身者）　II.26
ノリクム　I.19; III.30
バイオアリ族　I.27; II.4; III.10; III.30; IV.7; IV.10; IV.37; IV.39; V.36; VI.35; VI.43; VI.44; VI.58
バイオアリア［バイエルン］　III.30; IV.7; VI.21; VI.22; VI.35
バウザヌム［ボルツァーノ］　V.36

パウルス（・ディアコヌス）　I.5; I.6; II.13; II.28; IV.13; IV.37; VI.16
パウルス（アクイレイアの総大司教）　II.10; II.25
パウルス（パトリキウス）　VI.49
パウルス（聖人）　II.13; II.23; IV.19
パウルス（単性論者）　VI.4
バオドリヌス　VI.58
パタウィウム［パドヴァ］　II.14; IV.23
パドゥス［ポー］川　II.18; III.18; V.7; VI.1
パトリキウス　III.26
バドリヌス　III.19
パリ　II.10
バルダニス（＝フィリッピクス）　VI.34
パルドゥス　VI.40
バルネウス・レギス［バニョレージョ］　IV.32
パルマ　II.18; IV.20; IV.28
パレンティウム［パレンツォ］　III.26
バンタイブ　I.13
パンテオン（ローマ市の教会）　IV.36; V.11
ハンニバル　II.18
パンノニア　I.22; II.1; II.5; II.7; II.8; II.9; II.14; III.30; IV.11; IV.37
パンノニイ（＝パンノニア出身者）　II.26
ピクタウィ［ポワティエ］　II.13
ピケヌス　II.19; II.20
ピスカリア　II.20
ピスカリア［ペスカーラ］川　II.19
ヒステル川　II.14
ヒストリア　I.6; II.14; III.26; III.27; IV.4; IV.24; IV.40; V.12; VI.3
ヒスパニア　II.10; III.21; III.28; IV.46; VI.26
ヒスパリス［セビリア］　III.21
ヒセルニア［イセルニア］［イゼルニア］　II.20; V.29

ビッロ　VI.26
ピピン（二世，カール・マルテルの父）　VI.37; VI.42
ピピン（三世，小ピピン）　VI.53
ピュッルス（単性論者）　VI.4
ピュッルス［リエンツ］川　II.13
ビリティオの要塞［ベッリンツォーナ］　III.31
ヒルデブランド　VI.54; VI.55
ヒルデホク（第四代の王）　I.18
ヒルデリクス　VI.55
ヒルピヌム［アルピーノ］　VI.27
ヒルペリクス　II.10; III.10; III.13; IV.4
ピッレウム［ペリオ］　VI.54
ピンニス［ペンネ］　II.19
ファギタナ［ファエード］　III.31
ファヌム［ファーノ］　VI.56
ファラオ　VI.19
ファロアルド（スポレティウム公）　III.13; III.19; IV.16
ファロアルド（スポレティウム公，トランサムンドの息子）　VI.30; VI.44
フィデンティウス　VI.51
フィリッピクス　VI.31; VI.32; VI.34; VI.36
フィルムス［フェルモ］　II.19
フェ（ッ）ロニアヌス［フリニャーノ］　VI.49
フェッルゲ（の要塞）　III.31
フェッロニアヌス［フェッロニアーノ］　II.18
フェバ　I.19
フェリックス（文法学者）　VI.7
フェリックス（タルウィシウムの司教）　II.12; II.13
フェルト　I.20
フェルドゥルフス　VI.24; VI.25; VI.45
フェルトリア［フェルトレ］　III.26
フェレテウス　I.19
フェロニアヌム　VI.49
フォカス　IV.26; IV.29; IV.35; IV.36

固有名詞一覧

フォリヌス　　V.10
フォルトゥナトゥス　　II.13
フォルム　　VI.58
フォルム・コルネリ　　II.18
フォルム・シムプロニイ［フォッソンブローネ］　　VI.56
フォルム・ポプリ［フォルリンポポリ］　　V.27
フォルム・ユリイ［チヴィダーレ］
　　II.9; II.14; II.32; IV.18; IV.27; IV.37; IV.38; IV.39; IV.45; IV.50; V.17; V.18; V.19; V.20; V.21; V.22; V.23; V.24; V.28; V.39; VI.3; VI.24; VI.25; VI.26; VI.45; VI.51; VI.52; VI.56
フォンテイウス　　III.26
フキヌス湖　　II.20
プグナ　　V.9
ブックセタ［ブッセート］　　VI.49
ブッケッリヌス　　II.2
フラウィアヌス　　VI.7
フラウィウス（ランゴバルド王の称号）
　　III.16; III.28; III.30
プラケンティア［ピアチェンツァ］
　　II.18; IV.51; V.39
プラシニ（緑組）　　IV.36
プラビス［ピアーヴェ］川　　II.12
フラミニア　　II.18; II.19; II.23
フランキオ　　III.27
フランク族　　I.21; I.27; II.2; II.4; II.6; II.10; III.3; III.9; III.10; III.11; III.13; III.17; III.21; III.22; III.29; III.30; III.31; III.34; III.35; IV.1; IV.3; IV.7; IV.11; IV.13; IV.15; IV.24; IV.28; IV.30; IV.31; IV.40; IV.45; V.2; V.4; V.5; V.32; VI.2; VI.16; VI.23; VI.37; VI.42; VI.46; VI.53; VI.58
フランス　　III.35; IV.1; VI.35
ブリオネス族　　II.13; IV.4
ブリクシア（ブレクシア）［ブレーシャ］
　　II.23; II.32; V.36; V.38; VI.40; VI.50
フリシオネス　　VI.37
プリスキアヌス　　I.25

プリスクス　　IV.26
ブリタニア　　I.6; III.25; V.30; V.32; V.33; VI.37
ブリタニア人　　VI.15
ブリッティ族　　IV.19
ブリティア［カラブリア］州　　II.17
プリニウス（・セクンドゥス）　　I.2
ブルガレス　　→ウルガリ
ブルグンディオネス（ブルグント）族
　　III.3; III.4
フルコナ　　II.20
ブルニケルディス（ブルニキルデ，ブルニキルディス，ブルニヒルデ）
　　II.10; III.10; IV.1; IV.11
ブルンディシウム［ブリンディジ］
　　II.21; VI.1
フレア神　　I.8
プレイアデス星団　　VI.9
ブレクシア　　→ブリクシア
ブレクシッルス［ブレシェッロ］
　　III.18; III.19; IV.28
ブレクシッルム　　IV.28
ブレムトニクム［ブレントニコ］
　　III.31
ブレンティ　　II.3
ブレンヌス　　II.23
プロヴァンス　　III.2; III.3; V.5; VI.54
フロウィウス　　V.19
ブロクサス［ブロッサーナ］　　V.23
プロビヌス　　II.25; III.14
プロブス　　IV.9
フン族（→アウァリ）　　I.27; II.7; II.10; IV.11; IV.12; IV.26; IV.37
ペストゥス［パエストゥム（ペストゥム）］
　　II.17
ベッルヌム［ベッルーノ］　　III.26; VI.26
ペトルス（アクイレイア総大司教）
　　VI.33
ペトルス（アルティヌム司教）　　III.26
ペトルス（ケドアル）　　VI.15
ペトルス（ティキヌム司教）　　VI.58

ペトルス（フォルム・ユリイ公）
　　VI.24
ペトルス（助祭）　　IV.5
ペトルス（聖歌隊長）　　IV.31
ペトルス（聖人）　　IV.19; IV.31; V.11;
　　V.31; VI.1; VI.5; VI.15; VI.27; VI.34;
　　VI.36; VI.58
ペトルス（単性論者）　　VI.4
ペトロナクス　　VI.40
ベナクス［ガルダ］湖　　II.2; II.14
ベネウェントゥム［ベネヴェント］
　　II.20; II.24; III.32; III.33; IV.18; IV.39;
　　IV.42; IV.44; IV.46; IV.51; V.1; V.7;
　　V.9; V.10; V.14; V.16; V.17; V.25; V.26;
　　V.27; V.29; V.33; VI.1; VI.2; VI.27;
　　VI.39; VI.40; VI.50; VI.55; VI.56;
　　VI.57; VI.58
ベネディクトゥス（メディオラヌム大司
　　教）　　VI.29
ベネディクトゥス（教皇）　　II.10;
　　III.11; III.20
ベネディクトゥス（聖人）　　I.26;
　　IV.17; VI.2; VI.40
ベビウス［ヴェズビオ］山　　VI.9
ペラギウス　　III.11; III.20; III.24; III.26
ヘラクリウス　　IV.36; IV.49
ヘラクリヌス　　IV.36
ヘラクレス　　II.22
ヘラクロネス　　IV.49
ヘリアス　　III.14; III.20; III.26
ベリサリウス　　I.25
ベルガムム（ペルガムス，ベルゴマ）［ベ
　　ルガモ］　　II.14; II.23; II.32; IV.3;
　　IV.13; VI.8; VI.18; VI.20
ベルギカ　　→ガリア・ベルギカ
ペルクタリト　　IV.51; V.2; V.3; V.4;
　　V.32; V.33; V.35; V.36; V.37; VI.2
ベルケトゥム　　VI.58
ベルゴマ　　→ペルガムム
ペルシウム（ペルシア）［ペルージャ］
　　II.16; IV.8; VI.54
ペルシケタ［サン・ジョヴァンニ・イン・
　　ペルシチェート］　　VI.49
ペルシャ人　　I.25; III.12; IV.36; IV.50
ベルト　　VI.56
ヘルフェマル　　VI.51
ヘルミキス（ヘルメキス）　　II.28;
　　II.29; II.30
ヘルミニギルドゥス　　III.21
ヘルメリンダ　　V.37
ヘルリ族　　I.1; I.19; I.20; I.21; II.3.
ペレデオ（アルボイン暗殺の下手人）
　　II.28; II.30
ペレデオ（ウィケンティア公）　　VI.54
ペンタポリス［五市］（リミニ，ペザロ，
　　ファーノ，シニガリア，アンコーナ）
　　II.19; VI.49; VI.54; VI.56
ペンモ　　VI.26; VI.45; VI.51
ボウィアヌム［ボヤーノ］　　V.29
ホスピティウス　　III.1; III.2
ホッレア　　VI.27
ポティウム［ドゥイーノ］　　VI.51
ボニトゥス　　IV.17
ボニファキウス（三世，教皇）　　IV.36
ボニファキウス（四世，教皇）　　IV.36
ボニファキウス（書記官）　　IV.29
ボノニア［ボローニャ］　　II.18; VI.49;
　　VI.54
ホノラトゥス　　II.25
ボビウム［アルペス・アッペンニナエの
　　町］　　II.18
ボビウム［ボッビオ］僧院　　II.16;
　　IV.41
ポラ［プーラ］　　III.26
ポリマルティウム［ボマルツォ］
　　IV.8
ホルタエ［オルテ］　　IV.8
ポルトゥス［オスティア］　　VI.4
ホロンティウス　　III.26
マウリ　　I.25
マウリキウス（マウリティウス）
　　III.15; III.17; III.21; III.22; III.29;
　　III.31; IV.26; IV.29; IV.36
マウリシオ　　IV.8

固有名詞一覧　　　　　　　　　267

マウリンガ　　　I.11; I.13
マカリウス　　　VI.4
マクセンティウス　　　III.26
マコアウィッラ　　　III.8
マサネ　　　II.31
マッシリア［マルセイユ］　　　III.8
マリア（聖母）　　　IV.36; V.11; V.34; VI.14; VI.55
マリアヌス　　　IV.10
マリアヌス［マラーノ］　　　III.26
マルクス（Malcus）　　　IV.29
マルクス（Marcus）　　　I.26
マルケッルス　　　III.34
マルシ族　　　II.20
マルティナ　　　IV.49
マルティヌス　　　II.13
マレトゥム［マレ］　　　III.31
マレンカ　　　IV.48
マンスエトゥス　　　VI.4
マントゥア［マントヴァ］　　　II.14; II.23; IV.28
ミカエル　　　V.3; V.41; VI.51
ミトラ　　　V.9
ミムルフス　　　IV.3
ミンキウス［ミンチョ］川　　　II.14
ムスティアスカルメス　　　III.4
ムニキス　　　VI.24
ムンムルス　　　III.4; III.5; III.6; III.8
メケティウス（メゼティウス）　　　V.12; V.30
メゼティウス　→メケティウス
メダリア　　　IV.38
メッシーナ海峡　　　I.6
メッティス［メス］　　　I.10; VI.16
メッリトス（ブリタニアで布教活動を行った修道士）　　　III.25
メディオラヌム［ミラノ］　　　II.15; II.23; II.25; III.31; III.35; IV.12; IV.21; IV.28; IV.30; IV.51; VI.4; VI.29
メルクリウス　　　I.9
モディキア［モンツァ］　　　IV.21; IV.25; IV.27; IV.47; V.6

モルウィウス［ミルヴィオ］橋　　　VI.36
モンス・シリキス［モンセリチェ］　　　II.14; IV.25
モンテム・ベッリウム［モンテヴェリオ］　　　II.18; VI.49
ユスティニアヌス（ユスティヌスの孫）　　　III.12
ユスティニアヌス（一世）　　　I.25; II.4
ユスティニアヌス（二世）　　　VI.11; VI.12; VI.14; VI.31; VI.32
ユスティヌス　　　II.4; II.5; III.11; III.12
ユッピテル　　　II.24
ユドロントゥム［オートラント］　　　II.21
ユニオル　　　III.26
ユリア・アルプス　　　II.13
ユリアヌス島　　　IV.3
ユリウス・カエサル　　　II.14
ユリウスの要塞［ズリオ］　→ユリウム
ユリウム［ズリオ］　　　III.26; VI.51
ヨハンネス（アクイレイア総大司教）　　　IV.33
ヨハンネス（ケレイア司教）　　　III.26
ヨハンネス（コンシアの人）　　　IV.34
ヨハンネス（パレンティウム司教）　　　III.26
ヨハンネス（ブリタニアで布教活動を行った修道士）　　　III.25
ヨハンネス（ベルガムム司教）　　　VI.8
ヨハンネス（ポルトゥス司教）　　　VI.4
ヨハンネス（ラウェンナ司教）　　　III.19; III.26; IV.10
ヨハンネス（元執政官）　　　I.25
ヨハンネス（助祭）　　　VI.4
ヨハンネス（聖人）　　　II.13; II.27; IV.21; IV.27; IV.47; IV.51; V.6; V.40; V.41
ヨハンネス（六世，教皇）　　　VI.27
ライヌス［ライーノ］　　　II.17
ライン川　　　I.1; VI.37
ラウェンナ［ラヴェンナ］　　　II.13; II.18; II.19; II.26; II.29; II.30; III.18;

III.19; III.26; III.27; IV.4; IV.8; IV.10; IV.14; IV.20; IV.23; IV.25; IV.28; IV.34; IV.42; IV.45; VI.3; VI.11; VI.44; VI.49; VI.54
ラウス（ラウデ）［ローディ］　V.2; VI.20
ラウダリ　V.24
ラウメッルム［ロメッロ］　III.35
ラウリアナ　VI.45
ラウレンティウス　III.26
ラガレ［レーゲルタール，ラガリーナ渓谷］　III.9
ラギロ　III.9
ラギンフリド　VI.42
ラギンペルト（アリペルトの息子）　VI.35
ラギンペルト（ゴデペルトの息子，ランゴバルド王）　IV.51; VI.18; VI.35
ラタ通り　VI.36
ラティウム　II.24
ラテン人　II.14
ラドゥアルド（ラドアルド）　IV.37; IV.39; IV.43; IV.44; IV.46
ラトカイト　VI.26; VI.51
ラトキス　II.28; IV.38; VI.26; VI.51; VI.52; VI.56
ラトペルガ　VI.26
ラトポトゥス　VI.37
ラニクンダ　I.21
ラニグンダ　VI.50
ラピデウス・カンプス（石だらけの野）　III.8
ラミッシオ　I.15; I.17; I.18
ラリウス［コモ］湖　V.38; V.39（コマキヌス湖も見よ）
ランゴバルド（＝ウィンニリ）　I.1; I.8;（名前の由来について）I.9; I.10; I.11; I.12; I.13; I.14; I.15; I.16; I.17; I.19; I.20; I.21; I.22; I.23; I.24; I.27; II.1; II.5; II.6; II.7; II.9; II.10; II.13; II.26; II.27; II.28; II.29; II.30; II.31; II.32; III.1; III.2; III.3; III.4;
III.5; III.6; III.11; III.13; III.16; III.17; III.18; III.19; III.20; III.22; III.27; III.28; III.29; III.30; III.31; III.32; III.33; III.34; III.35; IV.6; IV.8; IV.9; IV.17; IV.22; IV.23; IV.24; IV.25; IV.28; IV.29; IV.30; IV.32; IV.37; IV.40; IV.41; IV.42; IV.43; IV.47; IV.51; V.2; V.5; V.6; V.7; V.10; V.11; V.19; V.21; V.33; V.34; V.36; V.38; VI.1; VI.6; VI.17; VI.18; VI.24; VI.28; VI.35; VI.40; VI.45; VI.48; VI.49; VI.51; VI.54; VI.55
リウス・フランコルム　V.5
リウトプランド　VI.22; VI.35; VI.38; VI.43; VI.44; VI.45; VI.48; VI.49; VI.50; VI.51; VI.53; VI.54; VI.55; VI.56; VI.57; VI.58
リウトペルト　VI.17; VI.18; VI.19; VI.20
リクエンティア［リヴェンツァ］川　V.39
リグリア（州）　II.4; II.15; II.16; II.18; II.23; II.25; II.26; III.23; VI.24
リティンギ族　I.21
リリス［リリ］川　I.26
ルカニア　II.17; II.21
ルギランド　I.19; I.20
ルギ族　I.1; I.19
ルクソウィウム［リュクスイユ］　IV.41
ルケオリス［カンティアーノ］　IV.8; IV.34
ルケリア［ルチェーラ］　II.21; V.7
ルスティクス　III.26
ルナ［ルーニ］　IV.45
ルプス　V.17; V.18; V.19; V.20; V.22; V.25
ルメトルダ　I.20
レアテ［リエーティ］　II.20
レウィギルドゥス　III.21
レウタリウス　II.2
レウナ（レウニア）［ラゴーニャ］

固有名詞一覧

II.13; IV.37; VI.3
レウプキス　　IV.37
レオ（皇帝，レオンティウス）　　VI.12;
　　VI.13; VI.31; VI.32
レオ（三世，皇帝，テオドシウスの後継
　　者）　　VI.41; VI.48; VI.49
レカ［レフ］川　　II.13
レギイ（レイイ）［リエ］　　III.5
レギウム［レッジョ・エミリア］
　　II.18
レギウム［レッジョ・ディ・カラブリア］
　　II.17; III.32; V.11
レティア　　II.15
レティ族　　II.15; VI.21
レトゥ（第三代の王）　　I.18
レヌス［レーノ］川　　IV.4
ローマ（＝イタリアの都市）　　I.25;
　　I.26; II.5; II.11; II.16; II.17; II.18;
　　II.19; II.20; II.26; III.11; III.19; III.20;
　　III.24; III.26; IV.5; IV.8; IV.17; IV.34;
　　IV.36; IV.45; V.11; V.13; V.31; VI.5;
　　VI.11; VI.15; VI.28; VI.29; VI.31;
　　VI.34; VI.36; VI.37; VI.40; VI.43;
　　VI.44; VI.49; VI.55; VI.56
ローマ人（＝イタリアの都市の住民）
　　V.11
ローマ人（＝ビザンティン帝国の人）
　　II.1; II.4; II.5; II.26; III.12; III.13;
　　IV.3; IV.8; IV.16; IV.22; IV.28; IV.32;
　　IV.33; IV.36; IV.38; IV.42; IV.45; V.27;
　　V.28; V.31; V.37; VI.11; VI.12; VI.27;
　　VI.40; VI.44; VI.49; VI.51; VI.54;
　　VI.56

ローマ人（＝古代ローマ人）　　I.1; I.4;
　　I.9; I.25
ロシムンダ（ロセムンダ）　　I.27; II.28;
　　II.29; II.30
ロセムンダ　→ロシムンダ
ロダヌス（公）　　III.8
ロダヌス［ローヌ］川　　III.6
ロタリ（ロタリト，リウトプランド王の
　　親族）　　VI.38
ロタリ（ロタール，ランゴバルドの王）
　　I.21; IV.42; IV.45; IV.47; V.33
ロタリト　　VI.18; VI.19; VI.20
ロデリンダ（アウドインの妻，アルボイ
　　ンの母）　　I.27
ロデリンダ（ペルクタリトの妻，クニク
　　ペルトの母）　　IV.51; V.33; V.34
ロドアルド　　IV.47; IV.48
ロドアルド（フォルム・ユリイ公）
　　V.24; VI.3
ロドゥルフス　　I.20
ロトカリ　　VI.54
ロピキス　　IV.37
ロマヌス（パトリキウス）　　III.26;
　　IV.8; IV.12
ロマヌス（聖人）　　VI.6
ロミルダ　　IV.37
ロムアルド（グリムアルドの息子）
　　IV.46; IV.51; V.7; V.8; V.10; V.16; V.25;
　　V.29; VI.1; VI.2
ロムアルド（小ロムアルド，ギスルフの
　　息子）　　VI.2; VI.39; VI.50; VI.55
ロムルス　　II.23; VI.15
ロンギヌス　　II.5; II.29; II.30

日向 太郎（ひゅうが・たろう）
1965年，神奈川県に生まれる。1989年東京大学文学部卒業。1994-96年フィレンツェ大学にて研究（1994-95年イタリア政府給費留学生）。1999年東京大学大学院人文社会系研究科欧米系文化研究専攻修了，博士（文学）取得。2009年より東京大学教養学部准教授。専門は西洋古典学。
〔主要業績〕『ウェルギリウス『アエネーイス』における造形芸術作品描写』（博士論文）（東京大学，1999年），『イタリア語検定2級突破』（三修社，2003年），サルヴァトーレ・セッティス『ラオコーン──名声と様式』（芳賀京子と共訳）（三元社，2006年），「梟と鹿──オウィディウス『変身物語』第11巻24-27行の直喩について」（大芝芳弘・小池登編『西洋古典学の明日へ──逸身喜一郎教授退職記念論文集』〔知泉書館，2010年〕所収），「ウェルギリウス『アエネイス』」，「オウィディウス『変身物語』」（宮下志朗・井口篤編『ヨーロッパ文学の読み方──古典篇』〔放送大学教育振興会，2014年〕所収）ほか。

〔ランゴバルドの歴史〕　　　　　　　ISBN978-4-86285-245-8
2016年12月25日　第1刷印刷
2016年12月30日　第1刷発行

訳　者　日　向　太　郎
発行者　小　山　光　夫
製　版　ジャット

発行所　〒113-0033 東京都文京区本郷1-13-2　株式会社 知泉書館
　　　　電話03(3814)6161 振替00120-6-117150
　　　　http://www.chisen.co.jp

Printed in Japan　　　　　　　　　印刷・製本／藤原印刷